Stephan Holthaus

Trends 2000

Der Zeitgeist und die Christen

Brunnen Verlag · Basel und Gießen

ABCteam-Bücher erscheinen in folgenden Verlagen:

Aussaat Verlag Neukirchen-Vluyn
R. Brockhaus Verlag Wuppertal
Brunnen Verlag Basel und Gießen
Christliches Verlagshaus Stuttgart
Oncken Verlag Wuppertal und Kassel

Die Bibelzitate wurden der revidierten
Elberfelder Bibel (1985) entnommen.

Die Deutsche Bibliothek – CIP Einheitsaufnahme:

Holthaus, Stephan:
Trends 2000 : der Zeitgeist und die Christen / Stephan Holthaus. –
Basel ; Gießen : Brunnen-Verl., 1998
(Brunnen Fokus) (ABC-Team)
ISBN 3-7655-1141-2

2. erweiterte Auflage 1998
© 1998 Brunnen Verlag Basel
Umschlag: Michael Basler, Lörrach
Satz: Uhl + Massopust, Aalen
Druck: Clausen & Bosse
Printed in Germany

ISBN 3-7655-1141-2

Inhalt

Vorwort

Dieses Buch will ein Plädoyer sein. In der Sprache der Juristen bedeutet das Wort Plädoyer Anklage- oder Verteidigungsrede. Beides möchte dieses Buch sein: eine Anklage gegen die Grundlagen der sich modern gebenden westlichen Kultur und gleichzeitig eine Verteidigung des biblischen Christentums und seiner Lebensideale.

Ich bin der Überzeugung, daß die Fundamente des sogenannten modernen Lebensstils, so glitzernd sie auch erscheinen mögen, nicht mit den Werten des christlichen Glaubens übereinstimmen. Mehr noch: Die klassischen Werte der Moderne wie Pluralismus, Individualismus und Materialismus stehen in krassem Gegensatz zu christlichen Überzeugungen, wie sie seit 2000 Jahren vertreten wurden. Meine Anklage gegen die Kultur der westlichen Welt lautet: ihre politischen, gesellschaftlichen und moralischen Grundpfeiler haben sich verselbständigt und die christliche Basis verlassen, die sie jahrhundertelang getragen hat. Die westliche Welt und ihre kulturellen Werte stehen heute auf anderen Füßen. Der neue Untergrund ist sumpfig und brüchig, er gibt keinen Halt. Unsere moderne Gesellschaft steht deshalb am Ende des 20. Jahrhunderts vor einem Wendepunkt mit entscheidender Bedeutung für unsere Zukunft im 3. Jahrtausend: Sie verabschiedet sich von ihrer christlichen Vergangenheit, in der die Religion die gesamte Kultur prägte, und öffnet sich einer nachchristlichen Geisteshaltung, wo nichtchristliche Beliebigkeitswerte den Ton angeben.

Dieser sich schon länger andeutende Wendepunkt der westlichen Gesellschaft vom christlichen Abendland zum pluralistischen Neuheidentum findet zu einem äußerst prekären Zeitpunkt statt. Denn wir befinden uns seit den 90er Jahren weltweit in einem Konkurrenzkampf der globalen Kulturen und Religio-

---

[1] Samuel P. Huntington, *Der Kampf der Kulturen: The Clash of Civilizations. Die Neugestaltung der Weltpolitik im 21. Jahrhundert*, München: Europa, 1996.

nen. Der Politologe Samuel Huntington nennt in seinem Bestseller «Der Kampf der Kulturen» sieben Kulturkreise, die Anfang des nächsten Jahrtausends in zunehmender Konkurrenz zueinander stehen und die Weltpolitik bestimmen werden: die sinische, japanische, hinduistische, islamische, afrikanische, westliche und lateinamerikanische Kultur.[1] Von einer christlichen Kultur ist hier nicht die Rede, schlimmer noch, sie wird mit der «westlichen» Kultur gleichgesetzt, ist quasi in ihr aufgegangen und von ihr aufgesogen worden. Das «christliche Abendland» scheint passé, seine Werte verschwinden. Biblisches Christentum spielt offensichtlich keine Rolle mehr. Die postmoderne ist auch eine postchristliche Gesellschaft geworden.

Wir stehen heute in einer geschichtlichen Stunde, in der sich fundamentale Wandlungsprozesse vor unseren Augen vollziehen. Werner Weidenfeld spricht von «tektonischen Verschiebungen», die sich in den tiefen Dimensionen von Einstellungen, Werten, Mentalitäten und in den Konstellationen von Macht und Kultur niederschlagen.[2] Das Ende des Kalten Krieges, die zunehmende Globalisierung, der Zusammenbruch von Ideologien, die Radikalisierung von Religionen und der bodenlose Pluralismus werden in der Zukunft zu weltweiten Unsicherheiten und Konflikten führen. Die entscheidende Frage der Moderne ist nicht mehr die nach den «Grenzen des Wachstums», sondern nach den «Grenzen der Gemeinschaft» und damit nach Möglichkeiten für Konfliktlösungen. Es geht heute nicht mehr nur um materielle Ressourcen, sondern um kulturelle Ressourcen, um Normen, Werte und gesellschaftliche Grundhaltungen, die sorgsam gehütet werden müssen, um ein Zusammenleben der Völker zu sichern. Weidenfeld appelliert: «Die kulturellen Grundlagen der Gesellschaft verdienen unsere volle Aufmerksamkeit als Basis für dauerhafte Entwicklung... Möge dies die Botschaft... für das 21. Jahrhundert sein: Bewahrt die kulturellen Grundlagen menschlichen Zusammenlebens!»[3]

---

[2] Werner Weidenfeld, «Vorwort», *Die Grenzen der Gemeinschaft: Konflikt und Vermittlung in pluralistischen Gesellschaften. Ein Bericht der Bertelsmann Stiftung an den Club of Rome*, Hg. Peter L. Berger, Gütersloh: Bertelsmann Stiftung, 1997, S. 11.

[3] Ebd., S. 13 und 15.

Mein anklagendes Plädoyer bezieht sich nicht nur auf die Grundlagen der modernen Gesellschaft, sondern auch auf die zunehmende Anpassung der evangelikalen Gemeinden in Westeuropa und Nordamerika an den modernen Zeitgeist. Unter Evangelikalen verstehe ich protestantische Christen, die sich mit der pietistischen und erwecklichen Tradition identifizieren, d.h. eine persönliche Bekehrung erlebt haben und nach den Normen des Wortes Gottes leben möchten. Ich halte es für die eigentliche Katastrophe der letzten Jahrzehnte, daß selbst diese als konservativ geltenden Kirchen und Freikirchen Tür und Tor geöffnet haben für Denk- und Verhaltensmuster einer zunehmend säkularisierten Welt und nicht mehr bereit sind, gegen die schleichende Entchristlichung vorzugehen. Selbst Nichtevangelikale stellen heute fest, daß der moderne Evangelikalismus eine Art «christliche Trendreligion» geworden ist.[4] Andere definieren spöttisch «Evangelikalismus» als «pietistische Lebensart des Modernismus».[5] Der «moderne» Evangelikalismus hat sich dem «modernen» Zeitgeist angepaßt, er richtet sich nach dem, was «en vogue» ist. Er will mitreden, gehört werden, Anerkennung bekommen. Es klingt paradox: Gerade diejenige christliche Gruppe, die jahrzehntelang gegen die Ausprägungen des Modernismus kämpfte, hat sich heute für die Ideologie des Modernismus geöffnet. Zu einer Zeit, in der viele Zeitgenossen die Ergebnisse der Moderne kritisch hinterfragen, biedern sich Evangelikale gerade diesem Zeitgeist an. Es besteht die Gefahr, daß die evangelikalen Kreise dieser «Inkulturisation» nicht widerstehen können und, schlimmer noch, nicht widerstehen wollen. Sie werden dadurch von der Moderne aufgesogen und wirkungslos gemacht. Waren evangelikale Christen früher «Fremdlinge und Pilger» in dieser Welt, fühlen sie sich heute in der Moderne pudelwohl – ein Indiz für ihre kulturelle Anpassung. Das Problem ist nicht, daß die Kirche in der Welt ist, sondern daß die Welt in der Kirche Platz genommen hat. Christen haben sich im Hier und Jetzt gut eingerichtet. Der Himmel kann warten. Die Gläubigen haben nichts mehr zur

---

[4] So Reinhard Hempelmann, «Christlicher Fundamentalismus: Ausprägungen, Hintergründe, Auseinandersetzungen.» *Materialdienst der EZW* (Nr. 6, 1997), 162.
[5] Richard Lints, *The Fabric of Theology: A Prolegomena to Evangelical Theology*, Grand Rapids: Eerdmans, 1993, S. 40, Anm. 24.

Erneuerung unserer Gesellschaft beizutragen. Der Evangelikalismus ist säkular geworden, hat damit seine Identität und Widerstandskraft verloren und steht angepaßt und einflußlos am Rande der Gesellschaft.

Ein Plädoyer ist aber nicht nur eine Anklage, sondern auch eine Verteidigung. Es wäre zu wenig, nur bei Kritik und Diagnose der Moderne stehenzubleiben. Ich möchte mit diesem Buch zusätzlich ein leidenschaftliches Plädoyer für biblisches Christentum ablegen. Es genügt nicht, in die Kassandrarufe der Miesmacher einzustimmen. Davon gibt es wahrlich genug, auch außerhalb von Evangelikalismus und Pietismus. Gefragt sind «echte» Alternativkonzepte, die in unserer Zeit tragfähig sind. Ich bin mehr denn je davon überzeugt, daß ein Ernstnehmen und Umsetzen des biblischen Glaubens angesichts der fundamentalen Verunsicherung unserer Gesellschaft die einzig sinnvolle und gottgewollte «alternative» Lebensform ist, die in unserer Zeit Hoffnung vermitteln kann. Das Festhalten an biblischen Leitlinien in Theologie und Ethik eröffnet eine neue Dimension des Lebens. Christen sind herausgefordert, mit ihrem Glauben ernst zu machen, d.h. ihn in allen Bereichen des Alltags in die Tat umzusetzen. Ihr Denken und Handeln soll an Gott und seinem Wort orientiert sein, nicht an Moden und Trends des Alltags. Christen haben etwas zu sagen, wenn sie Christus das Sagen überlassen. Christen sind Hoffnungsträger in einer hoffnungslosen Welt der Angst und Verunsicherung, weil sie Zukunft und Hoffnung im Glauben haben. So will dieses Buch zu einem kompromißlosen, «radikalen» christlichen Lebensstil einladen und ein mutmachendes Plädoyer für den Glauben sein.

Ich schreibe dieses Buch nicht aus innerer Distanz heraus, sondern als ein leidenschaftlicher und besorgter Evangelikaler. Die folgenden Zeilen wollen keine trockene wissenschaftliche Abhandlung über ein peripheres Problem der Weltgeschichte sein, sondern ein engagierter Weck- und Warnruf an alle Christen. Mir ist bewußt, daß Kampfschriften gegen den Trend sind. Sie sind «out», wie man heute zu sagen pflegt. Der Zeitgeist liebt es sanfter, harmonischer. Er ist auf Ausgleich bedacht. Mir ist auch bewußt, daß dieses Buch von Kritikern der Schwarz-Weiß-Malerei bezichtigt und als zu wenig differenziert schnell ad acta gelegt werden könnte. Trotzdem mußte ich dieses konfliktgeladene Buch schreiben, denn die Lage der Welt und der Gemeinde Jesu ist zu ernst, als daß ich in die Harmonieklänge der Angepaßten einstimmen könnte. Der Leser wird hoffentlich merken, daß es mir trotz meiner pointiert negativen Analyse der Moderne um eine faire und sachliche Auseinandersetzung geht. Moderne Trends sind keine zu vernachlässigenden Seifenblasen, sondern Ausdruck eines tiefsitzenden Problems einer aus den Fugen geratenen Gesellschaft. Wenn wir uns nicht rückbesinnen auf die Kraft und Macht der christlichen Botschaft, werden wir in Zukunft gegen die heranrückenden Kulturen und Religionen der Welt nichts ausrichten können. Wir müssen als Christen die Konfrontation mit dem Zeitgeist und seiner Kultur aufnehmen, sonst haben wir in Zukunft nichts mehr zu sagen. Wahrhaftiges Christentum muß eine Gegenkultur zum Modernismus der Gegenwart sein, sonst wird es nur die Phrasen der Trendpropheten wiederholen.

Dieses Buch bietet keine Patentantworten auf die Herausforderungen der Moderne. Die Fragen sind viel zu komplex, als daß einfache Antworten gegeben werden könnten. Das Buch wurde vielmehr aus der inneren Überzeugung geschrieben, daß wir uns dringend den Herausforderungen der Moderne stellen müssen. Das Verhältnis von Christentum und moderner Kultur scheint mir die entscheidende Frage der nächsten Jahrzehnte zu werden, ja die Überlebensfrage der christlichen Religion überhaupt. Stellen wir uns dieser Herausforderung nicht, werden wir Christen entweder langfristig in der Welt aufgehen oder als einflußlose Subkultur ein unbeachtetes Nischendasein fristen. Beides kann und darf nicht die Antwort auf die großen Herausforderungen der Gegenwart sein.

Mein Dank gilt den Kollegen der Freien Theologischen Akademie für ihre Impulse und Anregungen beim Abfassen dieses Buches. Außerdem danke ich Lutz von Padberg, Holger Niehausmeier, Dirk Steschulat, Klaus Loh und Kerstin Tetzlaff, die das Manuskript kritisch gelesen und mir manche neuen Impulse vermittelt haben. An ihrer Hilfe wird deutlich, daß die Auseinandersetzung mit der komplexen Kultur der Moderne nur ein Gemeinschaftsprojekt sein kann.

Adolf von Harnack leitete eine seiner Monographien mit der Entschuldigung ein, das Buch sei «in abgestohlenen Stunden, ja in halben Stunden» niedergeschrieben worden.[6] Mir ging es mit diesem Buch nicht anders, und ich kann nur hoffen, daß «die Spuren seiner mühsamen Entstehung nicht allzu deutlich sind.»[7] Ich wünsche mir engagierte, anteilnehmende Leser, die aufgeweckt von der Diagnose dieser Welt zu manchen «Aha-Erlebnissen» kommen und damit zu persönlichen Überzeugungen durchdringen.

Stephan Holthaus

---

[6] Adolf von Harnack, *Marcion: Das Evangelium vom fremden Gott: Eine Monographie zur Geschichte der Grundlegung der katholischen Kirche*, 4. Aufl. Darmstadt: Wissenschaftliche Buchgesellschaft, 1985 (1924), S. VIII.
[7] Ebd.

Einleitung
Unsere postmoderne Moderne

Die Welt, ein Tor zu tausend Wüsten,
stumm und kalt.
Wer das verlor, was ich verlor,
macht nirgends Halt.
Nun steh ich bleich,
zur Winter-Wanderschaft verflucht,
dem Rauche gleich, der stets
nach kältern Himmeln sucht.
Weh dem, der keine Heimat hat.

FRIEDRICH NIETZSCHE

Wenn die Grundpfeiler umgerissen werden,
was richtet da der Gerechte aus?

KÖNIG DAVID

In welcher Welt leben wir eigentlich? Diese lapidare Frage ist der Kern unserer Untersuchung. Wie ist unsere Welt? Welche Ausdrucksformen hat sie? Wovon werden wir geprägt? Warum leben wir so, wie wir leben? Warum drücken wir unseren Glauben so aus, wie wir es tun? Dies sind eigentlich banale, aber zutiefst wichtige und grundlegende Fragestellungen, über die wir zu selten Rechenschaft ablegen.

Unsere Gesellschaft gibt sich gerne als modern, neuerdings sogar als «postmodern». Man nennt sie auch eine «multikulturelle Welt», weil in ihr unterschiedliche Kulturen aufeinanderstoßen. Sie ist geprägt durch Pluralismus, Ökonomie, Unterhaltung, immer neue Moden und Trends. Der Mensch am Ende des 20. Jahrhunderts sieht sich einer umfassenden Konsumgesellschaft ausgesetzt, die gnadenlos ihre Waren an den Mann und an die Frau bringen möchte. Unsere Städte ersticken an Hochhäusern, schlechter Luft und Lärm. Eine Flut von Dienstleistungsangeboten drängt sich uns auf. Der moderne Mensch kann aus einer Vielzahl von Zeitschriften, Radio- und Fernsehprogrammen auswählen. Fast jeder zweite besitzt mittlerweile einen Computer. Telefon, Telefax, Handy oder On-Line-Dienste sind im Kommen. Jeder will der Schnellste und Beste sein, das Schnellste und Beste für sich haben. Jeder ist sein eigener Boß, bestimmt, was gut und richtig ist. Der Fortschritt ist für viele die wichtigste Lebensphilosophie.

Andererseits ist die westliche Welt tief verunsichert. Die starken Brüche und dauernden Innovationen der Gesellschaft verängstigen den Menschen. Unsere Arbeitswelt wechselt zur Zeit ihr Gesicht: von der Industrie- zur Dienstleistungsgesellschaft. Ganze Industriebranchen verschwinden von heute auf morgen. Flexibilität ist gefragt, und wehe, wenn hier jemand nicht mithält. Ethische Werte fangen an zu schwimmen. Was Jahrhunderte gültig war, wird heute hinterfragt und ad acta gelegt. Gemeinsame Überzeugungen sind selten geworden. Durch die hohen Einwanderungsströme stürzen neue Kulturen auf uns ein. Neue soziale Konfliktfelder entstehen. Am Rand der Gesellschaft bilden sich radikale Subkulturen mit erheblichem Gewaltpotential. Ethnische Konflikte führen zu regionalen Kriegen. Die Kriminalitätsrate steigt ebenso wie die der seelischen Krankheiten. «Was ist los mit unserer Welt?», so fragen viele.

Die moderne westliche Gesellschaft ist komplex und in sich widersprüchlich, sie ist schwer zu beschreiben. Technikbegeisterung und Technikverteufelung, Kriminalität schon auf dem Schulhof und neue Sanftheit in der Kuschelecke, Pragmatismus und die Suche nach dem Sinn stehen unvermittelt nebeneinander. Zustandsanalysen verstricken sich leicht in den vielfältigen Trends und Gegentrends. Gibt es überhaupt den Haupttrend, oder gibt es nur eine Menge nebeneinanderstehender Modeerscheinungen?

Der dauernde Wechsel von Trends und Gegentrends zeigt die Sprunghaftigkeit und Wandelbarkeit unserer Gesellschaft. Trends sind Religionen ohne Dogma, Kurzzeitreligionen, die ein Wertevakuum füllen und zeitweise Sicherheiten anbieten.[8] Sie existieren in der Regel nicht länger als Monate oder wenige Jahre. Trotz ihrer Flüchtigkeit spiegeln sie den dahinterliegenden allgemeinen Zeitgeist wider. «Trends sind das Lebenselixier, der Puls und das Charakteristikum der neunziger Jahre.»[9] Man kann von Trends mittlerweile nur noch in der Mehrzahl sprechen. Der «Trend-Teppich» besteht aus vielen Mosaiken, die nebeneinander stehen und sich teilweise sogar widersprechen. Darüber hinaus gibt es nur wenige «Megatrends», die über einen längeren Zeitraum existieren und substantielle Veränderungen der Gesellschaft bewirken.

Daß unsere Welt sich von der Erscheinungsform vergangener Jahrhunderte fundamental unterscheidet, ist kein Geheimnis. Die Strukturen der klassischen Standesgesellschaft lösen sich auf. Der einzelne Mensch steht heute im Mittelpunkt des Geschehens, nicht mehr die Familie, Sippe oder gar die Nation. Seine feste Platzanweisung in der Natur hat der individuelle Mensch der Moderne verloren. Die Globalisierung der Märkte eröffnet weite Perspektiven, aber auch große Unsicherheiten. Die Gefährdung der weltweiten Ökosysteme enthält einen bedrohlichen und nie gekannten Risikofaktor für alle Menschen. Vor allem: Der Einfluß des Christentums auf unsere Gesellschaft nimmt ständig ab. Die jahrhundertealte enge Beziehung von Christentum und Kultur, wie sie sich in allen Bereichen des Lebens ausdrückte, geht ihrem Ende entgegen.

---

[8] So Norbert Bolz, «Werbung entfaltet die Spiritualität des Konsums», *Börsenblatt* 67 (20. August, 1996), S. 13.
[9] Gerd Gerken/Michael-A. Konitzer, *Trends 2015: Ideen, Fakten, Perspektiven*, München: Deutscher Taschenbuch Verlag, 1996 (1995), S. 19.

Wie können wir unsere Zeit analysieren? Die Ergebnisse der Sozialwissenschaften und der Marktforschung helfen uns dabei. Neuerdings gibt es eine Art Wissenschaft der Zeitanalyse, «Trendforschung» genannt.[10] In den 80er Jahren in den USA entstanden, hat sie sich mittlerweile als feste Größe im Raum der Soziologie etabliert. In ihrer Zielsetzung wird sie vor allem von der Wirtschaft finanziell unterstützt, denn die Firmen fragen nach den Bedürfnissen des Käufers, um ihre Waren an den Mann bringen zu können. Die klassische Marktforschung setzt heute weltweit 15 Milliarden DM pro Jahr um. Die Trendforschung ist durch die Breite ihres Ansatzes keine typische Forschungswissenschaft. Sie erfühlt vielmehr in Mode, Musik, Literatur und Verhaltensweise die Veränderungen der Zeit. Auf breiter Front werden diese Veränderungen beschrieben: seien es naturwissenschaftliche Theorien, die neuesten Schuh- oder Haarmoden, die Werbung im Fernsehen, das Leseverhalten der breiten Masse oder die Form von Einfamilienhäusern – all das zusammen beschreibt unsere Moderne und ihre Entwicklung. Trendforscher müssen also genau beobachten, um neue Trends aufzuspüren. Bekannte Trendforscher sind John Naisbitt, Faith Popcorn, Gerd Gerken, Ulrich Eggert und Matthias Horx. Sie versuchen, die Vielfalt der Moderne zu beschreiben, zu bündeln und zu erklären.

Ein wichtiger Baustein der Trendforschung sind statistische Erhebungen der Meinungsforschungsinstitute. Empirische Daten, gewonnen durch die Befragung ausgewählter Personen, sollen ein genaues Bild der Seelenlage der Nation ergeben. Es gibt zudem einige Zeitschriften, die sich ausschließlich mit neuen Mo-

---

[10] Folgende Bücher seien für eine Zeitanalyse empfohlen: Ulrich Eggert, *Megatrends im Verkauf,* Düsseldorf: Metropolitan, 1995; Faith Popcorn, *Der Popcornreport,* München: Heyne, 1993; John Naisbitt/Patricia Aburdene, *Megatrends 2000,* Düsseldorf: Econ, 1992; Matthias Horx, Trendbüro, *Trendbuch,* Düsseldorf: Econ, 1994; ders., *Trendbuch 2: Megatrends für die späten neunziger Jahre,* Düsseldorf: Econ, 1995; Reimer Gronemeyer, *Ohne Seele, ohne Liebe, ohne Haß: Vom Ende des Individuums und vom Anfang des Retortenmenschen,* Düsseldorf: Econ, 1992; George Ritzer, *Die McDonaldisierung der Gesellschaft,* Fischer Verlag, 1995; Gerd Gerken, *Trendzeit: Die Zukunft überrascht sich selbst,* Düsseldorf: Econ, 1992; ders./Konitzer, *Trends 2015,* ebd. Aus evangelikaler Sicht informieren: Gordon Aeschliman, *Global-Trends: Ten Changes Affecting Christians Everywhere,* Downers Grove: InterVarsity, 1990; Wolfgang Simson, *Gottes Megatrends: Sechs Wege aus dem christlichen Ghetto,* Emmelsbüll: C&O, 1995.

detrends beschäftigen. Da hier vieles im Fluß ist, kann man die Trendforschung kaum als eine exakte Wissenschaft beschreiben. Einige der erforschten Trends haben sich als Flop herausgestellt. Die funktionale Trendforschung der Wirtschaft ist mehr darauf aus, Trends zu machen als Trends zu analysieren. Zu eng verfährt auch die Jugend-Trendforschung, der es mehr um die «Generation X» mit ihren Love-Parades und Ecstasy-Exzessen geht als um den «normalen» Jugendlichen. Trotzdem gibt es kaum eine wichtigere Quelle zur Beschreibung des modernen Zeitgeistes als die Trendforschung. Übrigens: Die Popularität der Trendforschung ist selbst ein Trend. Denn der moderne Mensch beschäftigt sich gerne mit sich selbst und seinen eigenen Befindlichkeiten.

Es reicht jedoch nicht, nur die aktuellen Trends in unserer Gesellschaft aufzuspüren. Die meisten Prägungen unserer Zeit haben eine längere Vorgeschichte und treten nicht über Nacht auf. So ist es notwendig, die Gesellschaftsentwicklung der letzten Jahrzehnte und Jahrhunderte in unsere Analyse einzubeziehen. Renaissance und Aufklärung, Liberalismus und Individualismus, Demokratisierung und Pluralisierung sind längerfristige Entwicklungen gewesen, deren Wurzeln schon in vergangenen Jahrhunderten lagen. Nur bei den aktuellen Modetrends stehenzubleiben greift zu kurz und würde die gestellten Fragen nur oberflächlich klären können. Beides muß geschehen: das Aufzeigen der großen Gesellschaftsströmungen der Vergangenheit und die Analyse der aktuellen Modetrends der Gegenwart.

Bevor wir uns an die Trendforschung der 90er Jahre heranwagen, müssen wir uns über die allgemeine Gesellschaftsentwicklung in Deutschland seit dem Zweiten Weltkrieg klar werden. Man unterscheidet drei Phasen:

1. Die Wiederaufbauphase Ende der 40er bis Mitte der 60er Jahre. Diese schwierige Zeit war von Disziplin, Fleiß, Sparsamkeit und eisernem Willen geprägt. Die Menschen litten unter dem Mangel, trotzdem packte jeder mit an. Gemeinschaftsarbeit war selbstverständlich. Ordnung und Gehorsam wurden aus der alten Gesellschaftsstruktur übernommen. Man arbeitete für die Kinder, damit sie es einmal besser haben sollten. Genuß war ein unbekanntes Wort. Das Arbeitsethos war hoch, Pflichtbewußtsein selbstverständlich. Am Ende dieser Phase stand das sogenannte deutsche Wirtschaftswunder.

2. Ab Mitte der 60er Jahre begann eine zweite Sozialisationsphase in Deutschland, die von einer Protesthaltung der jungen Generation gekennzeichnet war. Sie entzündete sich an einer kritischen Auseinandersetzung mit dem Faschismus und der Vergangenheit der Eltern. Die neue Jugend fühlte sich durch die Eltern und ihre Gebote eingeengt. Man forderte mehr Demokratie auf allen Ebenen. Man durchschaute den neuen Materialismus der Nachkriegsgesellschaft. Die Kinder der Verwöhnung rebellierten in den sogenannten Studentenunruhen. Die sexuelle Revolution begann. Antiautoritäre Erziehung war «in». Drogen und Rockmusik beherrschten die Szene. Protest machte sich breit. Stichworte hier: Außerparlamentarische Opposition, Demonstrationen, Terrorismus, Flower-Power. In den Kinos liefen die Revolutionsstreifen. Freiheit und Friede war alles. Marlboro-Erlebnisse in den Weiten der Prärie. Raus aus der Enge der bürgerlichen Gesellschaft. Lust, Erlebnis und Eros stellten die großen Werte der 68er dar. Kommunistische Überzeugungen gewannen an Boden, die Friedensbewegung formierte sich, Kernkraftgegner sammelten ihre Anhänger um sich, der Feminismus keimte auf.

3. Die dritte Phase begann Ende der 80er Jahre. Es ist die Zeit des «Soft-Individualismus». Der Protest verhallt, Resignation macht sich breit. Sehnsüchte nach alten Werten entstehen. Die Familie ist wieder im Kommen: «We are one family.» Man spricht über Moral und Autorität, ohne die eigene Freiheit einschränken zu wollen. Die Tendenz geht wieder in ruhigere Fahrwasser. Ironie und Zynismus machen sich breit, insbesondere bei Jugendlichen. Aber auch die Sinnfrage bricht auf: Wer bin ich? Wozu lebe ich? Weiche Werte stehen im Mittelpunkt: Harmonie, Gefühle, Erlebnisse. Echte Freundschaften sind in, allerdings dürfen sie die eigene Freiheit nicht einengen. Spiritualität und Ehrlichkeit sind genauso gefragt wie Offenheit und soziales Engagement.

Wir befinden uns heute im Übergang von Phase zwei zu Phase drei. Natürlich gibt es ältere Menschen, die noch in den Phasen eins und zwei leben. Prinzipiell läßt sich auch sagen, daß die dritte Phase Einzelaspekte von den Phasen eins und zwei enthält. Trotzdem muß betont werden, daß wir seit den 80er Jahren in der westlichen Gesellschaft ein neues Verhaltensmuster beobachten können, das sich nicht mit dem Ethos der Nachkriegsjahre oder der 68er-Generation vergleichen läßt.

Dieses neue Verhaltensmuster wird gerne als «postmodern» bezeichnet. Man drückt damit die Distanz zur vorherigen Epoche aus. Der Begriff wird heute jedoch so inflationär gebraucht, daß er seine Eindeutigkeit verliert. Was bedeutet postmodern? Der Begriff tauchte zuerst in den 60er Jahren in den Literaturwissenschaften auf. Man sagte damals den als elitär geltenden Autoren der 20er und 30er Jahre ade. Die postmoderne Literatur sollte populistisch, romantisch und sentimental sein – bedeutende Stichworte einer neuen Epoche. Träume, Visionen und Ekstasen sollten die neuen Leitideen der Autoren werden. Spätestens 1969 war in der Begriffsdebatte auch klar, daß pluralistische Konzepte unweigerlich die Grundlage der Postmoderne bilden sollten.

Der Begriff wurde ab Mitte der 70er Jahre in der Architektur verwendet. Die postmoderne Architektur sollte auf die individuellen Wünsche der Menschen eingehen. Einen einheitlichen Stil gab es nicht mehr. Mehrere Stilrichtungen wurden kombiniert und zusammengeführt. Funktionsbauten sind out, Fiktionen dagegen in. Neben der Architektur übernahmen auch Malerei und Bildhauerei die neue Trendwende der Postmoderne. Individualismus und Pluralismus wurden auch hier zur Grundlage des Wandels und zum Fundament der Postmoderne.

Die Ausweitung des Begriffes «postmodern» auf alle Gesellschaftsbereiche vollzog 1968 der Soziologe Amitai Etzioni mit seinem Buch *Die aktive Gesellschaft*.[11] Kennzeichen seiner Postmoderne, die er schon 1945 beginnen läßt, sind die Technologie, der Pluralismus und die Autonomie des Menschen. Der Wandel von der Industrie- zur Informationsgesellschaft wird ebenfalls als Wendepunkt von der Moderne zur Postmoderne bezeichnet. In ähnliche Richtung ging die Studie des französischen Philosophieprofessors Jean-François Lyotard, *Das postmoderne Wissen*, 1979 in Paris erschienen, in der er auf die Veränderung im Wissen der Menschen eingeht und sie als «postmodern» beschreibt.[12] Lyotard ging es insbesondere um die Zurückweisung von Wahrheits- und Totalitätsansprüchen in der Wissenschaft. Postmoderne Denker

---

[11] Amitai Etzioni, *Die aktive Gesellschaft: Eine Theorie gesellschaftlicher und politischer Prozesse*, Opladen: Westdeutscher Verlag, 1975.
[12] Jean-François Lyotard, *Das postmoderne Wissen: Ein Bericht*, Hg. Peter Engelmann, 3. Aufl. Wien: Passagen, 1994.

verwerfen Rationalismus, Marxismus und modernen Fortschritts-
glauben und setzen an ihre Stelle Ästhetik und Mystik.

Wolfgang Welsch hat in seiner grundlegenden Studie *Unsere
postmoderne Moderne*[13] darauf hingewiesen, daß sich Moderne
und Postmoderne kaum klar voneinander abgrenzen lassen. Will
man unter «Moderne» mehr die aufklärerischen Werte verstehen
oder aber den Pluralismus des 20. Jahrhunderts? Ist die Ver-
nunftgläubigkeit «modern»? Gilt die Ausdifferenzierung von Sti-
len als «modern» oder «postmodern»? Selbst die Definition von
«modern» ist umstritten und häufig subjektiv besetzt. Welsch
weist nach, daß die Werte der Moderne heute immer noch aktuell sind und keineswegs abgelöst wurden. Die Postmoderne ist
«modern», sie reflektiert nur kritischer über die Moderne, sucht
mehr ganzheitliche Lösungen und verwirft vollständig jede Art
von Totalitätsansprüchen. In ihr spiegeln sich Kontinuität und
Diskontinuität mit der Moderne. Mit Recht hat deshalb Welsch
vor einer absoluten Trennung von Moderne und Postmoderne gewarnt.

Trotzdem bleibt festzuhalten: Die Postmoderne bringt neue
Aspekte in das Gesellschaftsleben ein: kollektiver Individualismus, extremer Pluralismus, Sentimentalität und Spiritualität. Und
genau diese Werte prägen heute unsere Gesellschaft und unsere
Gemeinden. Auch wenn sich Moderne und Postmoderne kaum
klar voneinander abgrenzen lassen, so können die Veränderungen in der westlichen Gesellschaft in den letzten Jahrzehnten relativ deutlich analysiert werden. Ob man sie nun als «modern»
oder als «postmodern» bezeichnet, dürfte nur eine linguistische
Spielerei sein.

Auch die Christen leben in der Postmoderne. Wie zu allen Zeiten müssen sie sich fragen, wie sie in dieser Welt überhaupt leben
können. Müssen sie sich abgrenzen und separieren, oder dürfen
sie sich an die Postmoderne anpassen? Wie sieht die christliche
Existenz am Ende des 20. Jahrhunderts aus? Können und dürfen
wir die Maßstäbe der westlichen Kultur für unsere Ethik und
Frömmigkeit benutzen, oder müssen wir auf einen radikalen
Konfrontationskurs gehen? Eine weitere Frage hängt damit zu-

---

[13] Wolfgang Welsch, *Unsere postmoderne Moderne*, 4. Aufl. Berlin: Akademie Verlag, 1993.

sammen: Welche Methoden müssen und dürfen wir zur Evangelisation einsetzen? Eine Zustandsanalyse unserer Gesellschaft ist für die Beantwortung dieser Fragen grundlegend. Wir möchten ja modern geprägte Menschen der neuen globalen Gesellschaft zielgerichtet mit dem Evangelium erreichen. Wir müssen ihre Sprache sprechen, um verstanden zu werden. Wir müssen wissen, wie die Menschen heute denken und wovon sie geprägt sind. Wenn ich meine Zeitgenossen nicht kenne, wenn ich nicht weiß, wie sie leben und von wem sie geprägt sind, wird die Botschaft vom Kreuz schwerlich auf fruchtbaren Boden fallen. Deshalb ist eine Zeitanalyse der Postmoderne für die missionarische Strategie der Christen von großer Wichtigkeit.

Christen müssen wissen, in welcher Welt sie leben. Schon im Alten Testament begegnen uns Menschen, die die Zeichen ihrer Zeit beachteten. Man denke nur an die Söhne Issaschars, von denen es in 1. Chr. 12,33 heißt, daß sie die «Zeiten zu beurteilen verstanden». Auch andere einflußreiche Menschen der Bibel kannten ihre Zeit. Jesus Christus wußte um die Situation seiner Zeitgenossen. Er ging zu den Zöllnern und Sündern. Er kannte die Pharisäer und Sadduzäer, ebenso die Römer und Griechen. Er forderte seine Jünger auf, die Zeichen der Zeit zu beachten (Luk. 12,54-56; 1. Thess. 5,1.4f.). Der Apostel Paulus wußte auf seine Gesprächspartner einzugehen. Auf dem Areopag in Athen kannte er die Denkweisen seiner Zuhörer und konnte ihnen deshalb Paroli bieten (Apg. 17,16-34). Die Kenntnis unserer Zeit ist eine Voraussetzung für glaubwürdigen Lebensstil und für zielgerichtete Evangelisation. Deshalb kommen auch Christen an der Trendforschung nicht vorbei.

1
Die Qual der Wahl
Pluralismus und Relativismus

*Die Modernisierung bedeutet
einen gewaltigen Wandel von einer Welt,
die durch das Schicksal bestimmt ist,
zu einer Welt von Optionen.*

PETER L. BERGER

*Der mit der Verflochtenheit in die
moderne Gesellschaft unvermeidbare Pluralismus
wird die Kirche stärker gleichschalten,
als es jede totalitäre Ideologie
letzten Endes könnte.
Auf diese Weise wird sie, als ganze,
geistlich bedeutungslos werden.*

WOLFRAM KOPFERMANN

1.1. Vom Gebot zum Angebot: Gesellschaftliche Trends

Die postmoderne Zeit der Gegenwart steht auf dem Fundament des Pluralismus.[14] Der Begriff Pluralismus kommt aus dem amerikanischen Sprachraum.[15] Er wurde erstmals nach dem Ersten Weltkrieg von Horace Kallen verwandt, um das friedliche Zusammenleben verschiedener Völker und Religionen auf dem amerikanischen Kontinent zu beschreiben. In einer multikulturellen und multiethnischen Gesellschaft wie Amerika war der Pluralismus von Anfang an ein Hauptbestandteil des demokratischen Staates. Im Einwanderungsland USA war er schon seit dem 18. Jahrhundert mit Händen zu greifen. Die Vielfalt des Lebens forderte von allen Menschen Toleranz und Rücksicht. Nur so war ein friedliches Zusammenleben unterschiedlicher Völker möglich.

Bald wurde der Begriff auch in anderen Ländern verwandt und in seiner Bedeutung ausgeweitet. Pluralismus wurde nun die grundlegende Überzeugung, daß verschiedene Auffassungen und Erscheinungsformen des Lebens gleichermaßen als richtig anerkannt werden müßten. Die Vielfalt des Lebens verdrängte die Überzeugung von der Eindeutigkeit und Sinnhaftigkeit des Seins. Das Kriterium für Wahrheit wurde nicht mehr einheitlich festgelegt, sondern von jedem frei bestimmt. Pluralismus wurde zur Metapher für eine prinzipielle Lebenseinstellung, die mit Freiheit, Autonomie, Angebot und Individualität verbunden war. Die modernen Städte wurden zu Begegnungsflächen von Menschen verschiedenster Prägungen und Kulturen, die unterschiedliche Wertsysteme mitbrachten. Die Globalisierung der Märkte und Medien verstärkt zur Zeit diesen Pluralisierungseffekt. Überall trifft man auf neue, bisher unbekannte Lebensräume, die unsere eigenen Traditionen in Frage stellen. Nationale Grenzen scheinen

---

[14] Zur Frage des Pluralismus vgl. aus christlicher Sicht: Heinzpeter Hempelmann, *Glauben wir alle an denselben Gott? Christlicher Glaube in einer nachchristlichen Gesellschaft*, Wuppertal: R. Brockhaus, 1997.
[15] Einen hilfreichen Überblick über den Einfluß des Pluralismus auf die Kirchen gibt Peter L. Berger, «Pluralistische Angebote: Kirche auf dem Markt», *Leben im Angebot – Das Angebot des Lebens: Protestantische Orientierung in der modernen Welt,* Hg. Synode der EKD, Gütersloh: Gütersloher Verlagshaus, 1994, S. 33-48. Zum Folgenden vgl. ebd. S. 35f.

im Jet-Set-Zeitalter zu fallen. Die totale Marktwirtschaft konfrontiert uns täglich mit neuen Marken und Produkten. Unsere Welt zerfasert in Millionen von Eindrücken und Angeboten. Die schnellen Transport- und Kommunikationswege vereinheitlichen den Erdball. Damit zerfallen die monokausalen Sinnzusammenhänge alter Zeiten.

Diese Entwicklung zum Pluralismus hat sich langfristig angedeutet. Gab es im Mittelalter noch ein relativ einheitliches Lebensbild der Menschen, fächert sich die Breite der Wirklichkeit ab der Neuzeit immer weiter auf. Zwar gab es auch im Mittelalter unterschiedliche Klöster, Mönchsorden und Zünfte, zudem verschiedene Stände der Gesellschaft. Diese unterschiedlichen Lebensformen waren jedoch auf eine gemeinsame christliche Wertordnung bezogen. «Die längste Zeit in der Geschichte sahen sich die Menschen lebenslang in eine in sich geschlossene, weitgehend einheitliche Einzelkultur eingebettet.»[16] Angesichts der unendlichen Zahl von Vereinigungen, Gruppen, Angeboten, Nationalitäten und Trends unserer Zeit, die völlig beziehungslos nebeneinander existieren, kann wohl erst ab dem 20. Jahrhundert von Pluralismus im Sinne einer universalen Ideologie gesprochen werden.

Wolfgang Welsch bezeichnet das Hauptpostulat der Postmoderne als «radikale Pluralität».[17] «Die Postmoderne ist diejenige geschichtliche Phase, in der radikale Pluralität als Grundverfassung der Gesellschaften real und anerkannt wird... Fortan stehen Wahrheit, Gerechtigkeit, Menschlichkeit im Plural.»[18] Walter Kasper bestätigt diesen Trend: «In unserem Jahrhundert gewinnt der Pluralismus eine geradezu explosionsartige Steigerung: durch die weitere Ausdifferenzierung der Lebensformen und Lebensbereiche, Denktypen und Orientierungssysteme, Weltanschauungen und Handlungsformen, durch die weitere Marginalisierung der Religion zu einem bloßen Teilbereich, durch den Schwund gemeinsamer Werte und Grundüberzeugungen und durch die nicht

---

[16] Peter L. Berger, *Sehnsucht nach Sinn: Glauben in einer Zeit der Leichtgläubigkeit*, 2. Aufl. Frankfurt: Campus, 1995, S. 72.
[17] Wolfgang Welsch, *Unsere postmoderne Moderne*, 4. Aufl. Berlin: Akademie, 1993, S. 4.
[18] Ebd., S. 5.

mehr überschaubare, geschweige denn zur Einheit zu vermittelnde Ausdifferenzierung des Wissens.»[19]

An den Entwicklungsländern läßt sich die Macht und Dynamik des Pluralismus im Zeitraffer beobachten. Innerhalb von Wochen verändern sich jahrhundertealte Kulturen durch den Bau einer Landstraße, einer Eisenbahnstrecke oder durch das Auftauchen einer Cola-Flasche, wie im Film «Die Götter müssen verrückt sein» eindrücklich gezeigt wurde. Ähnliches konnte man in einem anderen Kontext beobachten, in Ostdeutschland und Osteuropa. Pluralität des Angebotes, die Erkenntnis, daß es neben meiner kleinen Welt noch Millionen anderer Welten gibt, verändert angestammte und in sich geschlossene Kulturen innerhalb weniger Monate. Die auf den ersten Blick verlockende Horizonterweiterung führt auf ihrer Kehrseite zu fundamentalen Brüchen und Verunsicherungen der Menschen. Was sich in Westeuropa über Jahrzehnte entwickelte und dadurch wenig Aufsehen erregte, wird in Miniaturform in manchen Ländern der Zweiten und Dritten Welt innerhalb von wenigen Jahren nachgeholt. Die dadurch entstehenden physischen und psychischen Spannungen und Belastungen bilden ein hohes Gefahrenpotential der Weltpolitik.

Am radikalsten beobachtet man die Ideologie des Pluralismus in der westlichen Welt: die Wirklichkeit um uns herum ist bodenlos pluralistisch geworden. Wir sind eine nach allen Seiten hin offene Gesellschaft, ohne Maß und ohne Grenzen. Der moderne Pluralismus ist nicht nur die Akzeptanz der Vielfalt, der Pluralität, sondern eine völlige neue Grundeinstellung zur gesamten Wirklichkeit. Pluralismus ist die Verneinung der Einheit, die Verabschiedung von singulären Optionen. Alles ist plural, selbst die Wahrheit, die Ethik und die Menschlichkeit. Ausschließlichkeitsansprüche werden abgelehnt. Das Ganze ist das Viele. Absolutheitsansprüche, so meint man, reduzieren die Wirklichkeit auf das Partikulare und hindern den Fortschritt.

Pluralität zeigt sich am offensichtlichsten im Konsumbereich. Die Angebotspalette ist unüberschaubar und verwirrend geworden. Das Kaufhaus ist der Tempel der Moderne. Wir haben uns

---

[19] Walter Kasper, «Die Kirche angesichts der Herausforderung der Postmoderne», *Stimmen der Zeit* 122 (Oktober, 1997), S. 654.

schon lange an die Pluralität des Angebotes in Warenhäusern gewöhnt, Menschen aus der Dritten Welt sind hier sensibler. Für sie
ist ein Besuch im modernen Kaufhaus ein Schockerlebnis. Von
jedem Produkt gibt es Alternativangebote der Konkurrenz. Die
Angebotspalette hat sich Jahr um Jahr vergrößert. Für jeden Geschmack ist etwas dabei. In der Fußgängerzone der City spiegelt
sich unsere Lebenseinstellung wider: ein Laden neben dem anderen. Nützliches und Unnützes stapelt sich in den Regalen. Überall
unüberschaubares Angebot als Resultat der freien Marktwirtschaft. Selbst die Tankstellen haben aufgerüstet: Sie machen
heute viermal mehr Umsatz durch ihre Shops als mit Benzin.
Unsere Gesellschaft ist eine «Angebotsgesellschaft» geworden.
Dutzende von Marken machen die Auswahl schwierig. Peter Berger beschreibt diese Entwicklung: «Was früher ein Gebot war,
wird nun ein Angebot unter vielen»[20], damit schon die problematische Seite des Angebotspluralismus andeutend.

Wichtiger noch: Auch die Trends haben sich pluralisiert. Jede
gesellschaftliche Gruppe schafft sich heute ihre eigene Welt mit
ihren speziellen Angeboten. Die «In's» und «Out's» sind grup-
penspezifisch und ändern sich ständig. Heute «Hui», morgen
«Pfui». Tendenzen sind nicht mehr voraussagbar. Alles ist durcheinander gemischt, eine «Patchwork-Mentalität» macht sich
breit. Das erfolgreiche Nachrichtenmagazin *Focus* ist dafür ein
gutes Beispiel: Nicht lange Artikel prägen das Blatt, sondern
kurze Häppchen in gleichem Ton und gleicher Intention. Alles
steht wahllos durcheinander, verschiedenste Themen, kurz,
knackig und bunt aufbereitet. Die Hefte haben den Umfang von
Büchern angenommen. Eine durchgehende rote Linie fehlt.
Wahllos werden Informationen – gut aufgemacht – aus allen Bereichen des Lebens aneinandergereiht.

Der Meinungspluralismus zeigt sich in der Masse von literari-
schen Produkten. Gedeckt durch das Grundrecht der Meinungs-
freiheit, werden eine Fülle von Meinungen auf den Markt geworfen. Hörfunk und Fernsehen propagieren Tausende von
Meldungen, die oft über den Tag hinaus ohne Bedeutung sind.
Dank PC ist es heute für den Privatmann leicht geworden, die
eigene Meinung zu vermarkten. Aus dem Internet quillen «Un-

---

[20] Berger, «Pluralistische Angebote», S. 37.

mengen» von Meinungen. Jeder kann und darf denken, was er möchte, und diese Gedanken dann auch unters Volk werfen. Tausende von Zeitschriften für jede noch so kleine Ideenwelt, Tausende von Vereinen für alle möglichen und unmöglichen Interessen, Millionen von Flugblättern in Briefkästen beherrschen das Bild des Meinungspluralismus. Es gibt nichts, was es nicht gibt – für jeden das Seine. Die Gedanken sind frei.

Der Pluralismus der Moderne bringt einen ständigen Wandel mit sich. Haben sich in vergangenen Zeitperioden fundamentale Veränderungen der Gesellschaft in Jahrhundertzeiträumen vollzogen, überstürzen sich die Entwicklungen in der Moderne. Innerhalb von Jahren vollziehen sich Epochensprünge. Unsere Welt dreht sich immer schneller. Wandel wird zur Selbstverständlichkeit. Ein Trend löst den anderen ab. Innovationen beherrschen das Bild. Die Welt beschleunigt sich, sie zersplittert in viele verschiedene Seinsstrukturen. «Wer meint, irgend etwas in unserer Welt sei fix und habe Bestand, der macht einen Kardinalfehler.»[21] Langlebige politische und gesellschaftliche Systeme zerbrechen in Tagen und verschwinden von der Bildfläche. Modeströmungen haben eine immer kleinere Halbwertzeit. Nichts scheint mehr konstant zu sein, alles fließt.

Ein politisches Beispiel sei in Erinnerung gerufen: Durch die Öffnung des Eisernen Vorhangs und die Wiedervereinigung des Landes waren die Ostdeutschen gezwungen, innerhalb von wenigen Jahren eine andersgeartete westliche Gesellschaftsstruktur aufzunehmen und zu verarbeiten. In Monaten wurden Jahrzehnte übersprungen. Quasi über Nacht wurden diese Menschen mit den Konsequenzen der Marktwirtschaft konfrontiert. Erstaunlich schnell, von den Medien vorbereitet, paßte man sich an – es blieb einem auch nichts anderes übrig. Der Westen importierte dabei nicht nur die D-Mark, sondern auch den Pluralismus.

Die Öffnung des Ostens ist nur ein Beispiel für revolutionäre Wandlungen und Veränderungen der Moderne, wie sie sich heute abspielen. Gleiches könnte man von der Computerinvasion sagen, die unsere Welt erheblich verändert hat. Millionen von Arbeitern und Angestellten mußten sich fortbilden, um mit der tech-

---

[21] Gerd Gerken/Michael-A. Konitzer, *Trends 2015: Ideen, Fakten, Perspektiven*, München: Deutscher Taschenbuch Verlag, 1996 (1995), S. 12.

nischen Entwicklung Schritt zu halten. Flexibilität am Arbeitsplatz ist dringend gefordert. Wer hier nicht bereit ist zur Fortbildung, findet sich plötzlich außerhalb des Berufslebens wieder. Der Siegeszug des Computers wird schon als «Quantensprung» in der Menschheitsgeschichte gefeiert. Er macht viele Arbeitsplätze überflüssig, schafft aber auch neue. Mehr noch: Er pluralisierte die Pluralität durch die immensen Möglichkeiten der Datenspeicherung und Datenverarbeitung. Auf Daten kann sofort zugegriffen werden. Daten können kombiniert, abgeglichen und selektiert werden – und das von jedem Punkt der Erde aus in Sekundenschnelle.

Wie kam es zum totalen Pluralismus der Moderne? Hier bündeln sich vielfältige historische Entwicklungen. Zu nennen ist die Demokratisierung der Welt, die die Auswahl der Konsumgüter unterstützte. Natürlich spielten auch die Entstehung der Marktwirtschaft und des Kapitalismus eine wichtige Rolle. Zudem bestimmen seit dem 19. Jahrhundert die Werte der Freiheitsbewegungen die westlichen Gesellschaftssysteme. Freiheit, Gleichheit und Brüderlichkeit sollten für alle gelten. Toleranz unterstützt Pluralität, denn sie schafft die Freiheit, anders zu denken. Auch die Verstädterung hat eine Rolle gespielt. Stadtgesellschaften entwickeln sich explosiver und intensiver als Landgesellschaften und haben als Ballungsräume die Tendenz zur Pluralität. In der Stadt prallen Gegensätze leichter aufeinander.

Der moderne Mensch empfindet den Pluralismus zumeist bereichernd, keineswegs bedrückend. Man macht sich kaum Gedanken über die Macht und die Kehrseite des pluralen Angebots. Wir genießen die Vielfalt des Marktes, freuen uns über die Freiheit der Entscheidung. Und doch empfinden immer mehr Menschen den Pluralismus als anstrengend und erdrückend. Eine Folge des Pluralismus sind dauernde Entscheidungszwänge, denen wir uns ausgesetzt sehen. Der Soziologe Peter Gross hat zu diesem Thema ein bedenkenswertes Buch geschrieben. Sein Titel: «Die Multioptionsgesellschaft»[22]. Er beschreibt darin die Kraft von Entscheidungszwängen, die unser Leben im Pluralismus bestimmen. In der Welt der Moderne stehen uns täglich Hunderte

---

[22] Peter Gross, *Die Multioptionsgesellschaft*, Frankfurt: Suhrkamp, 1994.

von Wahlmöglichkeiten offen. Wir treffen in einer Woche mehr Entscheidungen als unsere Vorfahren in ihrem ganzen Leben. Schon morgens vor dem Kleiderschrank müssen wir wählen: Was ziehe ich heute an? Für unsere Vorfahren gab es nur den Sonntagsrock und das Alltagskleid. Weiter geht es beim Frühstück: Wie belege ich mein Brötchen? Mit welchem Auto fahre ich zur Arbeit? Was koche ich zu Mittag? Welche Sorte von Mineralwasser kaufe ich? Wen rufe ich heute an? Welchen Film schaue ich mir auf welchem Sender an? Wohin fahre ich in Urlaub? Welchen Beruf erlerne ich? Welche Frau, welchen Mann heirate ich? Zu welchem Arzt gehe ich? Zu welcher christlichen Konferenz fahre ich? Welchen Radiosender stelle ich heute an? ERF 1 oder ERF 2?

Die Zahl der Wahlmöglichkeiten ist unendlich geworden, genauso der Zwang, wählen zu müssen. John Naisbitt berichtet von einem Glühlampengeschäft in New York, in dem es 2500 verschiedene Glühlampen zu kaufen gibt. Ehepartner haben heute die große Auswahl, wie sie sich nach der Eheschließung nennen wollen. Nehmen wir den Namen des Mannes oder der Frau oder einen Doppelnamen, oder behalten die Ehegatten ihren Geburtsnamen? Heutzutage kann man selbst sein Geschlecht aussuchen. Alle Kulturen und Religionen scheinen gleichermaßen legitim, alle Werte beliebig und austauschbar. Wir leben in einer offenen, multikulturellen «Optionsgesellschaft». Die Wahlspanne des modernen Menschen ist um ein Vielfaches größer als die Wahlmöglichkeiten seines Urgroßvaters in dörflicher Umgebung. Bei ihm sprach man von einer «Welt des Schicksals». Er mußte sich mangels Wahlmöglichkeiten seinem gottgegebenen Schicksal beugen. Diese Welt war aus unserer Sicht vielleicht langweilig, aber sie war überschaubar und sicher. Heute ist das anders. Ich treffe aus dem großen Angebot meine passende Wahl. Beim Kauf eines BMWs kann man theoretisch unter zehn Milliarden unterschiedlicher Varianten wählen, wenn man alle Modelle mit ihren Ausstattungsmöglichkeiten multiplizieren würde. Standardisierte Massenproduktion ist out. Der Markt der Möglichkeiten ist unbegrenzt. Was früher das Gebot war, ist heute das Angebot.

So angenehm die Vielfalt der Entscheidungen auf den ersten Blick erscheint, müssen doch die Konsequenzen bedacht werden. Die Kehrseite des Pluralismus ist ein überall herrschender Relativismus. Moden und Trends wechseln sich ständig ab. So empfindet der Mensch: Konstantes gibt es nicht mehr. Alles ist relativ und damit veränderbar. Man kann alles tun, was Spaß macht. Jede Kombination ist möglich, denn die letzte Entscheidung trifft jeder für sich. Es gibt keine letzten Wahrheiten mehr. Pluralismus relativiert alles, die Werte, die Normen und das Sozialgefüge der Vergangenheit. Allan Bloom beginnt seinen bekannten Bestseller über den Verfall des «Verstandes» in der amerikanischen Kultur mit dem prägnanten Satz: «Es gibt eine Sache, über die sich ein Professor ganz sicher sein kann: Fast jeder Student, der an eine Universität kommt, sagt oder glaubt, daß die Wahrheit relativ ist.»[23]

Diese neuen Relativismen zeigen sich seit einigen Jahren auch in der wissenschaftlichen Welt.[24] Einen Startpunkt markierte die strukturelle Linguistik Ferdinand de Saussures und Roman Jakobsons. Für sie hatte die Sprachsemantik keine absolute Bedeutung mehr. Sprache sei vielmehr variabel. Es sei unmöglich, den eigentlichen Sinn eines Textes zu entschlüsseln. Später wurde dieses Konzept auf die gesamte Hermeneutik angewandt: Der «Dekonstruktivismus» interessierte sich nicht mehr für die ursprüngliche Absicht des Autors, die sowieso nicht ableitbar sei, sondern fragte sofort nach der Gegenwartsrelevanz literarischer Texte. Jede strukturelle und etymologische Untersuchung würde zeigen, daß der Text widersprüchlich und das genaue Gegenteil von dem aussagen würde, was er auf den ersten Blick meint. Der eigentliche Ziehvater dieses veränderten linguistischen Wahrheitskonzeptes wurde der französische Philosoph Michel Foucault.[25] Für ihn war Wahrheit nur Ausdruck der Macht. Objektive Kriterien für Wahrheit gäbe es nicht. Jede Gesellschaft schaffe

---

[23] Allan Bloom, *The Closing of the American Mind*, New York: Touchstone, 1987, S. 25. Der amerikanische Begriff «mind» läßt sich schwer ins Deutsche übersetzen. Er meint nicht nur «Verstand», sondern auch «Sinn» oder «Geist».

[24] Vgl. zum Folgenden Don A. Carson, *The Gagging of God: Christianity Confronts Pluralism*, Leicester: Apollos, 1996, S. 57-137; Alister E. McGrath, *A Passion for Truth: The Intellectual Coherence of Evangelicalism*, Leicester: Apollos, 1996, S. 184-199.

[25] Foucault wurde zum Vater des Poststrukturalismus, der sich gegen die Einheitsideen des Strukturalismus zur Wehr setzte. Vgl. sein grundlegendes Werk: *Die Ordnung der Dinge: Eine Archäologie der Humanwissenschaften*, 7. Aufl. Frankfurt: Suhrkamp, 1988 (1971).

sich ihre auf Machtprinzipien beruhenden eigenen Wahrheitskriterien, die jenseits der Objektivität stehen. Eine Wahrheit ist nur dann wahr, wenn sie «für mich» wahr ist. Foucault übersah allerdings, daß schon diese Grundüberzeugung eine objektive Wahrheit voraussetzt! Dennoch beeinflußte der Dekonstruktivismus weite Bereiche der wissenschaftlichen Welt und der intellektuellen Eliten.

Pluralismus und Relativismus gelten heute in der Soziologie und Trendforschung als Hauptindikatoren der Moderne. Sie spiegeln sich nicht nur in den Warenhäusern der Städte wider, sondern auch in den Denk- und Verhaltensmustern der Menschen. Nichts scheint mehr von Dauer zu sein. Modernisierung bedeutet dauernde Umarbeitung, Korrektur des Vorhandenen, Verbesserung, Optimierung. Es gibt immer noch eine Steigerung, ein Mehr. Alles ist im Wandel begriffen. Die Konstanten lösen sich auf. Wir sind auf einer Rutschbahn und wissen nicht, wo die Abfahrt enden wird.

1.2 Der Markt der Möglichkeiten: Gemeindliche Trends

Dieser moderne Pluralismus spiegelt sich auch in der religiösen Szene wider. Es ist eine der erstaunlichsten Beobachtungen unserer Tage, daß die christliche Kirche keineswegs ihre Stimme gegen pluralistische Entwicklungen erhoben hat. Im Gegenteil: Die Kirche selbst ist pluralistisch geworden. Peter L. Berger schreibt: «Religion ist keineswegs immun gegen die relativierenden Folgen der Pluralisierung. Die Modernität, gerade wegen ihrer pluralisierenden Prozesse, untergräbt die Selbstverständlichkeit religiöser Traditionen wie auch aller anderen Traditionen.»[26] Die gesellschaftlichen Wahlzwänge haben längst das Gemeindevolk und damit die Kirchensituation erreicht. Religion ist kein Schicksal mehr. Traditionen werden mit Füßen getreten. Verschiedene religiöse Angebote stehen nebeneinander. Jeder darf frei entscheiden und aussuchen, welche Religion ihm paßt oder nicht. Auch Religion ist nicht mehr Gebot, sondern Angebot.

---

[26] Berger, «Pluralistische Angebote», S. 39.

In den Kirchen und Gemeinden kann heute jeder seine eigene Meinung haben, aus einem breiten Angebot frei wählen, denken und leben wie er will – und wird «stehen gelassen». Auch hier gibt es längst eine unübersehbare Flut von Meinungsangeboten. Die Globalisierung und Mobilität der Moderne führt zur Konkurrenzsituation mit anderen Weltreligionen. Hinduistische oder kalifornische Sekten buhlen um die Gunst der Massen. Starprediger eröffnen ihre eigenen Kirchen. Wunderheiler und Schamanen haben im christlichen Abendland Platz genommen. Eklektizistisch stellt sich der moderne Mensch seine Privatreligion zusammen. Horx schreibt: «Der Glaube ist los. Was dabei herauskommt, ist ein Patchwork aus Religiösem und Magischem, ein Glaubens-Supermarkt mit schnellen Wechseln und unzähligen Kombinationen... Der Markt für den Glauben jedweder Art ist freigegeben: Bedient euch, auf daß ihr selig werdet.»[27]

Aus dem religiösen Meinungspluralismus entstehen «Meinungschristen»[28] ohne Überzeugungen. Sie gehören noch zur Kirche, haben aber keine inneren Bindungen an die Konfession mehr. Ihre Mitgliedschaft ist unverbindlich, vergleichbar dem modernen Konsumverhalten. Meinungen können schnell geändert werden, es sind keine festen, dauerhaften Überzeugungen. Man zieht es in einer bestimmten Lebenslage vor, zu einer bestimmten Konfession zu gehören. Aber morgen kann das schon anders sein. Mit Konfession im Sinne eines «Bekenntnisses», für das man bereit wäre, auch zu sterben, hat das nichts mehr zu tun. Konfession wird zur «Präferenz». Sie erhält den Vorzug gegenüber anderen Möglichkeiten. Aus persönlichen Gründen bevorzugt man eine bestimmte Kirche. Berger schreibt auf dem amerikanischen Hintergrund über diese neue Form der Christenheit: «Einen anschaulichen sprachlichen Ausdruck findet diese pluralistische Dynamik in der Rede von der ‹religiösen Präferenz› der Amerikaner, von ihrer ‹zufälligen› Religionszugehörigkeit oder davon, daß sie – so ihre Selbstbekundung – eine bestimmte Glau-

[27] Matthias Horx/Trendbüro, *Trendbuch 2: Megatrends für die späten neunziger Jahre*, Düsseldorf: Econ, 1995, S. 102.
[28] Peter L. Berger/Thomas Luckmann, *Modernität, Pluralismus und Sinnkrise: Die Orientierung des modernen Menschen*, Gütersloh: Bertelsmann Stiftung, 1995, S. 53.

bensgemeinschaft ‹toll finden›. Die Sprache verrät sowohl Unsicherheit als auch Unbeständigkeit: Präferenzen können sich wandeln, der Zufall von Geburt und Erziehung muß kein unabänderliches Schicksal sein, und die religiöse Option, die man heute ‹toll findet›, erscheint einem möglicherweise morgen schon als überholt.»[29]

So ist man bereit, die Gemeinde schnell zu wechseln, wenn sie nicht mehr gefällt und man eine andere bevorzugt. Auswahl gibt es genug. Es bleibt nicht mehr bei einer bloßen Begegnung mit dem Pluralismus der Moderne. Er ist längst zu einer Denk- und Verhaltensform für Christen geworden. Die Religionszugehörigkeit des einzelnen ist keine lebenslange feste Tatsache mehr. Sie wird zur Optionsfrage, von uns selbst festgelegt. Wachsende Gemeindevielfalt am Ort, unzählige Angebote der Unterhaltung auch in christlichen Kreisen – so entpuppt sich christlicher Pluralismus der Moderne. Die Zahl der Kirchen und Freikirchen nimmt in Deutschland zu. In größeren Städten kann man längst wählen zwischen den bekannten Kirchengemeinden, Heilsarmee, Methodisten, Freien evangelischen Gemeinden, Evangelisch Freikirchlichen Gemeinden, Brüdergemeinden, Stadtmissionen, klassischen und nichtklassischen Pfingstlern, ganz unabhängigen Bibeltreuen, Charismatikern usw. Jeder sucht sich die Gemeinde, die ihm paßt oder zu ihm paßt. Die Gemeindezugehörigkeit ist nicht mehr durch Traditionen festgelegt, sondern im Markt des Angebotes frei wählbar.

Richard Niebuhr hat schon in den 50er Jahren den Begriff «Denominationen», d.h. «Benennungen», für die Kirchen zeitgeschichtlich gedeutet. Dieser Ausdruck spiegelt wider, daß die verschiedenen Kirchen das Existenzrecht anderer Kirchen anerkennen. Kirchen sind nur noch «Benennungen» im pluralistischen Angebot der Moderne. Sie behaupten schon lange nicht mehr, «die» Kirche zu sein, sondern eine Benennung unter vielen. Immer mehr setzt sich die Überzeugung durch, daß jede Kirche unterschiedliche Menschen anspricht und damit ihre Existenzberechtigung habe. Die Devise lautet: Für jedes Bedürfnis die geeignete Kirche. Der ekklesiologische Pluralismus wird auf diese

---

[29] Berger, *Sehnsucht nach Sinn*, S. 45-46.

Weise galant gerechtfertigt. Die theologische Begründung wird gleich mitgeliefert: Da das Neue Testament keine verbindlichen Kirchenstrukturen vorgebe, könne und dürfe man Kirche nach unterschiedlichen Konzeptionen bauen.

Daneben boomt das Angebot der christlichen Organisationen: «Die Guten Seiten», ein entsprechendes Adreßbuch, enthält für den deutschsprachigen Raum über 10 000 Anschriften.[30] Das *Handbuch der evangelistisch-missionarischen Werke, Einrichtungen und Gemeinden* muß dauernd erweitert werden.[31] Der «Markt der Möglichkeiten» auf dem Kirchentag zeigt den Markt der pluralistischen Unmöglichkeiten in der Kirche: Homosexuellenclub neben Diakonissen, «Jugend mit einer Mission» neben der «Evangelischen Studentengemeinde», Radikalfeministinnen neben Pfadfindern. «Anything goes», jedem das Seine: Gottesdienste der Jesus-Freaks oder klassisch lutherisch, Musik entweder leise oder heavy, etwas Mystik und die klassische Evangelisation. Man kann wählen. Je nach Stimmungslage gibt es das passende religiöse Angebot.

Die Volkskirche ist pluralistisch geworden. Die evangelischen Landeskirchen bejahen den modernen Pluralismus und möchten ihn für die eigene kirchliche Arbeit nutzbar machen. Einander ausschließende theologische Positionen können dadurch nebeneinander stehen bleiben. Das bedingungslose «Ja» zur «Volks»-Kirche meint auch ein «Ja» zur jeweiligen Kultur des Volkes. Ist die Gesellschaft pluralistisch, kann die Volkskirche nicht antipluralistisch sein – so lautet der schlichte Gedankengang.

Sogar pietistische und evangelikale Kreise akzeptieren mehr und mehr diesen Pluralismus, wenn sie bemerken, daß jeder in der Kirche seinen Platz finden könne. Man dürfe es nicht zu gesetzlich sehen. Jeder habe doch seine eigenen Erkenntnisse. Absonderung vom und Ablehnung des Pluralismus sind Außenseiterpositionen geworden. Unter frommen Motiven wird überall mitgemacht, läßt man sich leicht vereinnahmen. Die «Frommen» werden längst toleriert und integriert. Sie haben im pluralisti-

---

[30] *Die Guten Seiten: Das Infobuch für Christen. Edition '97/'98.* Hg. Johannes Institut, Wiesbaden: Projektion J, 1997.
[31] *Handbuch der evangelistisch-missionarischen Werke, Einrichtungen und Gemeinden,* Hg. Reinhard Hempelmann, Stuttgart: Christliches Verlagshaus, 1997.

schen Gefüge der Kirche ihren Platz gefunden, werden in Ruhe gelassen, solange sie nicht gegen das System protestieren.

Auch in den Freikirchen ist das Bild bunter geworden. Liberale und Bibeltreue, Progressive und Konservative, Charismatiker und Anticharismatiker, Mystiker und Rationalisten – alle finden Platz unter dem großen Dach mancher Freikirchen. Gemeindezucht wird nur noch selten geübt. Verschiedenste Meinungen über Bibeltexte werden akzeptiert. In der evangelikalen Wirtschaftswelt blüht der Pluralismus: Verlagsprogramme sind nicht mehr zu überschauen. Hunderte von christlichen Zeitschriften, Organisationen, Initiativen, Aktionskreisen, Orden, Festivals, Kongressen, Seminaren – wir haben die Qual der Wahl. Immer etwas Neues – und bitte Themen, die im Trend sind. Welches Poster in diesem Jahr? Soll der Fisch für das Auto rot oder grün sein, nach links oder rechts schwimmen? Eine Kreuzfahrt mit dem CVJM oder eine Treckingtour mit dem EC? Auch hier müssen wir dauernd wählen.

Natürlich hat es eine Vielfalt christlicher Bekenntnisse immer gegeben. Aber seit den 80er Jahren explodiert die Vielfalt und wird zum Problem. Der Markt ist unüberschaubar geworden. Wer könnte noch einem Nichtgläubigen die Unterschiede zwischen den verschiedenen Freikirchen erklären? Das Besondere der Entwicklung in den 90er Jahren ist, daß heute verschiedenste Weltanschauungen nebeneinander leben, nicht mehr miteinander. Waren die 80er noch Jahre der Ökumene, der Zusammenarbeit, des Dialoges, wurden die 90er die Jahre der Nische, der Abkapselung. Man lebt nebeneinander, auch in der Gemeinde, und hat seinen Schutzraum aufgebaut. Man läßt den anderen stehen, scheut die Konfrontation und den offenen Konflikt. Man ist der Kontroversen müde, die Toleranz kennt keine Grenzen mehr. Eine lähmende Gleichgültigkeit macht sich breit. Gemeinden arbeiten nur noch für sich, nicht mehr mit anderen zusammen. Kann das auf Dauer gutgehen?

Der pluralistische Relativismus unserer modernen Gesellschaft zeigt sich im Bereich der religiösen Überzeugungen, und zwar in einer verwirrenden Inkonsequenz in bezug auf die Weltanschauung. Ohne Zweifel würden sich die meisten Christen zu einer theistischen Weltanschauung bekennen und die biblischen Dogmen von vielen als wahr und verbindlich angesehen. Im alltäglichen Leben lebt man jedoch nach einer anderen Lebensphilosophie. Eine amerikanische Untersuchung unter evangelikalen Collegestudenten stellte fest, daß diese in ihrem persönlichen Lebensstil einem individualistischen und mystischen Lebensideal nachlaufen.[32] Zwei sich ausschließende Lebenskonzepte können heute in einer Person nebeneinander existieren, ohne daß der moderne Mensch das als Konflikt empfindet. Diese Inkonsequenz macht sich mittlerweile auch im Evangelikalismus breit. Lehre und Leben driften hier immer stärker auseinander. Man bekennt sich zur unfehlbaren Bibel, lebt aber nicht nach den Geboten Gottes. Man sagt «Ja» zu den Geboten Gottes, lebt jedoch in «wilder Ehe». Man spendet an eine wohltätige Organisation, hält sich aber an keine Geschwindigkeitsbegrenzung.

Diese Einstellung ist nur auf dem Hintergrund des Pluralismus zu verstehen. Der Pluralismus führt, so Peter Berger, zwangsläufig zur «Häresie».[33] Das griechische Wort «hairein» bedeutet «wählen». Häretiker sind Menschen, die sich gegen die gängige Tradition entscheiden und ihre eigene, abwegige Meinung vertreten. Häretiker hat es zu allen Zeiten gegeben. Aber erst in der pluralistischen Moderne sind wir alle – zwangsläufig – Häretiker geworden. Häresie war in der vormodernen Welt die Ausnahme, fernab der normalen Erfahrung. In der Moderne ist Häresie das tägliche Brot, eine Art Notwendigkeit, um die ich nicht herumkomme. Die Auswahl wird zum Imperativ. Es gibt nicht mehr die Möglichkeit, nicht auszuwählen. Feste Denk- und Verhaltensnormen sind nicht mehr automatisch vorgegeben. Für alles und nichts müssen wir uns neu entscheiden. Religion wird nicht mehr als von Gott verordnetes Schicksal verstanden, sondern als freie Entscheidung des autonomen Menschen. So kommt es zum Entscheidungszwang: Jede Überzeugung und Tat im christlichen Leben wird neu hinterfragt und individuell entschieden. Es gibt keine Automatismen und Traditionen mehr. Ein bestimmter Glaube bestimmt nicht mehr ein bestimmtes Verhalten. Die Kombinationsmöglichkeiten pluralisieren. Man kann heute ge-

---

[32] David F. Wells, «Educating for a Countercultural Spirituality», *Theological Education in the Evangelical Tradition*, Hg. D.G. Hart/R. Albert Mohler, Grand Rapids: Baker, 1996, S. 296-297.

[33] Peter L. Berger, *Der Zwang zur Häresie: Religion in der pluralistischen Gesellschaft*, Freiburg: Herder, 1992 (1980), S. 40.

nauso evangelikaler Katholik wie homosexueller Evangelikaler sein. Die Bejahung eines bestimmten Dogmas meint nicht mehr, daß ich traditionell damit zusammenhängende Lehraussagen bejahe. Religiöser Pluralismus relativiert und schafft einen neuen, unverbindlichen und individuellen Glauben.

Der gesellschaftliche Relativismus zeigt sich auch im persönlichen Glauben. Immer mehr Menschen haben sich nicht nur einmal, sondern mehrmals bekehrt. Man fühlte sich mehrere Male von der Predigt des Evangelisten «angesprochen» und wählte ein weiteres Mal den Glauben. Die Auswahlmöglichkeiten sind unbegrenzt, warum also nicht mehrmals Entscheidungen treffen? Diese Entscheidungen haben jedoch immer häufiger keine Konsequenzen. Oft hört man den Satz, daß Jesus sich den Menschen anbietet, daß man Glauben «ausprobieren» soll. Längst haben sich viele Christen an den pluralistischen Jargon gewöhnt. Im religiösen Supermarkt der Moderne können wir unseren Einkaufskorb selbst zusammenstellen. Wir sind längst unsere eigenen Köche des religiösen Eintopfes geworden. Nicht nur die Kirchen pluralisieren, sondern auch unser individueller Glaube. Von jeder Prise ein wenig, kräftig umrühren, und fertig ist eine weitere Variation der religiösen Suppe. Im Notfall kann ich den Glauben ja dann wieder zurückgeben.

Das Grunddogma des Pluralismus hat längst die Theologie erreicht. Offensichtlich wird diese Tatsache in den Religionswissenschaften. Die wohl bekanntesten Vertreter einer pluralistischen Religionsposition sind Paul F. Knitter und John Hick. In vielen Büchern und Artikeln wehrt sich z.B. John Hick gegen den exklusiven Heilsanspruch des Christentums.[34] Es widerspräche Gottes Wesen und Absichten, wenn er nur eine Minderheit der Menschen auf der Welt retten würde, argumentiert Hick. Gott sei das Zentrum, um das sich alle Religionen scharen müßten. Nach Hick gibt es viele Parallelen zwischen Christentum und anderen Weltreligionen. Gott habe sich vielfältig offenbart, nicht nur in einer Religion. Genauso vielfältig könnten die menschlichen Antworten auf Gottes Reden sein. Glaube ist für Hick nur noch

---

[34] Z.B. John Hick, *Problems of Religious Pluralism*, New York: Macmillan, 1985; ders., *God and the Universe of Faiths*, London: Fount, 1977.

eine Erfahrungsebene des Religiösen. Einen christlichen Absolutheitsanspruch könne es gar nicht geben, da das Absolute sich nicht in der Geschichte widerspiegeln kann. So ist für John Hick Jesus Christus nur ein Mythos, der die Menschen auf das Transzendente ausrichtet. Später distanzierte sich Hick sogar von einer personenorientierten Theologie und sprach nicht mehr von Gott, sondern von der «Realität», die im Zentrum des Seins stehe.[35] Als logische Folge seiner Überzeugungen setzte er sich für den Dialog der Weltreligionen ein, da die Wahrheitsansprüche der verschiedenen Religionen gleichrangig nebeneinander stehen.

Der Katholik Knitter steht ihm nicht nach: auch er propagiert eine pluralistische Anschauung der Religionen.[36] Schließlich hätten wir als Christen alle Menschen zu lieben und seien damit zum interreligiösen Dialog verpflichtet. Angesichts der bedrohlichen Weltsituation sei eine globale Weltordnung vonnöten, die nicht durch Missionsarbeit gestört werden dürfe. Sein pluralistisches Religionskonzept bringt er auf den einfachen Nenner: «Ein guter Christ ist mithin ein guter Pluralist.»[37] Zusammen mit Hick verwarf Knitter auch die Einzigartigkeit Jesu Christi.[38] Auf organisatorischer Ebene findet der interreligiöse Pluralismus ebenfalls Gehör. 1993 trafen sich nach hundert Jahren wieder Vertreter vieler Religionen zu einem «Weltparlament der Religionen». Sie fanden ihre gemeinsame Überzeugung im Wunsch nach Frieden und einem ökologischen Lebensstil. Raimundo Panikkar meinte, Christus habe viele Namen: Rama, Krishna, Isvara, Purusha, Tathagata usw. Aber nicht nur Religionswissenschaftler verwerfen den Absolutheitsanspruch des Christentums: laut einer Studie von Jörns erkennen auch die meisten Christen in Deutschland in den Göttern anderer Religionen den christlichen Gott. «Der von der eigenen Religionsgemeinschaft

---

[35] John Hick, *Interpretation of Religion: Human Responses to the Transcendent*, London: Macmillan, 1989.

[36] Vgl. Paul F. Knitter, *Ein Gott – viele Religionen: Gegen den Absolutheitsanspruch des Christentums*, München: Kösel, 1988.

[37] Paul F. Knitter, «Das eine und die vielen Fenster Gottes.» *Publik-Forum* 16 (1992), S. 16.

[38] *The Myth of Christian Uniqueness*, Hg. John Hick/Paul F. Knitter, Maryknoll: Orbis, 1987.

und der von den anderen geglaubte Gott wird als einundderselbe angesehen.»[39]

Selbst in evangelikalen Kreisen diskutiert man ernsthaft die Möglichkeit von Gottesoffenbarung in anderen Religionen. Clark Pinnock, ein bekannter evangelikaler Theologe, leitet z.B. vom Heilsuniversalismus der Bibel die Überzeugung ab, daß nicht nur wenige Auserwählte, sondern die meisten Menschen auf der Welt gerettet würden.[40] Heilbringender Glaube müsse nicht unbedingt Christus zum Objekt haben, meint Pinnock. Menschen würden durch Glauben errettet, nicht durch ihre richtige Theologie. Und so könne sehr wohl auch der Gläubige einer anderen Religion durch das von Gott geschenkte Licht eine heilbringende Beziehung zu Gott haben. Zwar darf Pinnocks Ansatz keinesfalls als allgemeiner Trend der Evangelikalen gelten. Einige Buchpublikationen und Konferenzen haben sich in neuerer Zeit eindeutig zur Einzigartigkeit Christi und des biblischen Heilsweges bekannt.[41] Aber neben Pinnock sprechen auch andere evangelikale Christen mittlerweile von einer «Theologie der weiteren Hoffnung», bei der Erlösung auch jenseits des Christentums möglich ist.[42]

Dieses Kapitel sollte zeigen, daß der gesellschaftliche Pluralismus der modernen Kultur den christlichen Glauben infiziert hat. Der Pluralismus ist eine Grundkategorie unseres Lebensstils geworden, die alle Bereiche umfaßt. Unser Denken und Handeln sind betroffen. Man hat sich an den Pluralismus gewöhnt, ohne sich klargemacht zu haben, welche fundamentalen Auswirkungen er auf unsere gesamte Existenz hat. Pluralismus hat nicht nur mit der Ökonomie zu tun, sondern ist eine gesamtgesellschaftliche Lebenshaltung, die bis in den christlichen Glauben eingedrungen ist.

---

[39] Klaus-Peter Jörns, *Die neuen Gesichter Gottes: Was die Menschen heute wirklich glauben,* München: C.H. Beck, 1997, S. 172f.
[40] So in seinem Buch *A Wideness in God's Mercy: the Finality of Jesus Christ in a World of Religions,* Grand Rapids: Zondervan, 1992.
[41] So z.B. die Theologische Kommission der World Evangelical Fellowship auf ihrer Tagung 1992 in Manila.
[42] Vgl. dazu John Sanders, *No Other Name: An Investigation into the Destiny of the Unevangelized,* Grand Rapids: Eerdmans, 1992.

1.3 Wahrheit contra Relativismus

Die Auswirkung dieses ungezügelten Pluralismus kann man am besten in den USA beobachten. Amerika war schon immer das Land der unbegrenzten Möglichkeiten. Seit dem 17. Jahrhundert gehört die Pluralität zu den Grundüberzeugungen der USA. In dieser Gesellschaft der unbegrenzten Pluralität entwickelte sich in den letzten Jahren ein ausgeprägter Kulturkampf, der die amerikanische Gesellschaft in eine ungeahnte Krise und Zerreißprobe stürzte. Der amerikanische Soziologe James Davison Hunter spricht von einem gegenwärtigen «Kulturkrieg» in den USA.[43] Der Pluralismus hat die nationalen Konflikte nicht überwinden können, im Gegenteil: Die Fronten zwischen Liberalismus und Konservatismus verhärten sich. Man muß von der Idealvorstellung Abschied nehmen, als könnten pluralistische Gesellschaften Konflikte quasi automatisch überwinden. Hunter resümiert: «Es fehlt an gemeinsamen Werten und Idealen, mit deren Hilfe sich die soziale Integration aufrechterhalten ließe und die erlahmende Autorität des modernen Staates gefestigt werden könnte.»[44] Der Pluralismus schafft einen tiefgreifenden Konflikt der Überzeugungen und Werte. Die wachsende Vielfalt von Angeboten garantiert noch lange nicht eine aggressionsfreie Gesellschaft. Im Gegenteil: Ungezügelter Pluralismus zerstört die gemeinsamen Sinnhorizonte und polarisiert die Kulturen.

Trotz dieser fundamentalen Kritik am Pluralismus muß zunächst festgehalten werden: Es gibt einen Unterschied zwischen Pluralität und Pluralismus. Pluralität im Sinne von Vielfalt muß nicht negativ sein. Das Problem ist nicht unbedingt die Angebotsvielfalt in unseren Kaufhäusern, sondern die Angebotsvielfalt der Weltanschauungen und die damit zusammenhängende Orientierungslosigkeit des Menschen. Es gibt eine gottgegebene und gottgewollte Vielfalt, die schon in der Schöpfung angelegt ist. Gott schafft z.B. jeden Menschen als ein unver-

---

[43] James Davison Hunter, «Der amerikanische Kulturkrieg», *Die Grenzen der Gemeinschaft: Konflikt und Vermittlung in pluralistischen Gesellschaften. Ein Bericht der Bertelsmann Stiftung an den Club of Rome.* Hg. Peter L. Berger, Gütersloh: Bertelsmann Stiftung, 1997, S. 29-84.
[44] Ebd., S. 74.

wechselbares Original, er möchte keine billigen Kopien. Vielfalt hat deshalb auch eine biblische Dimension. Gott gestaltete ein Universum mit einer unzählbaren Schar von Sternen, d.h., Gott schafft im Überfluß und offenbart damit seine Größe und Herrlichkeit. Gott selbst ist Trinität, Dreifaltigkeit. Die Vielfalt der Pflanzen und Lebewesen ist gottgewollt. Gott offenbarte sich in der Heilsgeschichte in vielfacher Weise. Seine Kinder hat er mit unterschiedlichen und vielfältigen Gaben ausgerüstet, die sich ergänzen. Pluralität drückt damit zunächst die von Gott gewollte Vielfalt des Lebens und der Schöpfung aus.

Aber «Pluralismus» gepaart mit Relativismus ist etwas völlig anderes. Er ist eine gefährliche Ideologie, denn er führt zu Verwirrung und Orientierungslosigkeit. Die Pluralisierung der Weltanschauungen brachte eine globale Verunsicherung über letzte Werte und Ordnungen mit sich. Was uns heute fehlt, ist die Mitte, von der aus die vielen Einzelsteine der Wirklichkeit geordnet und zusammengesetzt werden können. Die geistige Orientierungslosigkeit ist überall mit Händen zu greifen. Die Bertelsmann-Stiftung setzte deshalb vor Jahren eine Kommission «Geistige Orientierung» ein, die bekannte Wissenschaftler aus der ganzen Welt zusammenführte, um Wegweisung für die Gesellschaft zu geben. Peter Berger und Thomas Luckmann haben es für die Projektgruppe auf den Punkt gebracht, welche Sinn- und Orientierungskrisen durch den Pluralismus entstanden sind: «Mit Gewißheit kann man jedenfalls behaupten, daß in den hochentwickelten Industrieländern, also dort, wo die Modernisierung am weitesten fortgeschritten und die moderne Form des Pluralismus voll entfaltet ist, Wertordnungen und Sinnbestände nicht mehr gemeinsamer Besitz aller Gesellschaftsmitglieder sind. Der einzelne wächst in einer Welt auf, in der es weder gemeinsame Werte gibt, die das Handeln in verschiedenen Lebensbereichen bestimmen, noch eine einzige, für alle identische Wirklichkeit.»[45] Die Pluralisierung aller Gesellschaftsbereiche beeinflußt nicht nur unser Konsumverhalten, sondern auch unser Bewußtsein. Letzte Sicherheiten lösen sich auf. Wir bekommen das überdimensionale Puzzle, genannt Welt, nicht mehr zusammen.

---

[45] Berger/Luckmann, S. 32.

Aus der Welt des Schicksals wurde die Welt der Wahl und der Entscheidungen. «Ich kann meine Konfession ändern, meine Staatsbürgerschaft, meinen Lebensstil, mein Selbstbild und meinen sexuellen Habitus. Damit schrumpft die Selbstverständlichkeit auf einen relativ kleinen, schwer zu definierenden Kern zusammen.»[46] Die Kehrseite der Medaille unserer unendlichen Wahlmöglichkeiten muß deutlich werden: Uns fehlt die Sicherheit der Vorfahren, denn wir müssen dauernd über die richtigen Entscheidungen reflektieren. Die Last der Entscheidung liegt einzig und allein auf mir. Ich nehme das Schicksal in meine eigenen Hände. Auf den ersten Blick erscheint das als Befreiung, aber ich habe damit auch eine viel größere Verantwortung. Fehlerhafte Wahlentscheidungen hängen mir an, ich muß sie verantworten.

Die Entscheidungszwänge engen uns ein. Ich muß mich immer mehr mit den Produkten beschäftigen, um die richtige Wahl zu haben. Das alles braucht Zeit, die anderswo verlorengeht. Auswählen ist nicht nur schwierig, sondern auch zeitintensiv. Kataloge wollen gewälzt werden, Probefahrten unternommen und Geschmacksproben durchgeführt werden. Weitere Informationen müssen eingeholt werden. Fachleute und Berater müssen her, angesichts der Angebotsfülle. Wenn es nur einen Artikel gibt, werde ich nicht lange über ihn reflektieren. Gibt es eine Auswahl, beginne ich automatisch abzuwägen. Damit wird die Ware wichtiger als früher. Sie tritt ins Zentrum unseres Lebens, sie ist nicht mehr etwas Zweitrangiges, sondern das Wichtigste. Sie zieht uns unmerklich in ihren Bann.

Der Zwang zum Auswählen hat unsere Gewohnheiten verändert. Auswählen ist nicht mehr nur eine aufgezwungene Verhaltensform, es ist längst eine Denk- und Lebensweise geworden. Die Wahl wurde zu einem neuen Lebenswert an sich, mit höchster Priorität. Modern sein heißt: wählen können. Vormoderne Gesellschaften erscheinen uns heute als langweilig und stupide. Die Veränderung wird zu einem Lebensprinzip des Daseins. Der dauernde Wandel ist gewollt, wir können ohne ihn nicht mehr leben. Und wir wollen ohne ihn auch nicht mehr leben.

Die Kehrseite der wachsenden Wahlmöglichkeiten und des

---

46 Ebd., S. 49.

Pluralismus liegt in der Aufgabe von Traditionen. Traditionen waren feste Verhaltensmuster einer Gruppe, die ihr Stabilität und Sicherheit verliehen. Man kleidete sich in einer bestimmten Art, feierte nach einer festen Sitte eine Hochzeit, sprach eine gemeinsame Sprache, sang die gleichen Lieder, konservierte identische Dogmen. Traditionen gab es nicht nur in der Religion, sondern auch in Staat und Familie. Sie waren die Selbstverständlichkeiten des Lebens und vermittelten Sicherheit und Geborgenheit. Man wußte, wie das Leben abläuft, fühlte sich sicher im festen Ablauf der Liturgie. Überraschungen waren selten, Abwechslung nicht gefragt. In der Vergangenheit waren fast alle menschlichen Tätigkeiten durch diese traditionellen Vorschriften gekennzeichnet. Generationen lebten jahrhundertelang mit und von Traditionen.

Die multioptionale Moderne in Gesellschaft und Kirche akzeptiert dagegen keine Traditionen und Selbstverständlichkeiten mehr. Was früher unhinterfragbar feststand, wird heute hinterfragt. Jeder kann heute selbst entscheiden, welche Wahl er trifft. Es wird nicht einfach übernommen, sondern zunächst prinzipiell in Frage gestellt. Man tut so, als ob man wieder beim Punkt Null anfängt, ohne Vorgaben von außen. Man bewahrt das Erbe der Väter nicht mehr, will es selber besser machen – und wird doch immer mehr verunsichert. Neu heißt – so meint man – besser, angenehmer. Die alten Zöpfe müssen ab, Traditionen hemmen und blockieren. Innovation ist alles. Ein neuer Glaube für eine neue Zeit. Die Weltgeschichte beginnt mit mir.

So wird das Kind mit dem Bade ausgeschüttet. Man übersieht, daß es erhaltenswerte Traditionen gibt, die zwar unmodern sind, aber notwendig. Unter der Parole der Modernität werden traditionelle Werte verworfen, die als Schutzwall gegen die zersetzenden Tendenzen der Moderne gebraucht werden könnten. Alte Liederbücher werden abgeschafft – aber die neuen Lieder werden nicht zum Allgemeingut der Gemeinde. Gottesdienstformen werden spontaner – aber niemand in der Gemeinde weiß mehr, was als nächstes drankommt. Jeder liest eine andere Bibelübersetzung – aber wir haben keine gemeinsamen Texte mehr. Es gibt keine Selbstverständlichkeiten mehr, die das Leben entlasten. Wir überbieten uns mit Innovationen – aber vergessen, daß wir auf dem Fundament der Väter stehen. Wir verändern – zu Recht! – die Äußerlichkeiten, aber uns fehlt der innere Glaube und die Überzeugung der «Alten». Wir schätzen keine Gewohnheiten mehr, aber ohne Gewohnheiten werden wir nicht Gemeinschaft leben können.

Langsam zeigt sich eine Gegenbewegung. Das schnelle Abwechseln von Trends und Gegentrends in der pluralistischen Moderne führt zu einer nie gekannten Freiheit, aber auch zu einer totalen Verunsicherung des Menschen. Er freut sich über die unzähligen Entscheidungsmöglichkeiten, die das Leben bunter und bereichernder machen. Er kann aber andererseits die Wirklichkeit nicht mehr zuordnen. Alles wird unruhig und verwirrend. Es gibt keinen sozialen Konsens mehr. Die Gewißheiten haben sich verflüchtigt. Man sucht Zuflucht beim Alten, auch in der Mode, weil man meint, dort eine Linie zu entdecken (z.B. Hosen mit weitem Schlag, Mode der 50er oder 30er), aber man will das Neue nicht aufgeben. Man greift hilfesuchend nach alten Traditionen und hat sie doch längst verloren. Die Zuflucht ins Antiquierte offenbart nur die dahinterliegende Verzweiflung des Menschen, dem eine sichere Leitlinie des Lebens fehlt. Der Mensch hat Angst, Furcht vor immer neuen Wahlmöglichkeiten. Berger und Luckmann schreiben: «Die meisten Menschen fühlen sich jedoch in einer unübersichtlichen Welt voller Deutungsmöglichkeiten unsicher und, da manche von diesen auch mit verschiedenen Lebensmöglichkeiten verbunden sind, ratlos.»[47]

Der moderne Mensch merkt auch, daß der Pluralismus zu einer Trivialisierung der Wirklichkeit führt. Das Einzelne wird seiner Würde und Besonderheit beraubt im Meer der konkurrierenden Angebote. Der Wert des Produktes verflüchtigt sich, je mehr Produkte es gibt. Die gleichen Werte wie früher werden in der Gegenwart durch die vielen Alternativen und Konkurrenten minderwertiger oder sogar wertlos. Als es in Notzeiten nur ein Pfund Butter gab, freute man sich an dem Wenigen und war dankbar für das Geringe. In Zeiten der Not wird das Produkt zum Fetisch, in Zeiten des Überflusses zur Nebensächlichkeit. Man freut sich nicht mehr an der Ware, man freut sich auch nicht mehr am Angebot. Der Mensch des Pluralismus wird undankbar. Sensible Naturen sehnen sich nach der neuen Einfachheit und Übersichtlichkeit. Weniger erscheint mehr. Gäbe es doch noch den alten «Tante-Emma-Laden»!

---

[47] Ebd., S. 45.

Man denke auch an die Konflikte durch die multikulturelle Gesellschaft. Die Migrationsbewegung nimmt zu. Asylanten und Einwanderer müssen integriert werden. Ein ethnischer Pluralismus verdrängt jedoch die kulturelle Homogenität und Identität. Völker und Nationen zeichneten sich in der Vergangenheit in der Regel durch ihre gemeinsame Sprache und Lebensform aus. Die soziale Integration in eine Volksgemeinschaft war selten ein Problem. Heute beklagen jedoch fast alle westlichen Nationen eine kulturelle Identitätskrise. Es fehlen gemeinsame Sozialnormen. Das Gesellschaftsgefüge bricht auseinander. Wo jeder sein eigenes Leben nach eigenen Maßstäben führt, fehlen die verbindenden Gemeinsamkeiten. Man versteht sich nicht mehr: Jeder hat seine eigene individuelle Begrifflichkeit.[48] Die Identität der westlichen Kulturen ist angesichts des Pluralismus gefährdet. Uns fehlen längst die gemeinsamen Erfahrungs- und Sinnebenen. Die Vielfalt des Lebens reißt ganze Nationen auseinander. Statt zu integrieren spaltet der Pluralismus die Gemeinschaften.

Die Ideologie des Pluralismus zerstört vor allen Dingen die Wahrheitsstrukturen. Das Toleranzdenken führte nach und nach zu einer Relativierung von Absolutheitsansprüchen.[49] So gibt es heute nicht mehr die eine Wahrheit, für die gekämpft werden muß, sondern mehrere Wahrheitsmodelle nebeneinander, die stehen gelassen werden. Alle Wahrheitsproklamationen sind gleichwertig, und alle sind gleich wahr. Horx und Konitzer formulieren es deutlich: «Die Zukunft ist komplex. Das heißt auch, daß es keine (eindeutige) Wahrheit mehr gibt, sondern nur noch (viele verschiedene) Wahrheiten – kurzfristige Wahrheiten, die jeweils nur für den Moment, die jeweilige Situation und die daran Beteiligten gültig sind.»[50] Die Postmoderne stellt die Existenz der einen Wahrheit in Frage. Wenn aber alles Wahrheit ist, ist nichts mehr Wahrheit.

---

[48] Über die Sprache der neuen Trendgesellschaft mußte sogar ein Wörterbuch herausgegeben werden: Trendbüro Hamburg, *Trendwörter: Von Acid bis Zippies*, Düsseldorf: Econ, 1994.

[49] Über das neue Wahrheitsverständnis der Postmoderne informiert Alister E. McGrath, «The Challenge of Pluralism», *Journal of the Evangelical Theological Society*, 35 (No. 3, 1992), S. 361-373.

[50] Gerken/Konitzer, S. 11.

Dieser Wahrheitsrelativismus ist nicht mit Toleranz zu verwechseln. Der Tolerierende ist von seiner eigenen Meinung noch völlig überzeugt, läßt daneben jedoch noch andere Meinungen gewähren. Der moderne Pluralismus verbindet sich demgegenüber mit dem absoluten Relativismus, oftmals verharmlost eingekleidet in den Begriff der «Neutralität». Heute ist das apologetische Bemühen, mit Vernunftgründen die Überlegenheit und Plausibilität eines Wahrheitskonzeptes aufzuzeigen, unnütz geworden. Da niemand mehr an vernünftige Begründungen glaubt, lohnt sich keine Überzeugungsarbeit mehr. Wie stehen vor einer «Preisgabe der Vernunft».[51] Man ist gleichgültig geworden gegenüber der alles entscheidenden Wahrheitsfrage. Mit Pilatus zuckt man mit den Schultern und spricht: «Was ist Wahrheit?» Der moderne Agnostiker will nichts mehr von der einen Wahrheit wissen. Auch von Wahrheit kann man nur noch im Plural sprechen.

Auch die Kriterien für Wahrheit haben sich verschoben. Heute ist eine Wahrheit dann wahr, wenn sie «für mich» wahr ist. Wahrheit ist das, «was mir unter die Haut geht». Nach einer Umfrage in den USA glauben zwar 74% aller Amerikaner an den einen christlichen Gott, aber 64% meinen gleichzeitig, daß es nicht nur eine absolute Wahrheit gibt.[52] Beck resümiert Ähnliches über die Wissenschaften: «Die Wissenschaftspraxis hat in ihrem Fortgang – wie der Schulbub das Milchgeld – die Wahrheit verloren. Sie ist in den vergangenen drei Jahrzehnten von einer Tätigkeit im Dienste der Wahrheit zu einer Tätigkeit ohne Wahrheit geworden ... Einem Wissenschaftler mit der Frage nach der Wahrheit zu kommen ist fast so peinlich geworden wie einen Priester nach Gott zu fragen.»[53]

Eins dürfte hier schon klargeworden sein: Die Ideologie des Pluralismus steht im Gegensatz zur Botschaft des Christentums.

---

[51] So schon Francis A. Schaeffer, *Preisgabe der Vernunft: Kurze Analyse der Ursprünge und Tendenzen des modernen Denkens*, 5. Aufl., Wuppertal: R. Brockhaus, 1985.

[52] George Barna, *What Americans Believe: An Annual Survey of Values and Religious Views in the United States*, Ventura: Regal, 1991.

[53] Ulrich Beck, *Risikogesellschaft: Auf dem Weg in eine andere Moderne*, Frankfurt: Suhrkamp, 1986, S. 271.

Der christliche Glaube kennt unumstößliche göttliche Richtlinien für Glauben und Leben. Es gibt Wahrheiten, die prinzipiell nicht hinterfragbar sind, weil sie von Gott kommen. Wahrheit ist nach christlichem Verständnis nicht Plural, sondern Singular. Widersprüchliche Systeme schließen sich tatsächlich aus. Wahrheit ist nach biblischer Definition die Übereinstimmung mit der Wirklichkeit und wird deshalb nirgendwo von der Geschichte getrennt. Es gibt keine «geistlichen Wahrheiten» ohne historische Tatsachen und Wirklichkeiten. Das Johannesevangelium spitzt diesen Tatbestand sogar noch zu: Wahrheit hat sich in Christus personifiziert, der von sich als «der Wahrheit» sprach (Joh. 14,6). Der Heilige Geist, der in jedem Christen wohnt, ist der «Geist der Wahrheit» (Joh. 16,13). Gottes Wort, die Bibel, ist die Wahrheit (Joh. 17,17). Wie schon im Alten Testament wird der Wahrheitsbegriff im Neuen Testament immer auch mit dem praktischen Tun des Menschen verbunden. Die Erkenntnis einer Wahrheit führt unweigerlich zur Umsetzung im Alltag. Und vor allen Dingen schließt Wahrheit Unwahrheit aus. Jede Wahrheit grenzt sich ab, zieht Linien und offenbart die Lüge. Heutige Vertreter der Postmoderne ähneln dagegen den Irrlehrern zur Zeit des Apostels Paulus, die «immer lernen und niemals zur Erkenntnis der Wahrheit kommen» (2. Tim. 3,7).

Ein Hauptvorwurf lautet: Pluralismusgegner sind Feinde des Fortschrittes. Fortschritt ist jedoch die Leitidee der letzten Jahrhunderte. Wer sich dagegen stellt, ist gefährlich. So könnten auch Christen unter Druck kommen. Aber diese naive Fortschrittsgläubigkeit bekommt neuerdings Opposition aus dem eigenen Lager.[54] Was heißt denn eigentlich «Fortschritt»? Ist der Wandel immer nur gut? Wer legt fest, was Fortschritt und was ein Rückschritt ist? Selbst die Postmodernisten der Moderne wissen, daß die Fortschrittsideologie unnüchtern und totalitär sein kann. So stehen Christen im Kampf gegen die Ideologie des Pluralismus längst nicht mehr allein. Der Wahn des Menschen, alles müsse immer schneller, besser, größer, gewaltiger, glitzernder und besser werden, entpuppt sich als Illusion mit gefährlichen Folgen für

---

[54] Vgl. Christopher Lasch, *The True and Only Heaven: Progress and Its Critics*, New York: W.W. Norton, 1991.

Körper, Seele und Geist des Menschen. Wir müssen wieder neu darüber nachdenken, wohin wir fortschreiten wollen. Wir schreiten fort, ohne die Richtung und das Ziel zu kennen. Hauptsache, man bewegt sich. Wer aber hat den Kompaß, um die Richtung zu weisen?

Pluralistische Kirche ist zudem ein Unding. Wolfram Kopfermann sagte zu Recht: «Will die Volkskirche dem Pluralismus als dem Totengräber der Gemeinde Jesu Christi entgehen, so muß sie ihre Ehe mit der modernen Gesellschaft lösen und zu den neutestamentlichen Anfängen einer Bekenntnis- und Bekehrungskirche zurückkehren ...»[55] Die bewußte Öffnung für den Pluralismus in der Kirche hat ihr keine Vorteile gebracht, im Gegenteil: Sie kämpft heute um ihre Identität, zerfressen von gegensätzlichsten Gruppen im Warenhaus Kirche. Ihr Ende ist nur abzuwenden, wenn der Ideologie des Pluralismus «ade» gesagt wird. Das wäre wirklich fortschrittlich.

Hinter der pluralistischen Religionsphilosophie von Hick und Knitter steht die alte Frage, ob sich religiöse Wahrheiten in Raum und Zeit oder nur in der mythologischen Rede ausdrücken können. Hick und Knitter behaupten, daß jede rational legitimierbare Aussage über Religion unmöglich ist und zu Widersprüchen führt. Deshalb könne man von Religion nie in absoluten Wahrheitsdimensionen sprechen. Diese Überzeugung ist jedoch ein Trugschluß. Die Menschwerdung Jesu ist der Beweis dafür, daß göttliche Wahrheit trotz der Begrenzung menschlicher Gestalt sehr wohl sichtbar und erkennbar werden kann. Gott wurde Mensch – das ist die Antwort auf die Frage nach der Darstellbarkeit religiöser Wahrheit. Gottes Wahrheit ist nicht nur ein Mythos, sondern Geschehen in Raum und Zeit. Wahrheit ist auch im religiösen Bereich historische Richtigkeit. Wäre sie es nicht, so hätte der Glaube keine Basis und wäre eine reine intellektuelle oder gefühlsmäßige Spielerei.

So können Christen in der Konfrontation mit dem Pluralismus die Vielfalt des Lebens freudig bejahen, müssen aber den nivellierenden und relativierenden Pluralismus der Meinungen ableh-

---

[55] Wolfram Kopfermann, *Abschied von einer Illusion: Volkskirche ohne Zukunft*, 2. Aufl. Mainz: C & P, 1990, S. 133.

nen. Sie akzeptieren formale Toleranz, aber niemals Relativismus. Sie freuen sich an der Vielfalt des Angebotes, lassen sich davon jedoch nicht bestimmen. Sie haben gelernt, sich genügen zu lassen. Sie widerstehen dem Druck des dauernden Auswählens. Sie leben und predigen eine neue, befreiende Botschaft: Wir müssen nicht dauernd auswählen! Wir müssen nicht alles wissen! Wir müssen nicht jedes Buch kennen! Wir müssen nicht alle Verlagsprospekte durchschauen! Wir müssen nicht auf jeder christlichen Fete mittanzen! Wir müssen nicht jede Gemeinde ausprobieren! Wir müssen nicht! – Wie befreiend kann eine solche Botschaft in einer Zeit sein, die uns ständig Entscheidungen aufzwingt.

Wir müssen etwas anderes: Wir müssen die richtigen Entscheidungen treffen. Damit meine ich: Wir sollen die wirklich wichtigen Dinge im Leben tun. Die Werbung gaukelt uns vor, daß es eine überlebenswichtige Entscheidung ist, ob ich Eduscho- oder Tchibo-Kaffee kaufe. Banale Dinge werden zu weltbewegenden Ereignissen. Lernen wir doch wieder Gelassenheit. Geben wir uns doch mit einmal getroffenen Entscheidungen zufrieden. Der Tante-Emma-Laden um die Ecke befriedigt zwar nicht meinen Angebotswahn, aber vielleicht meine Seele. Man entspannt sich, wenn man nicht die Qual der Wahl hat. Auch uns Christen täte eine Reduktion unserer Entscheidungsmöglichkeiten gut, damit wir wieder zu den wirklich wichtigen Dingen kommen. Alle Entscheidungen des geistlichen Lebens habe absolute Top-Priorität. Anderes ist sekundär. Wir tun uns mit den geistlichen Entscheidungen unseres Lebens so schwer, weil wir mit den irdischen Entscheidungen überfordert sind.

Die pluralistische Moderne unserer Tage könnte einem angst machen. Aber es gibt Hoffnung und Trost. Denn obwohl der Pluralismus in seiner lebensübergreifenden Totalität eine moderne Erscheinung ist, sind wir nicht die ersten, die mit pluralistischen Konzepten zu kämpfen haben. Schon die Urgemeinde im ersten Jahrhundert lebte in einem solchen Kontext. Das römische Reich war in vieler Hinsicht pluralistisch. Viele Völker lebten damals multikulturell neben- und durcheinander. Der Markt der Philosophien und Religionen war unüberschaubar. Paulus hatte in Athen Mühe mit all den Götterbildern. Für jeden Gott einer jeden Religion wurde ein Standbild kreiert – sicher ist sicher. Und doch konnte sich die christliche Botschaft im antiken Pluralismus behaupten. Warum? Die Gläubigen zogen sich nicht angstvoll in ihre Kämmerchen zurück, sondern predigten überzeugt und mutig die Botschaft von Christus. Sie gaben sich selbst auf, um alles ihrem Heiland zu geben. Sie waren bereit, für ihren Glauben zu leiden und dafür sogar in den Tod zu gehen. Sie waren im positiven Sinne bereit, einseitig zu sein, um der Wahrheit willen. Kompromißlos gingen sie ihren Weg, ohne sich an den damaligen Zeitgeist anzupassen. Sie machten von sich und ihrer Botschaft reden, weil sie sich gegen ihre Kultur zur Wehr setzten. Nur deshalb hat die christliche Botschaft die Gefahren der ersten drei Jahrhunderte überstanden. Nur deshalb konnte überhaupt ein christliches Abendland entstehen. Im Klartext: Die ersten Christen zeigten Profil und wurden deshalb ernst genommen. Nur so kann auch heute Gemeinde Jesu im Pluralismus der Zeit ihren Mann stehen.

2
Der Mensch spielt Gott
Individualismus und Narzißmus

Bodybuilder, Schönheitsguru,
Märchenprinz und Don Juan,
immer nur sich selbst bespiegeln,
endet glatt im Größenwahn.

TH. LEHMANN/W. TOST

Wenn es Gott gäbe,
wie hielt ich's aus,
kein Gott zu sein!

FRIEDRICH NIETZSCHE

2.1 Nichts ist unmöglich: Gesellschaftliche Trends

Der amerikanische Autor Philip Rieff schrieb Anfang der 90er Jahre: «Was die Modernität meines Erachtens am meisten kennzeichnet, ist die Überzeugung, daß der Mensch sich keiner Macht mehr unterordnen muß, außer seiner eigenen.»[56] Diese Analyse eines der bekanntesten Soziologen kann ohne weiteres auf die westeuropäische Situation übertragen werden. Der Mensch steht im Mittelpunkt der Wirklichkeit. Er bestimmt über sich selbst, d.h. individualistisch.[57] Ein ausgeprägter Individualismus und Egoismus kennzeichnet die Moderne. Pausenlos dreht sich alles um das eigene Ich. Ulrich Beck schreibt dazu: «In allen reichen westlichen Industrieländern – besonders deutlich in der Bundesrepublik Deutschland – hat sich in der wohlfahrtsstaatlichen Modernisierung nach dem Zweiten Weltkrieg ein gesellschaftlicher Individualisierungsschub von bislang unerkannter Reichweite und Dynamik vollzogen.»[58] Der Mensch sieht sich längst als «autonomes» Wesen. Dieser griechische Begriff meint: «Sich selbst das Gesetz sein.» Der Mensch wird zum Maß aller Dinge. Er bestimmt, was richtig und falsch, gut und böse ist. Er beschäftigt sich immer mehr mit seiner Befindlichkeit. Berger meint: «Der einzelne, der notgedrungen nachdenkt, wird sich seiner selbst immer mehr bewußt. Das heißt, er wendet seine Aufmerksamkeit von der objektiv gegebenen Außenwelt zu seiner Subjektivität. Wenn er dies tut, geschehen gleichzeitig zwei Dinge: Die Außenwelt wird immer fragwürdiger, und seine Innenwelt wird immer komplexer. Beide Dinge sind unmißverständliche Merkmale des modernen Menschen.»[59] Der Individualismus wird von dem Trend-

---

[56] Philip Rieff, *The Feeling Intellect: Selected Writings*, Chicago: University of Chicago, 1990, S. 280.

[57] Zum Individualismus vgl. die aufrüttelnde, wenn auch nicht unumstrittene Studie von Meinhard Miegel/Stefanie Wahl, *Das Ende des Individualismus: Die Kultur des Westens zerstört sich selbst*, 2. Aufl. München: mvg, 1994. Wichtig auch: Louis Dumont, *Individualismus: Zur Ideologie der Moderne*, Frankfurt: Suhrkamp, 1991.

[58] Ulrich Beck, *Risikogesellschaft: Auf dem Weg in eine andere Moderne*, Frankfurt: Suhrkamp, 1986, S. 116.

[59] Peter Berger, *Der Zwang zur Häresie: Religion in der pluralistischen Gesellschaft*, 2. Aufl. Freiburg: Herder, 1992 (1980), S. 35.

forscher Horx als «zentraler Code der Kulturentwicklung» bezeichnet. Aus dem «Wir» der Vergangenheit wird das «Ich» der Gegenwart. Das menschliche Ego übernimmt die Funktion von großen Institutionen wie Staat, Kirche und Moral. Wo früher die Kirche das Gesellschaftsgefüge bestimmte, steht heute das Ich im Zentrum des Seins. Waren früher Staat, Volk und Familie die Integrationsfaktoren und Stabilisatoren der Nation, will sich der Mensch von heute seine Sinnzusammenhänge selber suchen, und zwar in sich selbst. Reimer Gronemeyer spricht in diesem Zusammenhang von einer «autistischen Gesellschaft».[60]

Das Phänomen des Individualismus zeigt sich überall in unserer Gesellschaft. Wir drehen uns endlos um uns selbst. Meinhard Miegel und Stefanie Wahl legten eine alarmierende Studie zu diesem Thema vor. Ihr Titel lautete: «Das Ende des Individualismus.»[61] Schon der Untertitel des Buches nimmt das Ergebnis vorweg: «Die Kultur des Westens zerstört sich selbst.» Hintergrund dieser Auftragsarbeit für das damalige Bundesministerium für Forschung und Technologie ist die bedrohliche Abnahme der Geburtenrate in Deutschland. Der «Überschuß» der Verstorbenen im Vergleich zu den Neugeborenen lag 1993 bei 1,2%. Die These der Untersuchung lautet: Durch die seit Jahren abnehmenden Bevölkerungszahlen verliere Deutschland angesichts der starken Einwanderungsströme von Ausländern nach und nach sein kulturelles Erbe und damit seine Identität.

Schon seit 1972 sterben in Deutschland mehr Menschen als geboren werden.[62] So stehen wir heute vor dem Phänomen einer «Vergreisung» der deutschen Bevölkerung. Aus der Alterspyramide ist längst eine «zerzauste Wettertanne» geworden. Der Anteil der Kinder unter 15 Jahren lag vor dem Ersten Weltkrieg bei über 30%, 1991 bei nur noch 16%. Dagegen sind über 15% aller Deutschen schon über 65 Jahre.[63] Überhaupt geht die Entwick-

---

[60] Reimer Gronemeyer, *Ohne Seele, ohne Liebe, ohne Haß: Vom Ende des Individualismus und vom Anfang des Retortenmenschen*, Düsseldorf: Econ, 1992, S. 38.
[61] Miegel/Wahl.
[62] So auch die Daten des Statistischen Bundesamtes (Hg.), *Datenreport: Zahlen und Fakten über die Bundesrepublik Deutschland*, Bonn: Bundeszentrale für politische Bildung, 1994, S. 23.
[63] Ebd., S. 28. Natürlich liegt dies auch an der medizinischen Entwicklung.

lung von der Groß- zur Kleinfamilie. Im Jahre 1900 lebten in 44%
aller Privathaushalte fünf oder mehr Personen, heute nur noch in
5% aller Familien. Wurden in den 70er Jahren noch ca. eine Million Kinder pro Jahr geboren, waren es zwischen 1974 und 1989
im Durchschnitt nur noch 600000.[64] Die sogenannte Fruchtbarkeitsrate liegt in Deutschland bei 1,7 Kindern, also weit unter der
Selbsterhaltungsquote.[65]

Die Ursache für diese Entwicklung sehen die Autoren in der
Individualisierung der Moderne, in der «extremen Betonung der
Interessen des einzelnen gegenüber der Gemeinschaft.»[66] Zwar
würden sich die äußeren Lebensbedingungen des einzelnen
durch den Individualismus verbessern, die Voraussetzungen für
Gemeinschaften würden sich dagegen verschlechtern. Gerade
Gemeinschaften und Familien seien jedoch die Grundlagen für
den dauernden Bestand einer Nation. Der Verlust der kulturellen
Identität könne allein durch einen radikalen Wandel in allen Lebensbereichen verhindert werden. Der extreme Individualismus
der Moderne sei dagegen eine völlig neue und problematische
Kulturordnung, denn sie führe im Extrem zur rigorosen Steue-
rung des Geburtenverhaltens durch den Drang nach individuel-
lem Wohlstand und Selbstverwirklichung: «Das Individuum rückt
im Laufe der Geschichte immer stärker in das Zentrum der jeweils herrschenden Ideologie, bis es schließlich im Individualismus selbst zum Mittelpunkt und zugleich – gemessen an seinen
physiologischen Möglichkeiten – biologisch unfruchtbar wird.»[67]
Die Vorrangstellung des einzelnen gegenüber der Gruppe führe
zu einer Vereinzelung und Vereinsamung des Menschen. Städte
seien heute schon Hochburgen des Individualismus. Die Rechte
des einzelnen würden rigoros gegen die Gemeinschaftsrechte
durchgesetzt. Das Private dominiere das Öffentliche. Zwi-
schenmenschliche Beziehungen neigten zur Unverbindlichkeit.
Ehen und Familien zerbrächen unter dem Drang zur individuali-

---

[64] Ebd., S. 46.
[65] Dabei hält Deutschland mittlerweile Platz vier in der Europäischen Union. In
Spanien liegt die «Fruchtbarkeitsrate» bei 1,15 Kindern pro Frau, beim Spitzen-
reiter Irland bei 1,91.
[66] *Datenreport*, S. 13.
[67] *Datenreport*, S. 17.

stischen Verwirklichung. Gesellschaftliche Institutionen verlören an Einfluß, soziale Fähigkeiten blieben auf der Strecke.

Die Geschichte des Individualismus ist lang und facettenreich. Individualkulturen hat es wohl zu allen Zeiten der Geschichte gegeben. Der eigentliche Siegeszug des Individualismus begann schon im Spätmittelalter, im Humanismus und mit der Aufklärung. Die Renaissance des 16. Jahrhunderts stellte das menschliche Abbild in den Mittelpunkt der künstlerischen Ausdrucksweise. Die Skulptur «David» von Leonardo da Vinci hatte z.B. nichts mit dem biblischen König zu tun, sondern sollte den perfekten Menschen der neuen Zeit verkörpern. In der Aufklärung des 17. und 18. Jahrhunderts wurde der autonome und kritische Mensch sich seiner selbst immer mehr bewußt. Er rückte damit Gott aus dem Mittelpunkt allen Seins. Der Mensch nahm nur das für wahr an, was ihm selbst als logisch einsichtig erschien. Descartes' Satz: «Cogito, ergo sum – Ich denke, also bin ich», war der erste philosophische Satz, der die Sicherheit über die Existenz des Seins in den Menschen hineinverlegte. Kants späterer kategorischer Imperativ knüpfte dort an. Die Aufklärung löste somit die Individualität des Menschen von seinem Schöpfer und bahnte den Weg für den totalen Individualismus der Gegenwart.

Die Philosophie der Moderne ist durch diese Hinwendung zum Subjekt gekennzeichnet. Die Entdeckung des Ichs ohne Anbindung an Gott ist eine moderne Entwicklung. Miegel und Wahl sehen seit der Mitte des 20. Jahrhunderts im Individualismus die eigentliche Ideologie der Moderne. Der einzelne hat alle Rechte und darf sich sein Leben selbst gestalten, die Gemeinschaft hat nur noch dienende Funktion. Huntington bestätigt: «Individualismus bleibt das kennzeichnende Merkmal des Westens unter den Kulturen des 20. Jahrhunderts. In einer Untersuchung vergleichbarer Stichproben aus fünfzig Ländern gehörten zu den zwanzig Ländern, die auf der Individualismusskala am höchsten rangierten, alle westlichen Länder außer Portugal, dazu Israel.»[68]

---

[68] Samuel P. Huntington, *Kampf der Kulturen: Die Neugestaltung der Weltpolitik im 21. Jahrhundert*, München: Europa, 1996, S. 102. Huntington bezieht sich auf die Studie von Geert Hofstede, «National Cultures in Four Dimensions: A Research-based Theory of Cultural Differences among Nations», *International Studies of Management and Organization* 13(1983), S. 52.

In welchen Bereichen zeigt sich der Individualismus heute konkret? Der bekannteste und verbreitetste Ausdruck des Individualismus ist wohl das Automobil. «Auto» leitet sich vom griechischen Begriff «autos» ab und bedeutet «selbst» im Sinne von individuell. Die Freiheit der Mobilität durch das eigene Fortbewegungsmittel fasziniert heute noch jeden Menschen. Das höchste Glück heißt: Ich kann als einzelner jederzeit frei entscheiden, wann und wohin ich mich ohne die Hilfe anderer bewege. Mobil sein heißt: unabhängig sein. Jeder braucht dafür natürlich sein eigenes Auto-Mobil. 1995 fuhren auf deutschen Straßen über 40 Millionen PKW. Weltweit soll es heute 500 Millionen Autos geben. Die Prognosen für das Jahr 2020 sprechen von einer Milliarde Autos. Gibt es etwas Schöneres? Das Auto spiegelt unseren Lebensstil wider. Wir sind total unabhängig, frei, ungebunden, autonom. Dementsprechend werden die meisten Autos heute von nur einer Person benutzt. Autos sind keineswegs Mittel für Sozialkontakte. «Mein Auto und ich», heißt die Devise. Der moderne Mensch ist der Alleinstehende, der sein Dasein in einer abgeschlossenen Blechbüchse fristet. Der «Durchschnittsbürger» steht allein sechzig Stunden im Jahr vor einer roten Ampel oder im Stau.

Gleiches könnte man an weiteren Konsumgütern veranschaulichen. Welchen Identitätswert hatte nicht auch für uns die erste *eigene* Stereoanlage! Heute ist man in der Gesellschaft schon ein Stück weiter: Der Walkman überspringt die Grenzen des eigenen Zimmers. Ich bin mit mir und meiner Welt alleine, abgeschottet durch die Kopfhörer. Horx spricht hier vom «Autismus des modernen Nomadenvolkes». Unruhig, immer auf der Suche nach Freiheit, tingeln wir durch die Mobilität unserer Pseudofreiheit. Heute hier, morgen dort. Nichts kann mich aufhalten. Ich habe die Welt im Griff. Meine Rollerblades geben mir das Gefühl von Freiheit und Mobilität. Ich bin mein eigener Boß.

Die Medien tragen weiter zum Individualismus bei. Jeder hat seinen eigenen Fernseher, auch schon die Kinder. Denn jeder möchte seine eigene Sendung sehen: der Vater Fußball, die Mutter Inspektor Columbo, die Teenager Baywatch. Die Individualisierung wird noch weitergehen: In Zukunft wird es durch Pay-TV cin absolut individuelles Fernsehprogramm geben. So bin ich nicht mehr an die bisherigen dreißig Kanäle gebunden – welch eine Zwangsjacke! Ich stelle mir ab sofort mein individuelles

Fernsehmenü zusammen: heute Seifenoper à la Pilcher, morgen John Wayne, übermorgen «Vom Winde verweht» – vielleicht, vielleicht auch nicht, je nach Stimmungslage, mal seh'n. «Just do it.» Keiner hat so ein Programm wie ich. Klasse, ich bin einmalig.

Aber auch die Inhalte der Medien spiegeln die Individualisierung der Gesellschaft wider. In den Bildern des Fernsehens überprüft der einzelne seine Identität. Bin ich so wie der und der Schauspieler? Brauche ich das Waschmittel? Warum fahre ich keinen Audi? Man könnte eine andere Biermarke ausprobieren! Man wird überhäuft mit anderen Seinsmöglichkeiten. Das bekannteste Beispiel sind die vielen Familienserien. In den 70er Jahren angefangen mit «Dallas» und «Denver», in Deutschland fortgeführt mit der legendären «Lindenstraße». Das alltägliche Drama der Fernsehfamilien hat unwillkürlich Wirkungen auf mich. Man prüft die Scheinwelten, wählt aus, verwirft, nimmt an. Der Zuschauer identifiziert sich mit Frau Beimer, lehnt die keifende Hausmeisterin ab. Und wieder beschäftigt man sich nur noch mit sich selbst.

Die Trendforscherin Faith Popcorn hat schon in den 80er Jahren einen neuen Individualitätstrend ausgemacht. Sie spricht von «Cocooning», vom Rückzug des Ichs in den eigenen Kokon, in die selbstgeschaffene Isolation. Die eigenen vier Wände gelten als Festung der Individualität. Das Kokon-Dasein ist ein überdimensionaler Nestbau, geprägt von Isolierung und Sehnsucht nach Schutz und Geborgenheit. Hintergrund des Kokon-Daseins ist die zunehmende Angst vor dem Unerwarteten und der multikulturellen Welt sowie das Gefühl der dauernden Überforderung. Diese Verunsicherung nährt im Menschen den Wunsch nach Sicherheit, die nur durch den Rückzug in die kleine überschaubare Welt gewährleistet ist. Dabei können verschiedene Kokon-Arten auftreten: der «bewährte Kokon» zieht sich völlig in das gesicherte Eigenleben zurück. Der «mobile Kokon» sucht die Stabilität und Sicherheit im eigenen Auto. Der «gesellige Kokon» wird im kleinen Kreis der Freunde erreicht usw. Cocooning ist eine neue Form der Aussteigermentalität. Man bleibt zwar weiterhin Teil der modernen Gesellschaft, bejaht auch ihre Fundamente, sucht sich jedoch seine privaten Glückswelten durch den Rückzug in die kleinen Schutzräume des Seins.

Der Trend zur absoluten Sicherheit und Zurückgezogenheit zeigt sich konkret in einer vermehrten Inanspruchnahme von Sicherheitsdiensten. 1994 gaben die Deutschen 15 Milliarden Mark für private Sicherheitsdienste aus.[69] Hausnotrufsysteme für ältere Menschen boomen. Jährlich werden zwei Millionen Spraydosen mit Reizgas für die Damenhandtasche verkauft. 1993 gab es 270 000 Privatpolizisten in Deutschland.

Zusätzlich boomt der Kauf von Videorecordern. Der Anrufbeantworter hilft ebenfalls beim Rückzug: Er läuft, auch wenn ich zu Hause bin. Aber auch andere Industriezweige profitieren vom Rückzug in die Innerlichkeit: Versandhäuser sind «in», ebenso Heimserviceangebote von Restaurants. Das beste Beispiel: Vor zehn Jahren gab es in ganz München einen Pizza-Heimservice. Heute sind es 150. Man ißt zu Hause, vor dem Fernseher, im gemütlichen Sessel, die Pizza nach Wahl. Die Umsatzzahlen für Knabbereien explodieren wieder. Der «homo individualis» zieht sich aus der Verantwortung zurück, lebt in den Schlupflöchern seiner kleinen Welt und pflegt sein individuelles Ich.

Individualismus zeigt sich heute auch in einer Zunahme der Single-Haushalte. Ein Drittel aller Haushalte stehen heute in dieser Rubrik, insgesamt ca. 13,2 Millionen. Vor dreißig Jahren waren es nur ein Fünftel. In den Großstädten liegt ihr Anteil bei über fünfzig Prozent. Laut Gronemeyer sind in München von 650 000 Wohnungen 330 000 Einpersonenhaushalte.[70] Single-Haushalte sind nicht nur Ausdruck einer modernen Wohlstandsgesellschaft, sondern vor allem Ausdruck der Unabhängigkeit und Autonomie. Auch hier schottet man sich ab, lebt seine Bedürfnisbefriedigung im Mauseloch. Die eigene Bude steht hoch im Kurs. Da immer später geheiratet wird, wohnt man über viele Jahre erst einmal alleine – und gewöhnt sich dran. Man will in Ruhe gelassen werden, kann schlafen, so lange man will, fernsehen bis zum Umfallen, braucht keine Rücksichten zu nehmen. Niemand soll mich kontrollieren. Ich bin mein eigener Herr, basta!

«Egonomics» heißt die neue Wirtschaftsform des Individualismus. Man geht gezielt auf die Bedürfnisse des einzelnen ein. Alle individuellen Wünsche des egozentrischen Kunden werden be-

---

[69] Zahlen nach Ulrich Eggert, *Megatrends im Verkauf*, Düsseldorf: Metropolitan, 1995, S. 282.
[70] Gronemeyer, S. 42f.

friedigt. Die Firma *Levi Strauss* macht z.B. erste Versuche mit maßgeschneiderten Jeans für Frauen, die nach genauen Maßen individuell gefertigt werden. Man kann zwischen 8448 verschiedenen Kombinationen von Hüft- und Taillenmaßen, Beinlängen und Schnitten auswählen. Maßgeschneidertes wird dadurch zur Alltäglichkeit. Die Computerfirma *Vobis* ist vor Monaten dazu übergegangen, kaum noch PCs in ihren Filialen zu führen, sondern das individuelle Modell im Stammsitz innerhalb von drei Tagen zusammenzubauen. Andere ziehen nach: Die individuellen Wünsche des Kunden bestimmen das Marketing. Für jeden gibt es das unverwechselbare Outfit. Das Kollektiv ist out, es lebe das Individuum.

Einen weiteren Ausdruck der Individualisierung sehen Soziologen im Trend zur Fitneß. Der menschliche Körper steht beim Individualisten im Mittelpunkt. Fitneßcenter und Bodybuilding-Kurse erlebten in den 80er Jahren einen Boom und repräsentierten die neue Ich-Religion.[71] Man achtet auf sich, auf die Ernährung, die Vitaminzufuhr, genügend Schlaf. Das alte Schönheitsideal bleibt erhalten und wird von der Werbung massiv unterstützt. Kalorientabellen und Vitamindosen gehören einfach dazu. Der Blick in den Spiegel hat an Bedeutung gewonnen. Die Typ- und Stilberatung hilft mir zum Wohlsein. Aerobic und Gymnastik, Schönheitsoperationen, Facelifting, Diäten, Schönheitsfarm usw. usw. Unser Körper ist erheblich aufgewertet worden.

Die Deutschen laufen heutzutage so viel zum Arzt wie nie zuvor. Beim kleinsten Wehwehchen stehen sie auf der Matte der Doktoren. Die Zahnbürste, vor zwanzig Jahren ein Pfennigprodukt, nur alle zwölf Monate ausgewechselt, ist heute Kultobjekt. Sie kostet drei bis vier Mark und wird im Durchschnitt alle acht Wochen ausgetauscht! All das ist Ausdruck einer neuen Sorge um unseren Körper. Ein neuer Kult um die Frisur ist zu beobachten: Jeder legt auf seinen individuellen Schnitt großen Wert. Früher lieferten wir uns dem Frisör aus. Er bestimmte, was am Ende herauskam. Heute fordern wir die typgerechte Frisur, unverwechselbar,

---

[71] Vgl. Anne Honer, «Beschreibung einer Lebens-Welt: Zur Empirie des Bodybuilding», *Zeitschrift für Soziologie*, 14(April, 1985), 131-139.

nur für mich. Haarprobleme werden vor Beginn der Kunsthandlung ausgiebig diskutiert. Der alte Fassonschnitt ist out. «Ich und mein Magnum» heißt die Devise des Individualisten. Die Werbung tönt: «Ich darf so bleiben, wie ich bin», oder: «Endlich Ich.»

Der Individualist von heute nimmt sich sehr wichtig. Er träumt den Traum des eigenen Gottseins. Ihm scheint ja auch nichts mehr unmöglich zu sein. Nicht umsonst lautete das Motto eines der erfolgreichsten Werbefeldzüge der 90er Jahre: «Nichts ist unmöglich, Toyota.» Der moderne Individualist glaubt tatsächlich, eingebildet durch die Medien, daß ihm alle Türen offenstehen und die Welt für ihn beherrschbar sei. Alle unsere Träume können wahr werden. Unsere Bedürfnisse werden gestillt, wenn wir nur wollen. Die «Stars» zeigen uns doch, daß es möglich ist. Sie verkörpern unsere Wünsche. Arnold Schwarzenegger und Lisa Lyon gelten als Repräsentanten des Menschenmöglichen im Bereich Fitneß. Bill Gates hat es bewiesen: vom Tellerwäscher zum Milliardär. Wir müssen nur noch unsere Träume in Realitäten umsetzen, aber bitte ganz individuell.

Der moderne Individualismus, die Ichorientierung des Menschen, wurde auch durch die Entwicklungen in den Wissenschaften vorangetrieben. Teile der modernen humanistischen Psychologie und Psychotherapie förderten von Anfang an die Ichzentrierung des Menschen. Immer mehr dreht man sich seither um sich selbst, man horcht in sich hinein. Die eigenen Befindlichkeiten stehen im Vordergrund. Selbstverwirklichungstherapien sind in. Das eigene Wertgefühl wird thematisiert. Denn nachdem man die materiellen Bedürfnisse gestillt hat, müssen auch die seelischen Bedürfnisse befriedigt werden. Ich habe ein Recht auf seelisches Wohlbefinden – meint der Mensch der Moderne.

Hier setzte die Humanistische Psychologie an und verstärkte den Drang zur Selbstverwirklichung durch ihre Bedürfnistherapie. Paul Vitz, ein amerikanischer Psychologieprofessor, spricht im Blick auf die humanistischen Theorien eines Jung, Fromm, Rogers und Maslow vom «Kult ums eigene Ich».[72] Alle diese Ansätze

---

[72] Paul Vitz, *Der Kult ums eigene Ich: Psychologie als Religion*, Gießen: Brunnen, 1995.

gehen von einem Menschenbild aus, das ein gutes Individuum voraussetzt. Nur die Gesellschaft und die Umstände verderben den Menschen. Somit sei der Mensch immer nur Opfer, nie Täter. Er ist unschuldig, trägt keine Verantwortung für die negativen Seiten des Daseins. Deshalb bedarf es auch keiner Vergebung oder keiner Umkehr (Buße), denn wir sind ja alle auf dem richtigen Weg. Vitz schreibt: «Vergebung und bußfertige Reue sind keine Bestandteile irgendeiner psychologischen Theorie.»[73] Der «Selbstismus» der Psychologie führt nach Vitz zum Narzißmus und zur Vergötzung des Selbst.

Die Frage nach der eigenen Befindlichkeit läßt sich tatsächlich am besten mit dem Stichwort «Narzißmus» beschreiben.[74] In der griechischen Sage von Narziß verliebt sich der schöne Jüngling in sein eigenes Spiegelbild. Der Mensch liebt sich selbst, ist fasziniert von seiner Schönheit, verrückt nach sich selbst. Alles dreht sich nur um ihn. Betört durch die eigene Schönheit, entsteht ein vollendetes Glücksgefühl. Nach Gerken und Konitzer ist bei 80% aller Jugendlichen eine narzißtische Veranlagung zu beobachten.[75] Die Ich-Verliebtheit boomt. Dabei können wir nicht die Jugendlichen dafür verantwortlich machen, denn erst durch die postmoderne Erziehung wurde das Kind zum Narzißten gemacht. Da der Mensch seine Identität nicht mehr in sich selbst, sondern in der Beziehung zu seiner Außenwelt sucht, erwartet er sehnsüchtig positive Rückmeldungen aus der Umwelt, um dadurch sich selbst aufzubauen. Als Reaktion darauf kreist er ständig um sich selbst, fühlt nach seinen inneren Befindlichkeiten und verliebt sich in die positiven Gefühle, die positive Reaktionen anderer Menschen in ihm auslösen.

Wie bei jedem der modernen gesellschaftlichen Trends stehen wir heute plötzlich vor einer Gegenbewegung: der Flucht aus dem Kokon in die Gruppe. Denn längst hat man die negativen Seiten des Individualismus erkannt: Er führt zur Vereinsamung und Iso-

---

[73] Paul Vitz, «Leaving Psychology Behind», *No God but God*, Hg. Os Guinness/John Seel, Chicago: Moody, 1992, S. 109.
[74] Zum Thema Narzißmus vgl. Christopher Lasch, *Das Zeitalter des Narzißmus*, München: Bertelsmann, 1982.
[75] Gerd Gerken/Michael-A. Konitzer, *Trends 2015: Ideen, Fakten, Perspektiven*, München: Deutscher Taschenbuch Verlag, 1996 (1995), S. 20.

lation. Der Narzißmus hat uns einsam gemacht. Deshalb spricht man seit Anfang der 90er Jahre wieder von Kameradschaft und sozialem Engagement. Nicht umsonst rühmt man beim Fußball plötzlich den Teamgeist der Nationalmannschaft. Jeder kämpft für den anderen, aufopferungsvoll. Engagement für Obdachlose und Aids-Kranke faszinieren wieder, besonders junge Leute. Pfadfinderstimmung kommt auf. Die Sehnsucht nach einem «echten» Freund durchläuft die Jugendszene. Aber auch bei älteren gibt es einen Hang zur Gemeinschaft: Gesangsvereine, Gruppen für bestimmte Altersjahrzehnte usw. haben wieder Zulauf. Spontane Hilfeleistung beim Oderhochwasser 1997 dokumentierte den neuen Trend. Wir wollen wieder Heimat und Sicherheit haben und suchen sie im Gruppenerlebnis.

Auf den ersten Blick mag das widersprüchlich klingen. Wie bringt man den Totalindividualismus der Moderne mit der neuen Solidaritätswelle zusammen? Ganz einfach: Im Pluralismus der Moderne lösen sich Widersprüche auf. Der solidarische Individualist engagiert sich für andere, ohne seinen Kokon aufzugeben. Seine egozentrische Selbstvergewisserung findet er in einem ichbezogenen Gemeinschaftserlebnis. Er sehnt sich als Single nach Gemeinschaft, weil er die Last der Gegenwart nicht alleine tragen kann und möchte. Trotzdem bleibt er der große Egozentriker. Opfer sind ihm kaum abzuverlangen. Die eigene Identität wird durch eine Spende für die Flutopfer gestärkt. Sozialdienste finden Spender für die Not der Welt, suchen aber händeringend Helfer für die weltweiten Konfliktpunkte – und finden keine. Wir wollen helfen, aber ohne uns zu gefährden. Humanitäre Aktionen ja, aber ohne Risiko. Wir spenden, ohne uns die Hände dreckig machen zu wollen. Der Gegentrend ist also nicht die Aufhebung des Individualismus, sondern die Verbindung von Individualismus und Gemeinschaftsgefühl. D.h., der moderne Mensch lebt Gemeinschaft individualistisch. Er sehnt sich nach dem Verein, dem Club (auch in den Ferien), der Studentenverbindung, aber er will nicht vereinnahmt werden.

Eine weitere Gegenbewegung zum Individualismus beobachtet man in der Hinwendung zu autoritären Diktaturen und Sekten. Viele Menschen verwerfen den Individualismus und die Autonomie und gehen ins Extrem. Hier wird die Individualität vollkommen aufgegeben. Man ordnet sich einem radikalen Führer unter, liebt die strenge Hierarchie, die einem das Denken abnimmt. Besonders in den radikalen Sektengemeinschaften erleben wir heutzutage diesen Gegenpol der gesellschaftlichen Individualkultur. Skinheads, Hooligans, Neofaschisten, Rechts- und Linksradikale bleiben ein Anziehungspunkt für gesellschaftliche Aussteiger. Scientologen sind auch deshalb so erfolgreich, weil sie solidarische Gemeinschaftsaspekte bieten. Die völlige Kapitulation vor dem allmächtigen Führer enthebt mich meiner Verantwortung und gibt mir einen neuen Schutzraum. Das Kollektiv ist alles, der einzelne ist nichts. All das haben wir ja schon einmal gehabt.

Die sogenannte moderne Gesellschaft huldigt dem «Solipsismus», der Überzeugung, daß nur das Ich existiert. Dieser Gedanke, den wir bei Max Stirner (1806-1856) finden, ist zur bestimmenden Lebensphilosophie des Menschen geworden. «Mir geht nichts über mich.» Heiner Barz berichtet über die junge Generation: «Das Nachdenken über sich selbst und das Leben hat bei Jugendlichen einen hohen Stellenwert. Viele brauchen immer wieder Zeiten, in denen sie sich zurückziehen, Ruhe finden und sich Gedanken darüber machen, «wie ich geworden bin», «was aus mir werden wird...»[76] Der Mensch ist hoffnungslos ichbezogen.

2.2 Der Ego-Glaube: Gemeindliche Trends

Einen zunehmenden Individualismus beobachtet man auch in Kirchen und Gemeinden. Auch hier zeigt sich die Tendenz, daß der einzelne seine Autonomie fordert. Man läßt sich nicht mehr reinreden, möchte autonom entscheiden. Jeder lebt seinen Glauben nach der ihm eigenen Überzeugung. Auf die Frage, ob man auch ohne Kirche Christ sein könne, antworteten 1992 80% der Deutschen mit «Ja».[77] Der Soziologe James Davison Hunter urteilt über den amerikanischen Evangelikalismus, daß er von einem individualisierten Konzept des Heils und einem subjekti-

---

[76] Heiner Barz, *Postmoderne Religion: Die junge Generation in den Alten Bundesländern*, Jugend und Religion, Bd. 2, Opladen: Leske und Budrich, 1992, S. 64.
[77] Umfrageergebnisse «Was glauben die Deutschen», Emnid-Institut, Bielefeld, 1992, S. 72.

vistischen Glaubensbegriff geprägt sei, der sich frappant mit Entwicklungen der Gesellschaft deckt.[78] Man akzeptiere keine Autoritäten mehr. Deshalb sei der Evangelikalismus ohne eigentliche Führung und würde nur durch den Einfluß einiger Starprediger, Starevangelisten und überkonfessioneller Institutionen zusammengehalten.

Viele Christen schotten sich mittlerweile ab, bleiben unverbindlich, leben ihr religiöses «Cocooning». Man möchte alles ausprobieren, aber für nichts haften. Christliche Gästehäuser müssen immer mehr Einzelzimmer bauen, denn niemand will mehr mit anderen das Zimmer teilen. Man zieht sich zurück, müde der vielen Belastungen des Alltags, schließt die Tür zu, will alleine sein. Individualisten sind lieber Beobachter, Zuschauer in der Gemeinde. Man hockt nur mit den Leuten zusammen, die auf der gleichen Wellenlänge liegen. Immer mehr Gemeinden klagen über die Unverbindlichkeit ihrer Mitglieder. Pflichtbewußtsein fehlt. Man macht nur noch, was Spaß macht oder was «mir etwas bringt». Eingeladene Prediger oder Gruppen stehen unter der Woche vor leeren Rängen. Gemeindegruppen suchen händeringend Mitarbeiter. Manche Gemeinden haben viele Gottesdienstbesucher, aber wenig Mitglieder. Man hält sich mit verbindlichem Anschluß vornehm zurück, man beobachtet, konsumiert, hält sich sein Schäfchen im Trockenen. Nur keine Bindungen bitte, das engt mich ein.

Gemeindetourismus ist in: heute hier, morgen woanders. Je nachdem, wo etwas los ist oder welche Gemeinde besser zu mir paßt. Diese neue Spezies der «Zaunschleicher» nimmt rapide zu. Die Bindungen an übergemeindliche Bünde lassen dagegen rapide nach. So schießen die unabhängigen Gemeinden wie Pilze aus dem Boden. Sie sind Ausdruck einer individualisierten Zeit, auch wenn sie sich noch so bibeltreu geben. Die traditionellen kirchlichen Strukturen sind unbeliebt und vielen in den Gemeinden unbekannt. Zu welcher Denomination gehöre ich überhaupt? Es gibt keine konfessionellen Identitäten mehr, auch nicht in den Freikirchen. Die konfessionelle Vielfalt und Unübersichtlichkeit sind Ausdruck des neuen religiösen Individualismus.

---

[78] James Davison Hunter, *American Evangelicalism: Conservative Religion and the Quandary of Modernity*, New Brunswick: Rutgers University Press, 1983, S. 8.

Horx spricht von einer «Egoisierung des Glaubens».[79] Zitat: «Statt in der Kirche vor dem Altar zu knien, bauen wir uns zu Hause eine Kultstätte. Statt der christlichen Bilder inszenieren wir eine private Ikonographie mit ‹persönlichen Devotionalien›. Statt des ‹einzigartigen Gottes› basteln wir uns einen Instantgott.»[80] Oder noch besser, weil werbewirksam, das Zitat aus dem *Benetton-Magazin*: «Wenn Götter an unserem Leben teilnehmen wollen, müssen sie sich unserem Lebensrhythmus anpassen.»

In unserer Zeit hat sich in evangelikalen Gemeinden der Glaube erheblich verändert. Glaube ist nicht mehr Vertrauen in historische Tatsachen, sondern praktische und effektive Lebenshilfe. Der Glaube hilft mir, ein glücklicher Mensch zu werden und ein glückliches Leben zu führen. Komm zu Jesus, und du wirst happy. Die Frage aller Fragen ist: Was bringt mir mein Glaube? Werde ich durch Jesus glücklich? Es geht nicht mehr um die Rechtfertigung, um die Versöhnung des Menschen mit Gott, sondern um mein persönliches Glück und meine Selbstverwirklichung. Der Glaube ist «mein» Glaube, individuell gestaltet und zusammengestellt.

Die Betonung des persönlichen Glaubens hat zudem eine Subjektivierung der Heiligung zur Folge. Die individuelle Führung durch den Heiligen Geist wird betont, eine Überzeugung, die von anderen nicht hinterfragt werden kann. «Der Herr hat mir klargemacht» ist eine Formulierung, die durch nichts und niemanden überprüft werden kann. Man akzeptiert persönliche Wegführung so, als ob es keine allgemeingültigen Pläne Gottes für alle Menschen gäbe. Man ist nicht mehr an der Weltregierung Gottes interessiert, denn man beschränkt sich auf die persönliche Gottesbeziehung. Der Kokon der persönlichen Frömmigkeit wird wie die letzte Bastion verteidigt, an die niemand herankommen darf. Der Glaube ist total individualisiert worden.

Aber auch in anderen Bereichen zeigt sich eine zunehmende Individualisierung des Glaubens: Hauskreise, so notwendig und gut sie sind, stehen in der Gefahr, zu Clübchen von Individualisten zu werden. Man zieht sich mit seinen gleichgesinnten Freun-

---

[79] Matthias Horx, Trendbüro, *Trendbuch 2: Megatrends für die späten neunziger Jahre*, Düsseldorf: Econ, 1995, S. 103.
[80] Ebd.

den in die Kuschelwelt des Wohnzimmers zurück und will in Ruhe gelassen werden. Die Gemeindeleitung weiß oft nicht, was in den Hauskreisen läuft. Der Hauskreis wiederum kann auf Einwirkungen von außen gut verzichten. Als Außenstehender hat man sowieso kaum Chancen, in einen solchen Exklusivzirkel aufgenommen zu werden. So verselbständigen sich die Kleingruppen, werden zu einer Gemeinde in der Gemeinde und zu Treffpunkten des individualisierten Glaubens. Dabei ist gegen das Konzept des Hauskreises nichts einzuwenden. Im Gegenteil: Die Vorteile der persönlichen Atmosphäre treffen die Sehnsucht der Menschen und sollten unbedingt genutzt werden. Aber Vorsicht: Der Rückzug in die eigene Innerlichkeit und die fehlende Verbindung zur Gesamtgemeinde sind eine große Gefahr. Die Wasserscheide ist schmal.

Die Folgen des Rückzugs in die Innerlichkeit werden offenbar: Man kennt sich nicht mehr in der Gemeinde. Die Anonymität nimmt besonders bei Großstadtgemeinden zu. Man will sich auch nicht mehr kennen. Wie schwer fällt es uns, auf neue Leute im Gottesdienst zuzugehen. Wir haben Angst, daß wir in die Pflicht genommen werden. Am Ende muß man sich noch um diese Person kümmern – das engt ein und verpflichtet. Neuankömmlinge klagen, daß niemand sie in der Gemeinde begrüßt. Wir haben alle so viel mit uns selbst zu tun.

Eine andere Facette des zunehmenden gemeindlichen Individualismus wird an der gabenorientierten Gemeindewachstumsbewegung deutlich. Immer mehr Gläubige beschäftigen sich mit ihren geistlichen Gaben. Dagegen ist nichts einzuwenden, wenn es ausgewogen geschieht. Die Bibel spricht klar und deutlich von individuellen Geistesgaben, die Gott den Gläubigen gegeben hat. Problematisch wird die Sachlage jedoch, wenn persönliche Gaben losgelöst von der Gesamtgemeinde und der Korrektur durch Mitchristen ins Spiel gebracht werden. Plötzlich werden Gabenträger zu unfehlbaren Amtsträgern, die ihre individualistischen Ziele und Projekte für die Gesamtgemeinde verbindlich machen möchten. «Der Herr hat mir die Gabe der Predigt gegeben, deshalb muß ich auf die Kanzel.» Noch schlimmer wird es, wenn vorhandene Gaben als Ausrede und Vorwand genommen werden, sich anderen Aufgaben zu entziehen, die nicht den eigenen Gaben entsprechen. Da müssen unbedingt einige Reparaturen am Gemeindehaus getan werden. Kaum einer findet sich für diese

Aufgaben, denn die meisten meinen, daß sie ja keine praktischen Gaben von Gott bekommen haben. Gleiches gilt für die Evangelisation: Eine Freiversammlung oder Tür-zu-Tür-Aktion bekommt kaum Zulauf, weil plötzlich alle meinen, keine evangelistische Gabe zu haben. Die individuelle Gabe wird dadurch vom Gesamtzusammenhang der Gemeinde und damit von ihrer Dienstfunktion gelöst.

Bei allen positiven Seiten der modernen Gabentheologie muß deshalb beachtet werden: Früher fragte man weniger nach den eigenen Gaben, sondern packte dort an, wo es nötig war. Vielleicht weniger professionell als heute, aber mit dem nötigen Elan und mit Bereitschaft. Heute spiegelt man erst seine Befindlichkeiten wider und tut nur das, wozu man meint, befähigt zu sein – sprich: Lust zu haben. Diese Einstellung hat aber mehr mit modernem Individualismus als mit gabenorientierter Gemeindearbeit zu tun. Ich befürchte deshalb, daß die ganze Gabentheologie der Moderne zu wenig den zersetzenden Einfluß des Individualismus berücksichtigt.

Die wachsende Individualisierung des Glaubens zeigt sich zudem in der Predigt. Die heutigen Predigten in evangelikalen Gemeinden drehen sich in erster Linie um Fragen des menschlichen Ichs. Immer wieder tauchen Themen auf wie «Beziehungen», «Mann-Sein», «Frau-Sein», «Single und Christ», «Konfliktbewältigung», «Selbstbewußtsein», «Selbstwertgefühl» usw. Bei Evangelikalen sind die großen Themen die «Ich-Themen»: Erziehung, Männer, Frauen, Stille, Gott begegnen, Erfahrungen, Freundschaft und Spiritualität. Merken wir denn nicht, daß es bei all diesen Themen nur um uns Menschen geht? Zwar fromm eingekleidet, reden wir noch von Gott, aber wir meinen insgeheim uns selbst.

«Ihre Predigt hat mich angesprochen» – wie oft höre ich diesen Satz an der Ausgangstür der Gemeinde. Wie gut tut das dem Prediger. Aber was bedeutet dieser Satz wirklich? Gerne würde ich einmal in solchen Momenten in die Gedanken dieser Person schlüpfen. Hat das Wort den Zuhörer nur bestätigt, oder hat es auch in Frage gestellt? Wäre auch eine Gerichtspredigt «ansprechend»? Welcher Maßstab wird hier angelegt? Einige behaupten, nur eine praktische Predigt, die in die konkrete Situation jedes einzelnen Zuhörers hineinspricht, sei eine gute Predigt. Muß jedoch jede Predigt jeden Zuhörer ansprechen? Reicht es nicht, wenn andere durch die Predigt gesegnet werden? Muß der Gottesdienst mir immer etwas bringen? Geht es nicht in erster Linie um Gott und seine Ehre? Ist der Gottesdienst Bedürfnisbefriedigung oder Dienst an und für Gott?

Die Ich-Mentalität zeigt sich auch in den neuen christlichen Liedern. Kein Wort kommt darin so oft vor wie das kleine Wörtchen «ich» mit seinen Ableitungen. «Ich» will mehr von Gott. «Ich» will Erweckung. «Ich» will mich bei Gott entspannen. Pausenlos bespiegeln wir in den Ohrwürmern der modernen Frömmigkeit unsere eigene Beziehung zu Gott. Wir drehen uns ständig um die eigene religiöse Achse – und fühlen uns dabei so wohl wie nie zuvor.

Ein Ausdruck der neuen Individualkultur ist auch die Seelsorgebewegung. Mir geht es dabei nicht um eine Polarisierung zwischen Psychologie und Seelsorge. Wichtiger ist etwas anderes: Warum beschäftigen wir uns denn überhaupt seit zehn Jahren so intensiv mit diesen Themen? Warum werden wir mit Tausenden von Büchern zum Thema Lebenshilfe überschüttet, auch in frommen Kreisen? Warum sprechen heute viele Christen von inneren Verwundungen und innerer Heilung? Warum gibt es eine Legion von «Ich-Büchern» in christlichen Verlagen? Natürlich deshalb, weil der Mensch hier große Defizite hat, auch in christlichen Gemeinden. So schulen wir uns in Gesprächstherapie und machen ein zusätzliches Diplom in Seelsorge. Bei aller berechtigten Schulung auf diesem Gebiet besteht jedoch die große Gefahr: Wir kreisen dadurch noch mehr um uns selbst und geben den Notleidenden nur partielle Hilfen. Wir reden uns plötzlich Dinge ein, die überhaupt nicht da sind. Wir nehmen uns viel zu wichtig. Statt durch die Gottesbeziehung heil zu werden, flüchten wir in die menschliche Beziehung. Die Seelsorge wird zum Fetisch der subjektiven Frömmigkeit.

Überall geht es um mich, um meine Begegnung mit Gott. Überall thematisiert man persönlichste Gefühle, Erfahrungen, Erlebnisse, Eindrücke, Ängste, Spiritualität. Man darf sich «outen». Wehe, wenn Christen nicht Schwachheit und Zerbruch erlebt haben – man bekommt ja fast ein schlechtes Gewissen. «Laß alles raus, deinen Frust, Ärger, alles was dich blockiert», so heißt es. «Sei ehrlich zu dir selbst», lautet die Parole. Aber es sind nicht die Gefühle Gottes, sondern die Gefühle des Menschen, die thematisiert werden. Es dreht sich um den Menschen, um die Beziehung des Menschen zu Gott, statt um die Beziehung Gottes zum Menschen. Es geht immer nur um die Vertiefung des persönlichen Glaubens – gewiß eine positive Intention. Aber interessant: Die Dogmatik kommt zu kurz. Meint man denn wirklich, man könne das persönliche Glaubensleben transformieren, ohne biblische Lehre? Meint man denn wirklich, man könne Kampf und Auseinandersetzung außen vor lassen, um das Christsein zu vertiefen?

James D. Hunter untersuchte schon 1983 die acht bekanntesten evangelikalen Verlage Amerikas. Sein Ergebnis lautet: 87,8 % der Bücher beschäftigten sich mit dem menschlichen Selbst.[81] Bücher zum Thema Lebenshilfe standen damals schon ganz oben auf der Beliebtheitsskala. Eine schnelle Durchsicht des deutschsprachigen christlichen Büchermarktes würde zu ähnlichen Ergebnissen kommen. Beziehungsfragen, Erziehungsthemen, Unterhaltungsromane, Stories, Biographien etc. etc. Auch der Christ ist gefangen in der gesellschaftlichen Individualismusspirale. Sein Glaube ist an diesem Punkt nichts anderes als ein Zeitgeistglaube.

2.3 Gemeinschaft contra Individualismus

Der Individualismus der Moderne prägt uns alle, ob wir das wahrhaben wollen oder nicht. Er führte zu einer veränderten Gesellschaft: Nicht mehr die Gemeinschaft und die Traditionen bestimmen das Verhalten, sondern der einzelne. Der Mensch hat sich an die Stelle Gottes gesetzt und regelt eigenmächtig sein Schicksal. Reimer Gronemeyer hat es auf den Punkt gebracht: «Zum erstenmal in der Geschichte der Menschen tritt der Mensch auf eine Bühne, die leer geräumt ist: Es gibt keine religiösen oder sozialen Sinnvorgaben mehr, auf die man sich verlassen könnte. Der Weltanschauungskasten ist geplündert. Es ist der Augenblick schierer Freiheit, aber auch die Stunde der Bodenlosigkeit: Das Individuum als letzte Instanz. Der Single als Inbegriff der Postmoderne.»[82] Die «autistische» Gesellschaft kann keine längerfristigen Bindungen mehr durchhalten. Wir ertragen die anderen Menschen nicht mehr, weil wir uns selbst absolut gesetzt haben.

---

[81] Hunter, S. 175.
[82] Gronemeyer, S. 12.

Amitai Etzioni, selbst einer der Väter der Postmoderne, hat erst neulich auf die negativen Folgen des ungezügelten Individualismus hingewiesen.[83] Die unbeschränkte Mehrung von individuellen Freiheiten führt nicht in eine bessere Gesellschaft – im Gegenteil: Sie führt in Anarchie und Chaos. Die westliche Gesellschaft steht heute an einer Grenze: Eine weitere Steigerung der Autonomie wird unweigerlich größten gesellschaftlichen Schaden anrichten und alle sozialen Ordnungen zerstören. Was not tut, meint Etzioni, sei eine «gesellschaftliche Inpflichtnahme» der einzelnen, bei der die Autonomie des Menschen jedoch nicht eingeschränkt werden dürfe. So versucht Etzioni noch den Spagat zwischen liberalem Individualismus und rigidem Konservativismus. Ob dieser Mittelweg sich als golden erweisen wird, bleibt fraglich. Bemerkenswert ist, daß selbst ausgewiesene Postmodernisten mittlerweile vor den Folgen ihrer eigenen Überzeugungen warnen und für eine gesellschaftliche Wende plädieren.

Ist Individualismus denn so negativ, mag man sich fragen. Auch hier muß in der Beurteilung klar unterschieden werden. Es gibt eine positive und gottgewollte «Individualität» und einen zerstörerischen «Individualismus». Individualität meint: Der einzelne wird nicht vom Kollektiv unterdrückt und kann sich so besser entfalten. Evangelikale Theologie hat immer den einzelnen in die Gottesbeziehung gestellt, nicht das Kollektiv. Gott hat den Menschen individuell geschaffen, unverwechselbar und originell. Jeder einzelne Mensch hat seine ganz spezielle Geschichte. Jeder einzelne hat seine einzigartige Erbanlage. Jeder einzelne muß sich zu Gott hin bekehren – das ist klar. Jeder einzelne ist von Gott begabt und befähigt. Jeder einzelne wird von Gott geliebt und angenommen. Für jeden einzelnen Menschen ist Jesus am Kreuz stellvertretend gestorben. Von daher wird jeder Christ die Individualität der Schöpfung bejahen und sich daran freuen.

Aber etwas völlig anderes ist «Individualismus»: Der einzelne sieht sich hier als Gesamtwirklichkeit und ist nicht mehr bereit, übergeordnete Normen und Bestimmungen zu akzeptieren oder

---

[83] Amitai Etzioni, *Die Verantwortungsgesellschaft: Individualismus und Moral in der heutigen Demokratie*, Frankfurt: Campus, 1997.

auf andere Rücksicht zu nehmen. Dieser Individualismus führt zum Egoismus, zur Rücksichtslosigkeit und zur totalen Selbstverwirklichung. Das persönliche Glück beherrscht hier meine Wünsche. Der Mensch nimmt sich selbst zu wichtig und verfehlt damit seine gottgewollte Zielvorgabe. Das Fehlen von Sinn- und Sozialbindungen führt zwangsweise zur Vergötzung des Ichs und zu einer rücksichtslosen Philosophie der Selbstverwirklichung. Individualistische Kulturen haben vergessen, daß der Mensch eine Schöpfung Gottes ist. «Das Bild des selbstverantwortlichen Menschen hat das Bild des Geschöpfes aus Gottes Hand in die Flucht geschlagen», schreibt Peter Gross.[84] Das Geschöpf weiß um seine Verantwortung dem Schöpfer gegenüber und setzt sich selbst deshalb nie absolut.

Hinzu tritt eine andere Problematik: In individualistischen Kulturen muß der einzelne die gesamte Verantwortung für sich alleine übernehmen. Da er keine hinter ihm stehenden Instanzen akzeptiert, trägt er sein Glück auf den eigenen Schultern. Individualistische Kulturen bieten keine Entlastung der Verantwortung an. Jeder ist seines Glückes eigener Schmied. Der Mensch ist auf sich selbst zurückgeworfen, er ist die letzte Instanz. Es gibt niemanden über mir, der mir Verantwortung abnehmen könnte. Ich habe mich (vor mir selbst) am Ende zu verantworten. Der individualistische Mensch der Moderne ist ein einsamer Verantwortungsträger geworden, er ist sein eigener Verteidiger, Ankläger und Richter.

Mit dieser Alleinverantwortung ist der Mensch jedoch hoffnungslos überfordert. Er ist nicht in der Lage, die Last seines Lebens alleine zu tragen. Der Mensch ist von Gott geschaffen und auf das Du angelegt, er braucht die Ergänzung und Hilfe von außen. Durch die Abschaffung Gottes kam es zu einer verhängnisvollen Abschaffung von Entlastungsmöglichkeiten. Die Gottesbeziehung befreite den Menschen von dem Wahn, alles selber in die Hand nehmen zu müssen. Der Glaube an die Möglichkeiten Gottes und die Überzeugung von seiner Gnade führten zur Entspannung des Lebens. Gott sitzt im Regiment: diese Botschaft relativierte zwar die Absolutheitsansprüche des Menschen, ent-

---

[84] Peter Gross, *Die Multioptionsgesellschaft*, Frankfurt: Suhrkamp, 1994, S. 84.

lastete ihn jedoch in erheblichem Maße. Wo Gott die Welt regiert, läßt sich gut schlafen. Wo der Mensch jedoch die Hebel in der Hand halten will, gibt es Streß und schlaflose Nächte.

Die Vereinsamung der Welt durch den Rückzug in den Kokon verschärft die Isolation der Menschen in der individualistischen Gesellschaft. Wir wollen in Ruhe gelassen werden, hüten bedächtig unser Innenleben, haben einen hohen Zaun um unsere Individualität gezogen. Niemand braucht sich deshalb zu wundern, wenn das Gefühl der Einsamkeit um sich greift. Trotz der größten Bevölkerungsdichte in Europa sind wir meilenweit voneinander entfernt, denn wir lassen niemanden an uns heran. Die Angst geht um, jemand könnte uns verletzen oder in Frage stellen. Da wir unsere Identität aus dem Applaus unserer Umwelt ziehen, gehen wir unangenehmen Erfahrungen lieber gleich aus dem Weg. Nicht nur die Mauern um unsere Häuser werden höher, sondern auch die inneren Zäune unserer Gemüter.

Eine der Modekrankheiten der letzten Jahrzehnte und die Folge der Individualisierung ist der «Ich-Verlust», die sogenannten «Borderline-Fälle». Menschen mit dieser Psychokrankheit haben ihre Persönlichkeit verloren, leben nur noch in bestimmten Rollen. Der Druck der modernen Gesellschaft zwingt sie in immer neue künstliche Identitäten. Diese Menschen wissen nicht mehr, wer sie eigentlich sind, weil sie ständig jemand anders sein sollen. Am Ende der Entwicklungen stehen Phobien und Depressionen. Die Identitätskrise des Individualisten ist an diesem Beispiel mit Händen zu greifen. Da er die Mitte seines Lebens, die Beziehung zu Gott, verloren hat, verliert er auch sich selbst. Der christliche Glaube hat zu allen Zeiten darauf hingewiesen, daß wir uns nur dann selbst erkennen können, wenn wir Gott erkannt haben. Der Mensch findet nur dann zu sich und seiner Identität, wenn er seinen Schöpfer und Erlöser gefunden hat. Die Ich-Findung geschieht durch die Du-Findung, d.h. durch die Gott-Findung. Der Mensch kann nur echter Mensch sein, wenn er ein neuer Mensch geworden ist durch die Veränderung Gottes. Wenn ich Gott erkenne, sehe ich mich mit anderen Augen. Gott zeigt dem Menschen seine Schönheit und Würde, die er durch die Ebenbildlichkeit bekommen hat, aber auch seine Fehler und Begrenzungen, die er nicht abstreiten und überschreiten darf. Der Mensch ist zwar die Krone der Schöpfung, aber nicht ihr Herr und Gott. So bekommt der Mensch in der Gottesbeziehung seine

Weite und Grenze abgesteckt und kann deshalb vollkommener Mensch sein.

Solange der Mensch jedoch nur auf sich selbst schaut, wird die gegenwärtige Identitätskrise bleiben. Gronemeyer analysiert richtig: «Die Menschen werden auf eigenartige Weise autistisch. Sie leben weniger und weniger aus Familien- und Freundschaftsquellen. Sie haben – benommen von ihrer Sehnsucht nach Selbstverwirklichung – die Augen nach innen gedreht. Aber die nach innen gedrehten Augen blicken auf nichts. Da, wo einmal die Seele war, ist eine Wüste, in der sich als Fata Morgana die Konsummöglichkeiten der Außenwelt schwebend spiegeln. Die Suche nach Identität spielt sich nicht im Gebet, nicht in der Therapie, sondern im Kauf der Ware und im Verbrauch der Information ab.»[85] Der Mensch sucht sich selbst und meint, sich seine Identität durch das neue Auto und das schöne Häuschen erkaufen zu können. Er trägt seine Individualität nicht mehr in sich, sondern an seinem Leib. Das neue Kleid stärkt meine Persönlichkeit und hebt mich von den anderen ab. Die Designermöbel verleihen meinem Leben Farbe. Es ist der Wettlauf mit der Mode, dem letzten Schrei, der mein Ich aufrechterhält. Individualität wird heute gekauft, nicht mehr gelebt.

Die Individualisierung der Gesellschaft verändert den christlichen Glauben. Durch die Veränderungen der christlichen Gottesdienste, Predigten, Seelsorge und Bücher hin zu Themen des menschlichen Ichs verschiebt sich unmerklich das Fundament des Christentums. Zu allen Zeiten war klar, daß die Heilstat Jesu Christi vor 2000 Jahren der Grund allen Glaubens ist. Jesu Tod und Auferstehung sind eine einmalige, geschichtliche Tatsache, die das Heil des Menschen bewirkt. Heute meint man jedoch, man müßte das alles noch einmal in sich selbst erleben, quasi im Menschen wiederholen. Ich muß Jesus erleben, sonst scheint er nicht zu existieren. Jesus muß in mir geboren werden, damit ich das Heil erlangen kann – eine völlig unbiblische Vorstellung, die wieder den Menschen in den Mittelpunkt stellt. Der Theologe David Wells schreibt über den individualisierten Glauben der Evangelikalen: «Das Zeugnis des Neuen Testaments war ein

---

[85] Gronemeyer, S. 108.

Zeugnis über die objektive Wahrheit des christlichen Glaubens, ein Glaube, der erfahren werden konnte; unser Zeugnis heute ist das Zeugnis unseres persönlichen Glaubens, und um seinen Wert zu bestätigen, sind wir immer weniger an seiner Glaubwürdigkeit interessiert als vielmehr an der Tatsache, daß er funktioniert.»[86]

Diese Individualisierung des Glaubens ist nicht nur durch die Aufklärung, sondern auch durch den Pietismus und die Erweckungsbewegung vorangetrieben worden. Die Erweckungen haben immer betont, daß der einzelne sich bekehren und eine persönliche Beziehung zu Gott bekommen muß. Aus dieser völlig richtigen biblischen Einsicht wurde jedoch in der Gegenwart eine Verdrehung: Der einzelne entscheidet jetzt auch, wie seine Beziehung zu Gott auszusehen hat. Er bestimmt, wann er sich entscheidet, mit Gott anzufangen. «Ich habe mich bekehrt» – so heißt es selbstbewußt am Ende des 20. Jahrhunderts. Nicht mehr die Versöhnungstat Christi und die Gnade Gottes sind die Träger und Fundamente des Heils, sondern meine individuelle Entscheidung für Gott. Fragt man Christen nach dem Grund ihrer Heilsgewißheit, geben viele ihr Bekehrungserlebnis an, statt auf Christi Versöhnungstat hinzuweisen. Der erlebte Glaube wird wichtiger als der historische Glaube. Die individuelle Gottesbeziehung siegt über Gottes universellen Heilsplan. Evangelikaler Glaube steht in der Gefahr, zum Individualismusglauben zu erstarren. «Ich und mein Gott», heißt die Parole.

Noch einmal sei deutlich gesagt: Gott hat jeden Menschen originell und individuell geschaffen. Aber Christen sollen nicht individualistisch leben, sondern sich für andere einsetzen. Ihr Lebensstil ist von Pflichtbewußtsein und sozialem Handeln geprägt. Sie isolieren sich nicht, sondern stehen mit beiden Beinen in der Welt. Es geht ihnen nicht um sich, sondern um Gott und seine Ehre: « Er muß zunehmen, ich aber muß abnehmen» (Joh. 3,30). Evangelikale Christen leben keinen individualistischen Glauben. Ihr Glaube ist gegründet in historischen Heilstatsachen, nicht in persönlichen Erlebnissen. Glaubenszeugnisse sollen nicht mein religiöses Ich widerspiegeln, sondern sollen Christus verherrli-

---

[86] David F. Wells, *No Place for Truth, or, Whatever Happened to Evangelical Theology?* Grand Rapids: Eerdmans, 1993, S. 173.

chen und seine Größe und Güte deutlich machen. Gabenorientierte Gemeindearbeit hält die Balance zwischen individueller Gabe und kollektiver Pflicht. Beides ist nötig.

Gemeinden müssen sich in Zukunft auch gegen den frommen Gruppenindividualismus zur Wehr setzten. Hauskreise nutzen die familiäre Atmosphäre für missionarische Begegnungen, führen jedoch die Gläubig-Gewordenen zur Gesamtgemeinde und zur verbindlichen Mitarbeit, sonst haben sie ihren Sinn verfehlt. Eine Abschottung der Hauskreise muß verhindert werden. Gerhard Schmidtchen hat es in bezug auf die Cliquen in der modernen Jugendkultur auf den Punkt gebracht: «Gruppen sind nicht generell ein Heilmittel für die Gesellschaft, garantieren nicht ihren Zusammenhang, sondern sie können auch Desintegration herbeiführen, sie können Konfliktherde bilden.»[87] Der Exklusivismus einer Gruppe kann zum Entstehen von Konflikten führen, die sich keine Gemeinde leisten kann. Wenn nach dem Gottesdienst doch immer nur die Clübchen der Gleichgesinnten zusammenstehen, wenn Ortsgemeinde am Ende doch bloß nur der gemeinsame Name für Dutzende von internen Subkulturen ist, haben wir den Sinn von Gemeinde nicht verstanden.

Überhaupt gibt es kein Christsein ohne Gemeinde, ohne die geistliche Gemeinschaft der Gläubigen. Die Bibel spricht deutlich von der «koinonia», der brüderlichen Gemeinschaft der Kinder Gottes. Christliche Existenz kann nicht im Eremitendasein geführt werden. Miegel und Wahl stellen mit Recht fest: «Religionen wirken gemeinschaftsbildend.»[88] Anders kann christlicher Glaube nicht recht existieren. Aber es geht um richtige Gemeinschaft. Die Sehnsucht nach Sinn drückt sich in unserer Gesellschaft in der Sehnsucht nach Gemeinschaft aus. Wir haben ein Bedürfnis nach Nähe, Wärme, Liebe und Zärtlichkeit. Diese Bedürfnisse tragen viele Christen automatisch in die Gemeinde hinein. Hier verlangt man die Stillung der individuellen Sehnsüchte. Gemeinschaft ist deshalb in, aber ihre Motive sind wenig biblisch. Es geht um mich selbst, nicht um den anderen.

[87] Gerhard Schmidtchen, *Wie weit ist der Weg nach Deutschland?: Sozialpsychologie der Jugend in der postsozialistischen Welt*, 2. Aufl. Opladen: Leske und Budrich, 1997, S. 141.
[88] Miegel/Wahl, S. 35.

Hier muß zur Vorsicht gemahnt werden. Schon Dietrich Bonhoeffer hat unter dem Druck des Dritten Reiches vor der Gefahr einer gefühlsmäßigen, «seelischen» Gemeinschaft gewarnt. Er schrieb: «Der Grund geistlicher Gemeinschaft ist die Wahrheit, der Grund seelischer Gemeinschaft ist das Begehren... Geistliche Gemeinschaft ist die Gemeinschaft der von Christus Berufenen, seelisch ist die Gemeinschaft der frommen Seelen. In der geistlichen Gemeinschaft lebt die helle Liebe des brüderlichen Dienstes, die Agape, in der seelischen Gemeinschaft glüht die dunkle Liebe des frommen-unfrommen Triebes, der Eros, dort ist geordneter, brüderlicher Dienst, hier das ungeordnete Verlangen nach Genuß... In der geistlichen Gemeinschaft regiert allein das Wort Gottes, in der seelischen Gemeinschaft regiert neben dem Wort noch der mit besonderen Kräften, Erfahrungen, suggestiv-magischen Anlagen ausgestattete Mensch.»[89] Wahre, biblische Gemeinschaft findet ihren Grund allein in der Heilstat Christi und kann deshalb von der Wahrheitsfrage niemals gelöst werden. Christen können die wahre Gemeinschaft nicht selber schaffen, sondern sie ist schon geschaffen in Christus. Gemeinschaft der Christen untereinander ist mehr als eine seelische Harmonie oder eine gefühlsmäßige Beeinflussung, weil sie ihren Grund in Christus findet, nicht in Sympathie für den Nächsten.

Es geht grundsätzlich in unserem Leben – auch in unserem Gemeindeleben – nicht um die Lösung persönlicher Probleme. Lawrence Crabb hat uns darauf aufmerksam gemacht, daß es darum geht, Gott zu suchen, nicht uns selbst.[90] Crabb kritisiert: «Es ist zur Hauptaufgabe der Gemeinde geworden, dem Menschen zu einem gesunden Selbstwertgefühl zu verhelfen. Wir lernen nicht mehr, Gott anzubeten, uns selbst zu verleugnen und uns den Dienst etwas kosten zu lassen, sondern wir lernen, das Kind in uns in den Arm zu nehmen, unsere Erinnerungen zu heilen, Abhängigkeiten zu überwinden, Depressionen zu lindern, unser Selbstbild zu verbessern, uns abzugrenzen, um unser Selbst zu schützen, Selbsthaß gegen Selbstliebe auszutauschen und unsere Schamge-

[89] Dietrich Bonhoeffer, *Gemeinsames Leben*, 21. Aufl. München: Chr. Kaiser, 1986, S. 22-23.
[90] Lawrence J. Crabb, *Glück suchen oder Gott finden? Unterscheidungshilfen in der Welt des Kuschelchristentums*, Basel: Brunnen, 1996.

fühle durch ein Gefühl der Selbstannahme zu ersetzen… Sich besser zu fühlen ist ein wichtigeres Ziel geworden, als Gott zu suchen. Und, schlimmer noch, wir meinen, daß Menschen, die Gott suchen, sich auch immer besser fühlen müßten.»[91]

In der Welt des Individualismus wird es deshalb zur entscheidenden Aufgabe werden, selbstlose biblische Gemeinschaft zu leben, Orte zu schaffen, an denen gesellschaftliche und gemeindliche Kommunikation stattfinden kann, wo sich Menschen zwanglos treffen und austauschen können, ohne sich selbst verwirklichen zu wollen. Wir müssen wieder lernen zuzuhören, aus selbstloser Agape-Liebe heraus das Wohl des anderen zu suchen. Wenn wir rückhaltlos nicht unsere Sympathie, sondern Gott in die Mitte unserer Gemeinschaft stellen, wird die Kirche Jesu Christi eine Kontrastgesellschaft werden. Die Basis und die Kraft dieser universalen Gemeinschaft ist Christus selbst, nicht unser Bedürfnis nach Geborgenheit.

Schon einmal standen die Deutschen am Abgrund einer Kultur, in der sich der Mensch zum Maß aller Dinge aufgeschwungen hatte. In der Zeit des Dritten Reiches erhob sich der arische Wundermensch über Gott. Trotz manchem Versagen hat damals die 2. Vorläufige Kirchenleitung im Mai 1936 ein mutiges Wort an Adolf Hitler verfaßt. Damals hieß es: «Unser Volk droht die ihm von Gott gesetzten Schranken zu zerbrechen: Es will sich selbst zum Maß aller Dinge machen. Das ist menschliche Überheblichkeit, die sich gegen Gott empört.»[92] Der moderne Individualismus muß sich Gleiches sagen lassen, wenn der Mensch sich selbst zum Gott macht oder Gott nach seinen Vorstellungen kreiert. Die menschliche Hybris war noch nie ein weiser Ratgeber. «Hochmut kommt vor dem Fall» – das wußte schon der weise Salomo. Die Sage von Narziß hatte ein tragisches Ende: Der Selbstverliebte ertrank im See, angezogen vom eigenen Spiegelbild. Seine Selbstverliebtheit war letztlich nur ein Fluch der Götter, die ihn damit ins Verderben stürzen wollten. Auch wir stehen vor dem Spiegel

[91] Ebd., S. 15.
[92] «Erklärung der Vorläufigen Leitung an den Führer und Reichskanzler vom Frühjahr 1936», *Kirchliches Jahrbuch für die Evangelische Kirche in Deutschland 1933-1944*, Hg. Joachim Beckmann, 2. Aufl. Gütersloh: Gütersloher Verlagshaus, 1976 (1948), S. 137.

unserer eigenen Ichsucht, betrachten uns von allen Seiten, verlieben uns in unsere eigene Selbstbespiegelei. Und das alles ist für uns keinesfalls der Fluch der Götter, sondern der Segen der Moderne. Die Frage ist nur, ob wir nicht am Ende genauso enden wie der Knabe in der griechischen Sage.

3
Die Moral ist egal:
Individualethik und
Werteverfall

Am Ende dieses 2. Jahrtausends
wird den Menschen in Europa und in den USA
klar,
daß sie vor einem moralischen Bankrott stehen.

GEORG HUNTEMANN

Ich fürchte nicht die Stärke des Islam,
sondern die Schwäche des Abendlandes.
Das Christentum hat teilweise schon abgedankt.
Es hat keine verpflichtende Sittenlehre,
keine Dogmen mehr.

PETER SCHOLL-LATOUR

Wenn Gott tot ist,
dann ist alles erlaubt.

FJODOR DOSTOJEWSKI

3.1 Subjektivierung des Ethos: Gesellschaftliche Trends

Eine der entscheidendsten Herausforderungen der Neuzeit und die vielleicht sichtbarste Erscheinung von Pluralismus und Individualismus in unserer Zeit ist der Zerfall der Werte und damit der Ethik. Die angeführten Zitate von Georg Huntemann und Peter Scholl-Latour könnten endlos ergänzt werden. Viele Trendexperten beklagen heute das Fehlen von Normen und Werten in der westlichen Gesellschaft. Man befürchtet, daß der Verlust des Ethos unweigerlich zu einem inneren Zerfall der westlichen Welt führen könnte. Von überall her erschallt der Ruf nach einer allgemeinverbindlichen Ethik und nach Rückkehr zu den alten Tugenden. Kaum eine Veranstaltung, die nicht den Verlust von Sitten und Ordnungen beklagt. Kaum ein Kongreß, wo nicht ein universaler Sittenkodex gefordert wird. Man plädiert für eine Wissenschaftsethik angesichts der gehäuften Betrugsfälle, für eine ökologische Ethik angesichts der Umweltverschmutzung, für eine Wirtschaftsethik gegen Korruption, eine Erziehungsethik für die Schule, eine Medienethik angesichts der Paparazzi usw. usw. Bücher über Tugenden werden zu Bestsellern, Appelle an die Moral sind nicht nur von der Kanzel zu hören. Knigge hat wieder Konjunktur. Höflichkeit und Rücksicht werden wieder gefordert.

Andererseits unternimmt man alles, um die geforderte Ethik zu unterlaufen, denn sie darf nicht in Konflikt zu den individuellen Freiheiten stehen. Da wirbt ein SPD-Politiker nackt auf Wahlkampfplakaten für seine Partei. Da diskutiert man über die Gleichstellung der Homosexualität und schafft gesetzliche Fakten. Da experimentiert man mit Genen und fragt, ob man nicht ein wenig Gott spielen darf. Mobbing am Arbeitsplatz greift um sich: betroffen sind schätzungsweise 1,5 Millionen Menschen in Deutschland. Andere werfen das Thema Euthanasie in die Diskussion. Weitere Stichworte: Abtreibung, Pille danach, wilde Ehe, vorehelicher Verkehr. Ein großes Thema der Medien: Kindersex. Betrug bei der Steuererklärung wird zum Kavaliersdelikt. Die Autobahn wird zum Überlebenstraining, weil sich keiner überholen lassen will. Jede dritte Ehe wird in Deutschland geschieden, in den USA jede zweite. Der Ehrliche scheint tatsächlich der Dumme zu sein. Korruption, Diebstahl, Krankfeiern auf Kosten der Firma usw. All das ist Ausdruck einer fundamentalen ethischen Krise. 1997 schätzte man den Wert der jährlichen «Schwarz-arbeit» in Deutschland auf 547 Milliarden Mark, 1975 waren es «nur» 103 Milliarden Mark. Davon werden 45 Prozent in der Baubranche unterschlagen. Tatsächlich: Wir brauchen Werte!

Was aber eigentlich fehlt, sind nicht Werte an sich, sondern gemeinsame Werte. Jeder Mensch praktiziert automatisch bestimmte Werte, ob er religiös ist oder nicht. Ohne sie kann er nicht leben. Werte sind feste Handlungsmuster, die jede Persönlichkeit ausmachen. Sie geben Halt und Stabilität im Leben. Durch den Pluralismus entsteht jedoch folgendes Problem: Jeder gibt vor, seine Werte seien die besten und sinnvollsten – und doch unterscheiden sie sich fundamental von den Werten des Nächsten. Rohrmoser resümiert deshalb: «Werte haben wir jede Menge, wir haben geradezu eine Hochkonjunktur an Werten, und es gibt ja kaum einen, der nicht vor die Welt tritt, ohne daß er die obersten, die reinsten, die schönsten und verführerischsten Werte zu verkünden hätte.»[93] Aber individualistische Werte, die einzig und allein für mich gelten, bringen uns kein Stück weiter. Was wir brauchen, sind verbindliche Normen für alle. Nur so ist ein friedliches Zusammenleben von Menschen überhaupt möglich.

Die pluralistische Moderne verführt zudem den Menschen dazu, mehrere Werte parallel zu leben. Die Wertvorstellungen der Moderne sind milieuabhängig und situationsbezogen geworden. Das meint: Mein Umfeld markiert meine ethischen Überzeugungen. Sind z.B. Ehre, Mut und Loyalität in der Bundeswehr herausgehobene Werte, gelten sie in anderen gesellschaftlichen Situationen als Ausdruck von Patriarchat und Traditionalismus. Beide Wertebenen können heute in einer Person nebeneinander existieren und müssen sich nicht ausschließen. Es kann deshalb vorkommen, daß der Soldat tagsüber in der Bundeswehr andere Werte vertritt als abends in der Stammkneipe mit Freunden. Gleiches passiert in Kirchengemeinden: In der Jugendgruppe werden andere Werte geglaubt und gelebt als in der Schule oder in der Clique. Die modernen Werte sind deshalb sehr stark zeit- und umständebedingt und ändern sich je nach gesellschaftlicher Situa-

---

[93] Günter Rohrmoser, *Der Ernstfall: Die Krise unserer liberalen Republik*, Frankfurt: Ullstein, 1995, S. 272.

tion. Wie ein Gummiband müssen sich die Normen den Verhältnissen des einzelnen und der Situation anpassen. Die Ethik hat sich gefälligst unseren Lebenseinstellungen unterzuordnen. Letzte Sicherheiten sind nicht zu erwarten. Alles ist relativ, alles fließt, «anything goes».

Durch den Individualisierungsschub der Moderne entstand eine neue Ethik, die nur noch im einzelnen festgemacht wird und am Nutzen für das eigene Ich ausgerichtet wird. Der «Utilitarismus», das Nützlichkeitsdenken, macht die Runde. Beck bemerkt: «Dieses Wertsystem der Individualisierung enthält zugleich auch Ansätze einer neuen Ethik, die auf dem Prinzip der ‹Pflichten gegenüber sich selbst› beruht. Dies stellt für die traditionelle Ethik einen Widerspruch dar, da Pflichten notwendig Sozialcharakter haben und das Tun des einzelnen mit dem Ganzen abstimmen und in es einbinden.»[94] Die «neue Ethik» ist dagegen eine Ego-Ethik, ausgerichtet auf meinen eigenen Vorteil. Immer mehr Menschen wollen «im Einklang mit sich selbst» leben und suchen die «innere Harmonie» mit dem Ich. Gut ist, was mir nützt, «was mir etwas bringt». Der Hedonismus verbindet sich mit dem Utilitarismus.

Heiner Barz wies Anfang der 90er Jahre in seiner Jugendstudie die Verbindung zwischen Werten und modernem Nützlichkeitsdenken nach. Als wichtigste Werte gaben die Jugendlichen an: 1. eine Welt in Frieden, ohne Konflikte; 2. wahre Freunde, die mich unterstützen; 3. Freiheit des Handelns und Denkens; 4. familiäre Sicherheit; 5. innere Harmonie (in Frieden mit mir selbst) und 6. ein abwechslungsreiches Leben.[95] Die Sehnsucht nach Frieden, Freunden, Freiheit, Familie, Harmonie und Unterhaltung ist jedoch nicht nur Ausdruck der «sanften Werte» der Postmoderne, sondern spiegelt auch die Ichzentrierung der Jugendszene wider. Werte sind dann gut, wenn sie für mich gut und nützlich sind. Wir wollen Frieden, Freiheit und Harmonie für uns, jetzt, sofort, damit wir glücklich sein können. Unser Wertekodex orientiert sich an unseren individuellen Bedürfnissen.

---

[94] Ulrich Beck, *Risikogesellschaft: Auf dem Weg in eine andere Moderne,* Frankfurt: Suhrkamp, 1986, S. 157.
[95] Heiner Barz, *Postmoderne Religion: Die junge Generation in den Alten Bundesländern,* Jugend und Religion 2, Opladen: Leske und Budrich, 1992, S. 36.

Die ethische Krise zeigt sich in vielen Bereichen der Gesellschaft, z.B. im Zerfall der Autorität. Jugendliche geben heute offen zu, daß Autorität bei ihnen nicht mehr zählt. Die Eltern haben kraft ihres Amtes keine Autorität mehr, sondern müssen sie sich erst erarbeiten. Gleiches gilt für andere Berufe und Ämter, die von ihrer Autorität leben: Polizist, Politiker, Lehrer, Vorgesetzer, Pfarrer usw. Man hat keinen Respekt mehr vor den alten Autoritäten. Lehrer klagen über eine nie dagewesene Respektlosigkeit der Schüler. Da wir alle unser eigener Chef sind, brauchen wir keine Bevormundung mehr – so meint man. Wir sind doch emanzipiert, haben uns aus den alten Abhängigkeiten befreit, wissen selbst, wie wir unser Leben führen sollen. Freiheit und Autorität scheinen unvereinbar zu sein. Die Autoritätshörigkeit der Vergangenheit wird heute von einer genauso extremen Antiautoritätswelle abgelöst. Man fällt von einem Extrem ins andere: Aus dem Kadavergehorsam der Geschichte wird heutzutage die Laissez-faire-Haltung der Moderne.

Der Zerfall aller Normen zeigt sich auch im Auseinanderfallen der klassischen Familie. Reimer Gronemeyer spricht von der «Ermordung der sozialen Institutionen»[96] und meint damit in erster Linie die klassische Familie. Sie ist nicht mehr Arbeits- oder Dienstgemeinschaft, sondern Gefühlsgemeinschaft. Bei der ersten emotionalen Schieflage kippt das Schiff Ehe, und die Trennung ist vorprogrammiert. Wo das persönliche Glück über dem Glück der Gesamtfamilie steht, muß es fast zwangsläufig zu Konflikten kommen. So bestimmt heute der Streit die moderne Kleinfamilie. Wieder Gronemeyer: «Die Familie ist – so könnte ein Außenstehender vermuten – vor allem eine Erwerbsgemeinschaft zur Beschaffung und Bedienung zahlloser steckdosenabhängiger Geräte. Der Verbrauch von Elektrizität in der Familie steigt mit der Geschwindigkeit, mit der der Familienzusammenhalt faktisch schwindet.»[97] An die Stelle der Familie tritt die technisch vollausgerüstete Kleingruppe, in der jeder abgeschottet in seinem Zimmer sein autistisches Leben führt.

Die Familie war jedoch über Jahrhunderte die Kernzelle der

---

[96] Reimer Gronemeyer, *Ohne Seele, ohne Liebe, ohne Haß: Vom Ende des Individualismus und vom Anfang des Retortenmenschen*, Düsseldorf: Econ, 1992, S. 12.
[97] Ebd., S. 41.

Gesellschaft. Sie war soziales Auffangbecken, Mitte der Erziehung, Probefeld für Sozialbeziehungen und seelsorgerlicher Heimathafen. Heute ist sie vielfältig bedroht. Nicht nur, daß es sie nicht mehr gibt – wo es sie gibt, ist sie größten Belastungen ausgesetzt. Gemeinsame Essenszeiten sind selten, familiäre Sozialaktionen finden kaum noch statt. Man musiziert und singt nicht mehr miteinander, man spielt nicht mehr zusammen. Die Kinder haben längst ihr Eigenleben, ihr eigenes Zimmer, ihren eigenen Fernseher. Sie wollen in Ruhe gelassen werden. Es gibt nichts mehr, was eine Familie zusammenbindet. Der familiäre Landbesitz, früher die Mitte des Lebens und der Existenz, hat sich längst aufgelöst. Die Kinder erben heute kaum noch ideelle Dinge, die als familiäres Eigentum gehegt und gepflegt werden müssen. Der gemeinsame Spaziergang, das gemeinsame Entdecken von fremden Welten, die Verbundenheit mit der Heimat – all das gibt es nur noch in den idyllischen Märchenbüchern aus guter alter Zeit.

Parallel zur Familie zerfällt die Ehe. Jede dritte Ehe in Deutschland wird mittlerweile geschieden.[98] Tendenz: steigend. Das Resultat: Mittlerweile gibt es 2,6 Millionen Ein-Eltern-Familien in unserem Land. Jedes siebte Kind wird von einem alleinerziehenden Elternteil betreut. Diese Zahl stieg seit 1975 um 27 Prozent an. Die Kinder sind immer die Leidtragenden der Ehescheidungen. Darüber hinaus wollen viele Menschen gar nicht mehr verheiratet sein. Sie leben in einer Art Ehe ohne Eheschließung. Ca. 1,74 Millionen nichteheliche Lebensgemeinschaften zählt man in Deutschland. Auch diese Zahl ist in den letzten Jahren erheblich gestiegen. Heute werden gesetzliche Fakten geschaffen, um diese Lebensformen juristisch abzusichern. Denn in einer freiheitlichen Laissez-faire-Gesellschaft ist es kaum einzusehen, warum Erbschaften etc. aus nichtehelichen Verbindungen nicht mit denen aus ehelichen Verbindungen gleichgestellt werden sollen.

Die Ehescheidung ist mittlerweile zu einer Selbstverständlichkeit geworden und nur ein Indiz dafür, daß man unfähig geworden ist, über längere Zeit Bindungen eingehen zu können oder zu

---

[98] *Datenreport 1994: Zahlen und Fakten über die Bundesrepublik Deutschland,* Hg. Statistisches Bundesamt, Bonn: Bundeszentrale für politische Bildung, 1994, S. 34.

wollen. Berühmte Schauspieler und Politiker machen es uns vor: Dreimal oder viermal verheiratet zu sein ist heute kein Grund mehr, sich aus dem Showbusiness oder der Politik zurückzuziehen. Es kostet keine Wählerstimmen mehr, wie das noch vor Jahrzehnten war. Ein Gewöhnungseffekt ist eingetreten: Es kümmert uns nicht mehr, was mit dem anderen geschieht. Wir haben uns der Kraft des Faktischen gebeugt. So ist es nun eben einmal – und wir können nichts daran ändern. Man ist gleichgültig geworden, angepaßt, resigniert. Wir meinen, jeder könne doch nach seinem eigenen Gutdünken leben. «Die werden schon wissen, was sie machen», heißt die Devise. Ein jeder nach seiner Façon. Soll doch jeder selbst wissen, was für ihn richtig oder falsch ist.

Aber es geht bei der Wertekrise nicht nur um die so offensichtliche Ehescheidung. Viele noch existierende Ehen werden nur nach außen aufrecht erhalten, um der Leute oder der Kinder willen, sind aber innerlich längst kaputt. Man versteht sich nicht mehr, streitet sich dauernd, hat keine gemeinsamen Interessen mehr. Erschöpft von der Hektik der Moderne, läßt man seinen Unwillen und seine Wut am Ehepartner aus. Alle Romantik der Freundschaftszeit zerplatzt im harten Ehealltag. Man nimmt sich keine Zeit füreinander, weil man keine Zeit mehr hat. Die einzige Gemeinsamkeit ist oft das Hocken vor dem Fernseher. Die Männer überlassen die Kindererziehung den Frauen und stehlen sich aus der Verantwortung. Sie fliehen in den Beruf, weil sie dort Anerkennung bekommen können. Die Frauen möchten lieber arbeiten gehen, eigenes Geld verdienen, und vernachlässigen dadurch die Kinder. Ein Teufelskreis baut sich auf. Man schweigt, spricht nicht über die Probleme, flieht vor der Konsequenz, sich ändern zu müssen. Die eigenen Launen werden am anderen ausgelassen.

Wer bin ich überhaupt? Diese Frage bricht unweigerlich in Zeiten des Werteverfalls auf. Frau und Mann haben heute Identitätsprobleme. Der Feminismus verunsichert die Männer und fordert einen Rollentausch. Die neuen Frauen wollen nicht mehr kochen, das haben ihnen ihre feministischen Mütter schon ausgetrieben. Sie lassen sich gehen oder übernehmen die Führungsrolle, halten Männer für schwach und gefügig. Man gibt sich offensiv, kokettiert mit dem neuen Selbstbewußtsein, will einfach Spaß haben. Der extreme Feminismus braucht die Männer nur noch, um ein Kind zu bekommen. Die neuen Männer haben dagegen ein starkes Anlehnungsbedürfnis und nehmen ihre Pflichten nicht mehr wahr. Mann von heute ist sanft und trottelig, sensibel und großes Kind. Entweder Dauer-Clown oder ein Verwundeter, ein Ewig-Verletzter. Keine Chance gegen die Power-Frau von heute, die nicht mehr das Mütterchen hinterm Herd sein möchte. Die Rollen sind vertauscht, ja eigentlich ganz verschwunden. Es gibt nicht mehr Mami und Papi, stellen die Trendforscher fest, sondern nur noch die «Mappis». Diese Auflösung der Rollen führt in der Gegenwart aber zu einer weiteren Verunsicherung. In der klassischen Familie, so unvollkommen sie auch war, wußten Mann und Frau genau, wofür sie da waren und was von ihnen verlangt wurde. In der modernen Gesellschaft gibt es keine Rollen mehr. Keiner weiß, wofür er eigentlich zuständig ist. Frauen sind Mütter, Finanzminister, Organisatoren, Küchenchefin und Automechaniker in einem. Männer sollen aber die gleichen Funktionen ausüben. Die Zuständigkeitsebenen werden austauschbar. Das Konfliktpotential erhöht sich, denn jeder Platz kann auch anders besetzt werden.

Im ganzen spürt man in den 90ern, daß der Rollenwechsel und die Emanzipation der Frauen nicht die erhofften Ergebnisse gebracht haben. Die Frauen haben davon kaum profitiert. Frau ist heute enttäuscht. Sie hat im Dauerspagat von Beruf und Familie keine Erfüllung gefunden, sondern empfindet immer mehr den totalen Streß. Die «Quotenfrau» trug nicht zur Normalisierung der Beziehung, sondern zu einer weiteren Ausgrenzung der Frauen bei. Viele wollen nun doch wieder «nur» Hausfrau sein, sich ganz um die Kinder kümmern. Man sehnt sich nach Haus und Heim, nach der Führung des Mannes, dem Machtwort des Vaters. Der Umschwung hat begonnen: feministische Vereinigungen verlieren Mitglieder, das alte Rollenverständnis gewinnt an Boden. Die alten Machos sind gefragt. Also wieder Kehrtwende für die Männer, bis zur nächsten Trendwende?

Der Zerfall von allgemein anerkannten und akzeptierten ethischen Normen zeigt sich auch in der Zunahme der Kriminalitätsfälle. Besonders in Großstädten mit einer hohen Arbeitslosen- und Ausländerrate gibt es längst Stadtteile, in denen Haß und Kriminalität dominieren und die Polizei sich kaum noch blicken läßt. Eine europaweite Untersuchung des «Kriminologischen Forschungsinstituts Niedersachsen» stellte fest, daß die Jugendkriminalität stark zugenommen hat, insbesondere Raub und Körperverletzungen.[99] In den Niederlanden stieg die Rate der Gewalttäter zwischen 1985 und 1995 um das Zweieinhalbfache, im Durchschnitt haben sich die Raten verdoppelt, so auch in Deutschland. Dabei werden Täter wie Opfer immer jünger. Alle zwei Minuten wird irgendwo in Deutschland eingebrochen. Pro Jahr zählt man ca. achtzig Millionen Ladendiebstähle. Die gestohlene Menge dieser Raubgüter verteilt in einem Güterzug würde eine Länge von 250 Kilometern ergeben.[100] Die Anzahl von Raubkopien bei Computerprogrammen geht in die Millionen. 1996 war weltweit jedes dritte Computerprogramm eine Raubkopie. Dies bescherte den Softwareherstellern einen Schaden von 18 Milliarden Mark!

Auffallend ist zudem eine Veränderung im Tätertyp. Kriminelle Taten werden immer grausamer ausgeführt. Bei den Tätern beobachtet man eine innere Empfindungslosigkeit, so, als ob sie neben sich stehen würden. Verbrechen werden ohne große Anteilnahme durchgeführt. Den Tätern kann man kaum noch klarmachen, warum ihre Tat falsch war. Es gibt kein Gewissen mehr, kein ethisches Empfinden. Für zehn DM im Portemonnaie werden Menschen brutal zusammengeschlagen. Die Auto-Mafia schreckt vor Mord nicht zurück. Schutzgelder werden herausgepreßt; wer nicht zahlt, wird gepeinigt. Geschäfte werden einfach niedergebrannt, Passanten am hellichten Tag ausgeraubt. Der Schulhof wird zur Kampfarena.

Der zweitgrößte Markt für Erotik nach den USA ist Deutschland geworden. Hier setzt man jährlich 900 Millionen Mark um. Gerken und Konitzer prophezeien: «Die Sexualisierung unserer Gesellschaft wird in den nächsten Jahrzehnten ebenso rasant fortschreiten wie in den letzten zwanzig Jahren. Sex ist einer der größten Attraktoren und Motoren unserer Gesellschaft.»[101] Der Trend geht eindeutig zum Sex ohne Liebe, zum Sex ohne Konsequenzen und ohne Verantwortung. Prostitution soll legalisiert und gesellschaftlich integriert werden. Das Fernsehen paßt sich

---

[99] Christian Pfeiffer, «Wo die Gewalt wächst», *Die Zeit*, (30. Mai, 1997).

[100] Nach Georg Huntemann, *Biblisches Ethos im Zeitalter der Moralrevolution*, Neuhausen-Stuttgart: Hänssler, 1995, S. 17.

[101] Gerd Gerken/Michael-A. Konitzer, *Trends 2015: Ideen, Fakten, Perspektiven*, München: Deutscher Taschenbuch Verlag, 1996 (1995), S. 65.

diesem Trend an und wirbt mit TV-Sex. Man scheut sich nicht, schon im Titel der Sendungen wie «Liebe Sünde» Werte des Christentums zu verhöhnen. Die Grenze zur Pornographie ist fließend. Koitusdarstellungen zur besten Sendezeit sind bei einigen Sendern selbstverständlich geworden. Das Schamgefühl wird systematisch abgebaut und lächerlich gemacht. Wer heute noch den Sexualverkehr vor der Ehe als unmoralisch ablehnt, wird belächelt. Die Sexualaufklärung hat man längst in die Schule abgeschoben, Sexualkundeunterricht entlastet viele Eltern. Aber die Kinder wissen längst vorher schon Bescheid, sie haben das alles schon im Fernsehen gesehen.

Neuerdings schlägt dieses Pendel jedoch um. Seit Anfang der 90er Jahre diagnostiziert man einen Abschied vom Sex. Vorehelicher Geschlechtsverkehr als Ersterfahrung wird heute nicht mehr mit 14, sondern mit 16 erlebt, obwohl nur ein Prozent aller Jugendlichen vorehelichen Verkehr für falsch halten. Horx schreibt: «Echte Partnerschafts-Kulturen werden erst möglich, wenn Erotik keine zentrale Rolle mehr spielt.»[102] Eine Revolutionsthese im Augenschein der 68er: Die sexuelle Revolution scheint tot zu sein. Eine neue Keuschheits-Ära ist im Kommen. Die Aktion «Wahre Liebe wartet» wurde auch von vielen Jugendlichen außerhalb der christlichen Kreise unterstützt. Erotische Ernüchterung macht sich breit. Man ist der sexuellen Reize längst überdrüssig geworden. Der Kinsey-Report gilt nicht mehr. Schon ein Drittel der Bevölkerung zwischen 18 und 65 lebt enthaltsam. Die Sexualisierung der Gesellschaft scheint für die neue Jugendbewegung nur noch eingeschränkt zu gelten.

Mit großen Emotionen wird mittlerweile auch für die Homosexuellen gekämpft. Politiker fordern die staatliche Anerkennung gleichgeschlechtlicher Paare. Die Gesetzgebung wird mittlerweile Stück für Stück dahingehend verändert. In der Generation der 13- bis 30jährigen fordern 76%, daß schwule Paare heiraten dürfen.[103] Eine große Lobby für Homosexuelle findet sich an den Hochschulen und Universitäten. Unter dem Vorwand der Nächstenliebe wird für die scheinbar Ausgegrenzten gekämpft. Unge-

---

[102] Matthias Horx/Trendbüro, *Trendbuch 2: Megatrends für die späten neunziger Jahre*, Düsseldorf: Econ, 1995, S. 237.
[103] Gerken/Konitzer, S. 51.

hemmt outet man sich in der Öffentlichkeit und bekennt sich zum Schwulsein. Oscar Wilde wird als Vorbild vermarktet. Man möchte auch getraut werden, Kinder erziehen. Prominente Schauspieler machen es vor, wer könnte da noch widersprechen?

Die Wertkrise ist überall mit Händen zu greifen und bewegt die Gemüter. Nach Schätzungen werden in Deutschland jährlich zwischen 50 000 und 300 000 Kinder mißbraucht, mit steigender Tendenz. Auch wenn nicht jede dieser Kindergeschichten glaubwürdig ist und die Zahlen mit Vorsicht zu genießen sind, so darf das Problem der Pädophilie nicht kleingeredet werden. Dahinter stehen große persönliche und familiäre Schicksale. Mißbrauchte Kinder leiden oft ihr Leben lang an Verhaltensstörungen und unter Blockaden und Angstzuständen.

Einer der Hauptkampfplätze der Ethikdiskussion ist und bleibt die Frage der Abtreibung, der Tötung eines Kindes im Mutterleib. Trotz unseres materiellen Wohlstandes werden jedes Jahr Zehntausende Kinder abgetrieben. Die verkappte Fristenlösung führte nicht zu einem Rückgang, sondern zu einem Anstieg der Abtreibungszahlen in Deutschland. Zählte man 1995 97 937 sogenannte Schwangerschaftsabbrüche, waren es ein Jahr später 130 899. Die weitaus meisten Abtreibungen werden mit einer «sozialen Indikation» begründet, d.h. einer sozialen oder wirtschaftlichen Notlage der Eltern bzw. der Mutter. Viele Beratungszentren raten offen und direkt zur Abtreibung. Aber auch die Männer tragen ihre Schuld: Sie setzen ihre schwangeren Freundinnen unter Druck, Eltern schlagen in die gleiche Kerbe. Über die körperlichen und seelischen Gefahren und Folgen der Abbrüche wird selten informiert. Die 1997 vom Bundesverfassungsgericht gefällte Entscheidung, daß Ärzte Unterhalt zahlen müssen, wenn bei einer Patientin trotz Behandlung eine «planwidrige» Geburt auftritt, hat ebenfalls nicht zum Schutz der Ungeborenen beigetragen.

Auch die Einstellung zum Selbstmord hat sich in den letzten Jahren geändert. Heute meinen schon 42 Prozent aller Deutschen, daß der Suizid immer aus Verzweiflung geschehe und deshalb nicht prinzipiell abzulehnen sei. 34 Prozent meinen gar, es gäbe ein «Recht auf Suizid», wobei diese Antwort besonders stark von Jugendlichen genannt wird. Jörns resümiert in seiner Umfrage: «Als Fazit… ist festzuhalten, daß die ethisch-moralischen Vorbehalte gegenüber dem Suizid erheblich abgenommen haben. Die Mehrheit der Befragten sieht im Suizid keine kriminelle Handlung mehr, wie sie der alte Begriff ‹Selbstmord› signalisierte.«[104] Da man die Gottesbindung verloren hat, darf man sein Leben nun eigenverantwortlich in die Hand nehmen. Ich entscheide selbst, wann mein Leben zu Ende ist.

Die Ethikkrise der Moderne zeigt sich längst auch in den Chefetagen. Korruption ist nicht mehr nur ein Problem der Dritten Welt oder der kleinen Leute. Auch in Deutschlands Betrieben hält man gerne die Hand auf. Milliarden gehen der deutschen Wirtschaft durch Schwarzarbeit verloren. In der Baubranche holen sich manche die Schwarzarbeiter aus dem Ausland – ohne Papiere natürlich. Preisabsprachen sind gang und gäbe, Schmiergelder eine Selbstverständlichkeit. «Mit Quittung oder ohne« – die Frage hört man überall. Öffentliche Ausschreibungen werden nur pro forma in Auftrag gegeben, hinter den Kulissen hat man sich schon geeinigt. Quittungen werden überhöht ausgestellt, der Tausend-Mark-Schein hilft nach. Steuererklärungen werden nicht korrekt ausgefüllt. Nach einem Bericht des «Bundes der Steuerzahler« halten 50% der Bundesbürger in Deutschland den Versuch, das Finanzamt zu beschummeln, für Notwehr. Seit der Einführung der Zinsabschlagssteuer im Jahre 1993 wurden schätzungsweise 500 Milliarden DM ins Ausland transferiert – manchmal mit der freundlichen Hilfe der Banken.

Wir sind ein Volk von Dieben geworden. Der Einzelhandel klagt über eine Zunahme der Diebstähle selbst von gutsituierten Kunden. Jedes Jahr werden aus öffentlichen Bibliotheken fünf Millionen Bücher gestohlen. Fachbuchhandlungen schreiben 1,9 Prozent ihres Jahresumsatzes ab – Bücher geklaut. Als Ingolstadt im April 1997 den Bürgern 350 Cityräder kostenlos zur Verfügung stellte, um das Umweltbewußtsein zu stärken, rechnete man mit dem Gerechtigkeitssinn der Bürger; bis September waren alle Fahrräder verschwunden. Aber nicht nur bei materiellen Gütern wird kräftig zugelangt, auch geistiges Eigentum ist gefährdet. Der «Fall Lopez« machte deutlich, daß geistiger Diebstahl auch vor der Wirtschaft nicht haltmacht. Und das nicht nur auf der ober-

[104] Klaus-Peter Jörns, *Die neuen Gesichter Gottes: Was die Menschen heute wirklich glauben*, München: C.H. Beck, 1997, S. 157.

sten Chefetage: Raubkopien von Computerprogrammen sind vielleicht der sichtbare Beweis, daß jede Schicht der Gesellschaft es mit Eigentum nicht so genau nimmt.

Es sind jedoch nicht nur die allseits beklagten großen ethischen Dammbrüche, die uns das Fürchten lehren, sondern auch die kleinen Fallen des Alltags, in denen jeder von uns gefangen ist. Die Lüge ist ein Geschwür, das überall um sich greift. Unwahrhaftigkeit wird bewußt eingesetzt, um die eigenen Ziele zu erreichen. Gerüchte setzt man in die Welt, um anderen zu schaden. Klatsch und Tratsch finden sich an jeder Straßenecke. Trotz Dementis bleibt immer etwas zurück. Es sind längst keine Notlügen mehr, die unsere Gesellschaft bestimmen, sondern handfeste Betrügereien. Politiker versprechen vor den Wahlen ihren Wählern die tollsten Dinge, ohne daß nach der Wahl Taten folgen. Gazetten und Boulevardblätter streuen Sensationsstories, ohne deren Wahrheitsgehalt überprüft zu haben. Wir machen den Konkurrenten schlecht, um uns selbst im besseren Licht erscheinen zu lassen. Wir übertreiben, um den Effekt zu erzielen. Wohl jeder Mensch lügt mehrmals am Tag. Unser Lügenkonto ist längst überzogen.

Im Bereich der Gentechnik stehen wir in Zukunft vor schwierigen ethischen Entscheidungen. Besonders das Großprojekt der Genomanalyse des menschlichen Erbgutes erhitzt die Gemüter. Etwa im Jahre 2005 wird die vollständige Erbstruktur der menschlichen DNA vorliegen. Eine eigens eingerichtete Ethikkommission in den USA fragt nach den Konsequenzen. Hier ist keineswegs alles schwarzweiß zu malen, denn in der Gentechnik stecken große Möglichkeiten, insbesondere auf medizinischem Gebiet. Aber die Wasserscheide ist schmal. Das Klonen, d.h. die völlig identische Züchtung von Lebewesen durch die Übertragung eines Zellkerns, ist im Pflanzen- und Tierbereich längst möglich geworden. Allein strenge Gesetze verbieten die Klonung von Menschen – wie lange noch? Aber auch im Tier- und Pflanzenreich muß genau geprüft werden: Turbokühe und Turbopflanzen sind zwar effizient, aber unter normalen Naturbedingungen nicht lebensfähig. Die Grenze zur Tierquälerei ist fließend. Darf der Mensch alles machen, was technisch möglich ist?

Parallel zur Wertediskussion diskutiert man die Schuldfrage. In einer Welt der individuellen Werte wird es immer schwieriger, jemanden überhaupt von seiner Schuld zu überzeugen. Schon in den 60er Jahren wurde behauptet, daß man nur dann wirklich schuldig sei, wenn man das Gemeinwohl anderer störe, nicht aber wenn kein zweiter betroffen ist. Die Moral des einzelnen dürfe also vom Staat nicht kontrolliert werden. In den 70er Jahren stand dieser Grundsatz hinter der Abtreibungsdebatte. Der Slogan «Mein Bauch gehört mir» war Ausdruck der Individualethik des einzelnen, die niemanden etwas angehe. Politisch wurde argumentiert, der neutrale Rechtsstaat wäre allein für die Grundwerte der Menschen verantwortlich, nicht jedoch für die Moral des einzelnen. Und selbst die Grundwerte seien je nach Meinungslage Veränderungen unterworfen, die dann in den Gesetzen ihren Niederschlag finden müßten. Die Majorität der Gesellschaft allein könne über moralische Maßstäbe befinden.

Neuerdings entschuldigt man den Menschen durch scheinbar wissenschaftlich klingende Argumente: Homosexualität sei ein Gendefekt, Abhängige hätten ein Defizit an Endorphinen, Dieben würden bestimmte genetisch bedingte Eigenschaften fehlen. Überhaupt sei jede Kriminalität das Produkt eines genetischen Defektes.[105] Schuld sind also die Natur, die Evolution oder die Veranlagungen. Was früher die böse Gesellschaft war, ist heute die Erbmasse. So kommt es zu einer Entschuldung des Ichs und zu einem Alleinerklärungsanspruch der Gene. Unbemerkt wird dadurch jedoch der Mensch weiter entmündigt, und die Schuldfrage bleibt ungelöst. Für die Gerichte wird es immer schwieriger, Straftäter zur Verantwortung zu ziehen, wenn solche Entschuldigungen vorgebracht werden. Niemand möchte mehr die Verantwortung für seine Fehler übernehmen, denn von Fehlern kann man ja gar nicht mehr sprechen. Im Bereich der Ethik verschwimmen dadurch die Grenzen. Das Böse wird umgedeutet zu einer «Störung», die repariert werden kann. Fehler können repariert werden, sind nicht so schlimm. Damit werden die Menschen jedoch nur scheinbar von der Last der Schuld befreit. Im Gefängnis sitzen nur Opfer, keine Schuldigen. Aus der Schuld wird das gesellschaftlich bedingte «Schuldgefühl» ohne Konsequenzen.

Ein Hintergrund dieses ethischen Dilemmas liegt in der Relativierung aller letzten Aussagen. Peter Berger spricht in diesem

---

[105] Gronemeyer, S. 21.

Zusammenhang von einem «Relativierungshexenkessel».[106] Letzte Maßstäbe sind verdächtig geworden. Alles wird in Frage gestellt, nur nicht das In-Frage-Stellen. Im Pluralismus der Meinungen bleibt alles nebeneinander stehen, selbst die widersprüchlichsten ethischen Überzeugungen. Der Individualismus führt zur Überzeugung, nur der einzelne könne seine Maßstäbe für sich setzen.

Der eigentliche Grund für das Ethik-Dilemma ist jedoch die Gottvergessenheit. Ethische Maßstäbe der Vergangenheit fanden ihre Begründung in Gott und seinen Geboten. Der Schöpfer der Welt und des Menschen hatte das Recht, seinen Geschöpfen die Maßstäbe zu diktieren. Heute hat man Gott als Zentrum aller Ethik verloren und ist deshalb gezwungen, ethische Normen in sich selbst zu finden. Alte, hohle Autoritäten wie Staat, Kaiser und Kirche haben abgedankt. Traditionen und Verpflichtungen wurden über Bord geworfen. Die alte christliche Rechtsordnung des Abendlandes mit ihren verbindlichen und absoluten Normen gilt als überholt und als Relikt einer alten Zeit. Jetzt bleibt nur noch das menschliche Ich als Normgeber. Der Mensch selbst wird zum Gesetzgeber, zur letzten moralischen Instanz.

Und doch: Der Mensch sehnt sich nach Normen.[107] Höflichkeit, Ehrlichkeit und Bescheidenheit stehen bei den meisten jungen Leuten wieder hoch im Kurs. Neuerdings spricht man von einer neuen Keuschheit unter Jugendlichen. Man wartet wieder auf den Mann des Lebens. Auch die Ehe kommt wieder in Fahrt, samt Familien. 65% aller Jugendlichen halten die Ehe für die ideale Lebensform.[108] Man sehnt sich nach Glück und Geborgenheit und hat es satt, beziehungslos zu leben. Studenten suchen nach einem Platz in einer studentischen Verbindung. Gleiches gilt für die Familie. Horx spricht von einer neuen «Familiennostalgie». Nach einer Umfrage des Emnid-Instituts aus dem Jahr 1997 ist die Fa-

---

[106] Peter Berger, *Der Zwang zur Häresie: Religion in der pluralistischen Gesellschaft*, 2. Aufl. Freiburg: Herder, 1992 (1980), S. 23.

[107] Vgl. die Studie von Gerhard Schmidtchen, *Wie weit ist der Weg nach Deutschland? Sozialpsychologie der Jugend in der postsozialistischen Welt*, Opladen: Leske & Budrich, 1997.

[108] Nach einer Umfrage des EMNID-Instituts, veröffentlicht in *Das Beste*, 48 (September, 1995), S. 37.

milie wieder «im Aufwärtstrend».[109] In der Werbung steht die Familie an erster Stelle. Überall kommen Kleinkinder als Werbeträger vor. *Mitsubishi* startete neulich eine Werbekampagne für den «Space Gear». Auf der ersten Seite erblickte man einen Fötus im Mutterleib. Überschrift: «Wann fühlt ein Mensch sich jemals wieder so geborgen?» Auf Seite zwei dann erst die eigentliche Autowerbung. Originalton: «Kein Wunder, daß Babys lautstark protestieren, wenn sie einen solch himmlischen Ort verlassen müssen. War doch in diesem komfortablen Transportmittel wirklich an alles gedacht! Und: Man war niemals ganz allein! Wir von Mitsubishi haben viel Verständnis dafür, wenn man auch später nicht allein sein möchte. Deshalb können sich z.B. im neuen Space Gear bis zu neun Menschen sehr geborgen fühlen.» Man höre und staune: Eine Automarke wirbt mit dem Slogan der familiären Geborgenheit. Familie wird längst als Heilsmittel verstanden. Sie verkörpert Harmonie und Wärme. Die Politik spricht wieder von familiären Werten. Babys werden glorifiziert. Selbst Schwule und Lesben wollen heiraten. Die Kellys treten nicht umsonst als Familie auf. Sie halten zusammen in jeder Situation. Wir sehnen uns nach dem Zuhause, nach Mamas Apfelkuchen, nach der Umarmung des Vaters, wo die Welt noch in Ordnung ist. Die traditionellen Ordnungen, noch vor wenigen Jahren als Relikte einer alten Wertvorstellung zurückgewiesen, finden wieder Akzeptanz.

Seit den 90er Jahren ist die antiautoritäre Welle out. Heute gibt man sich gemäßigter. In der «Postemanzipation» wird Autorität wieder akzeptabel. Eine Pädagogin schrieb 1993 im *Spiegel*: «Wie sehr sehnt sich unsere Jugend nach dem Satz: Heb das Ding auf, aber dalli! Wie sehnen sich unsere Kinder nach der Empörung in der Stimme, nach Entrüstung im Gesicht des Lehrers, nach dem lauten Ton, der die Grenze zieht zwischen dem Ewig-Beherrschtsein, das alles gleichermaßen problematisiert, und der Deutlichkeit.»[110] Matthias Horx, der Trendforscher, weiß zu berichten: «Man hört bei Kindern ab fünf immer wieder Töne der Autoritätssehnsucht. Viele Gewalt- und Verwahrlosungsphänomene

---

[109] Katrin Sachse, «Die Familie lebt», *Focus* (10. Nov. 1997), S. 56-66.
[110] Nach Matthias Horx, Trendbüro, *Trendbuch*, 2. Aufl. Düsseldorf: Econ, 1994, S. 84.

hängen längst nicht mehr mit autoritären, schlagenden, sondern mit schwachen, abwesenden, weichen, konturlosen Vätern und Müttern zusammen, die nicht mehr in der Lage sind, Normen und Gesetze zu setzen, Orientierung zu bieten.»[111] Die Phase der Antiautoritären scheint vorüber.

Das Pendel schlägt um. Die «Anti-Führungs-Gesellschaft» geht vielen Menschen auf die Nerven. Die Menschen wollen wieder Führung und Leitung haben. Sie haben es satt, immer nur das machen zu müssen, was sie machen wollen. Die Pluralität der ethischen Systeme schlägt ins Gegenteil um. Autoritäre Kulte sind im Kommen. Aber: Autorität ohne göttliche Korrektur entartet zur Diktatur. Und die neue Hinwendung zur Führung korrespondiert mit dem Individualismus und Relativismus der Moderne. Freiheit und Autorität sind in unserer Zeit eben keine Gegensätze mehr. Auch die wachsenden Scheidungsziffern und die Sehnsucht nach Ehe und Familie sind nicht zwei sich ausschließende Trends der Moderne. Gerade in diesen Spannungen zeigt sich das Wesen des Zeitgeistes. Man kann heute beides verbinden: Die nicht-, vor-, neben- oder nachehelichen Lebensformen verbinden sich mit den alten Werten der familiären Solidarität und der autoritativen Leitung. Ordnungsethik und Situationsethik werden verrührt. Je nach Lebenssituation liebäugeln wir mit der einen oder anderen Seite. Die Maßstäbe fehlen. Es gibt eigentlich keinen definitiven Unterschied mehr zwischen Saddam Hussein und Mutter Teresa. Beide Lebensstile sind individuelle Varianten im Spiel des Lebens, verschiedene Geschmackssorten am Büfett der Moderne.

3.2 Ordnungsethik oder Nächstenliebe? Gemeindliche Trends

Wie sieht die ethische Situation in den Gemeinden aus? Auch hier muß analog zum gesellschaftlichen Trend vielerorts von einem ethischen Dilemma gesprochen werden. Längst ist bekannt, daß es auch eine Krise der christlichen Ehe und Familie gibt. In den Jugendkreisen ist die ethische Verunsicherung be-

---

[111] Ebd., S. 85.

sonders deutlich zu spüren. Galten evangelikale Jugendliche noch vor Jahren als konservativ und bürgerlich, haben sich hier die Fronten verschoben. Es scheint sogar eine gegenläufige Bewegung einzusetzen: Je mehr die Gesellschaft sich für konservative Werte interessierte, desto mehr öffneten sich viele Jugendkreise für die säkularen Überzeugungen der Moderne. Anscheinend hat man einigen Nachholbedarf, möchte die Welt nun endlich auch einmal genießen und probiert in abgeschwächter Kurzform alles aus, was in den letzten zwanzig Jahren in der westlichen Kultur durchexerziert wurde.

Offensichtlich ist z.B. die Frage der Sexualethik nicht mehr klar. Vorehelicher Geschlechtsverkehr wird auch in manchen evangelikalen Gemeinden stillschweigend geduldet. Gemeinden wollen es nicht wissen, daß so etwas in ihren Jugendkreisen vorkommt, aber es kommt vor. Unverheiratete Pärchen aus dem Jugendkreis fahren zusammen in Urlaub. Die Argumente sind immer die gleichen: Man kann ja keine Katze im Sack kaufen, deshalb muß man ausprobieren, ob man zueinander paßt. Außerdem will man ja sowieso später heiraten. Freundschaften werden als unverbindlicher «Flirt» angesehen. Man versucht es aber auch auf die geistliche Tour: «Der Herr hat uns klargemacht, daß wir das tun dürfen.» «Wer kann schon etwas gegen Liebe haben?» Außerdem geht das die Gemeinde überhaupt nichts an.

Auch die Eheschließung mit Nichtgläubigen wird nur noch selten problematisiert. Noch vor Jahren war es einigermaßen ausgeschlossen, daß ein Christ einen Nichtchristen heiratet. Mittlerweile haben sich selbst evangelikale Pastoren und Prediger dem Druck der Masse gebeugt und trauen solche Pärchen in der Gemeinde. Auch hier wird pragmatisch fromm argumentiert: «Vielleicht kommt der Ehepartner ja dadurch zum Glauben.» «Wir müssen an die ungläubigen Angehörigen denken.» «Wir wollen ja unser Gemeindeglied nicht vor den Kopf stoßen.» Weigert sich doch mal eine Gemeinde, ihren kirchlichen Segen zu einer solchen Hochzeit zu geben, dann gehen tatsächlich die Pärchen eine Straße weiter, zur nächsten Kirche, die das alles nicht so eng sieht. Der Pluralismus macht's möglich.

Der Seitensprung kommt auch in Gemeinden vor. Zwar ist es in Westeuropa noch nicht so weit wie in den USA, wo sich die Medien Ende der 80er Jahre auf die Affären beliebter TV-Evangelisten stürzten, aber immer mehr hört man von der Untreue selbst leitender Gemeindemitarbeiter und Pastoren. Unter dem Streß von Beruf, Familie und Gemeinde zerbrechen manche Männer und Frauen Gottes und fliehen in den Seitensprung.

Scheidung und Wiederheirat kommen vermehrt auf die Kirchen und Gemeinden zu. Noch vor dreißig Jahren gab es in allen evangelikalen Gemeinden darüber Konsens, daß Scheidung und Wiederheirat gegen den Willen Gottes sind. Heute, angesichts der Kraft des Faktischen, weicht man zurück. Laut einer Umfrage der Kirchlichen Hochschule Berlin aus dem Jahre 1992 ist die Ablehnung von Ehescheidung in der Kirche nur noch ein «Minderheitenvotum».[112] Selbst in evangelikalen Büchern wird die Bibel uminterpretiert. Plötzlich soll sie Scheidung und Wiederheirat legalisieren. Jesus sei doch ein Gott der Liebe, der für den Menschen nur das Beste wolle. Wenn Ehescheidung ein humaner Ausweg sei, müsse man sie empfehlen. Und eine geschiedene Frau mit zwei Kindern könne man doch nicht auf der Straße stehenlassen. Der Rat zur Wiederheirat sei ein Akt christlicher Nächstenliebe und Ausdruck der Verantwortung. Schon werden in christlichen Magazinen Lebensberichte von Geschiedenen abgedruckt, die hemmungslos und unbefangen über ihre Trennung berichten, ohne darin eine Schuld zu sehen. Ganz im Trend berichten andere von den großen Vorteilen der Alleinerziehenden und den positiven Seiten für die Kinder.

Große Diskussionen gibt es auch innerhalb der Kirchen um die Gleichstellung Homosexueller. Innerhalb der evangelischen Kirche versucht eine starke Lobby, sich für diese «Unterdrückten» einzusetzen. Die Gruppe «Homosexuelle und Kirche» übt sich in Einflußnahme. Offene Unterstützung von Lesben und Schwulen ist längst kein Hinderungsgrund mehr für eine kirchliche Karriere, so geschehen bei der Berufung einer Befürworterin von lesbischen Beziehungen als Studienleiterin des Frauenstudien- und Bildungszentrums der EKD. Auf abenteuerliche Weise werden dabei Bibelstellen uminterpretiert, so daß selbst die Bibel noch für die Homosexualität vereinnahmt wird. Auf offizieller Ebene wurde lange über die Frage homosexuell veranlagter Pfarrer diskutiert. Das Ergebnis der EKD-Studie: Unter bestimmten

---

[112] Jörns, S. 153.

Umständen, wenn die Homosexualität «ethisch verantwortbar gestaltet wird», sind homosexuelle Pfarrer zu tolerieren.[113]

Unter der Decke der scheinbar makellosen Frömmigkeit der Evangelikalen brodelt es. Die Lüge ist auch hier tagtäglicher Begleiter. Natürlich nicht in ihrer radikalen Form, sondern abgemildert. Man spricht kleine Unwahrheiten über den anderen in der Gemeinde. Intime Informationen werden als «Gebetsanliegen» weitergegeben. Die Geschwätzigkeit kursiert in Hauskreisen. Mit kleinen Übertreibungen stellt man sich in ein besseres Licht. In vielen Gemeinden herrscht aber auch offener Streit. Richtungskämpfe lähmen die Arbeit. Gemeindestunden werden zu Kampfarenen. Jeder will nur seinen eigenen Willen durchdrücken. Radikales Machtstreben blockiert das Miteinander ebenso wie läppische Führungsschwäche. Zu Recht beklagen viele gläubige Christen die Heuchelei in manchen Gemeinden. Nach außen poliert man die fromme Fassade, innen drin schlägt man sich jedoch die Köpfe ein. Sonntags spricht man die Sprache Kanaans, montags die Sprache der Gosse. Man lebt einen Glauben ohne Konsequenzen. Christsein und Beruf werden heuchlerisch getrennt. Man lebt – typisch modern – in zwei getrennten Welten. Junge Leute durchschauen diesen Spagat und brechen aus, wollen mit einem solchen Glauben nichts mehr zu tun haben. Wir hinken auf zwei Seiten, wollen Gott dienen und doch autonom leben. Wir sind Heuchler.

Selbst in christlichen Kreisen gibt es Autoritätskrisen. In einer Art Gegenreaktion zu machtorientierten Alleinherrschern proklamiert man vielerorts die totale Demokratie. Jeder hat gleichviel zu sagen. Älteste sind plötzlich nur noch die Prügelknaben der Nation. Die Mehrheit entscheidet, wer Recht hat. Erbe und Traditionen werden Hals über Kopf hinausgeworfen, der Respekt vor älteren Geschwistern schwindet. Man will sich auch hier nichts mehr sagen lassen, stellt die eigene Bildung über die Lebenserfahrung der «Alten». Älteste sind nur dann gut, wenn sie die mir angenehmen Entscheidungen treffen. Ihre Autorität müssen sie sich erst erarbeiten. Und in unser Privatleben dürfen sie sowieso nicht mehr hineinfunken.

---

[113] *Mit Spannung leben: Eine Orientierungshilfe des Rates der Evangelischen Kirche in Deutschland zum Thema «Homosexualität und Kirche»*, Hg. Kirchenamt der EKD, EKD-Texte 57, Hannover 1996.

Auch christliche Familien kennen Krisen und haben sie immer gekannt. Aber mittlerweile zerbröseln auch hier die Fundamente. Das Rollenverhältnis von Mann und Frau ist unklar geworden. Frauen wollen nicht mehr nur für die drei «K's» Kinder, Küche und Kirche verantwortlich sein, sondern streben nach Höherem. Christliche Männer pflegen ebenfalls fleißig ihre Identitätskrisen, fliehen vor der Verantwortung. Die Kinder christlicher Familien sind nicht mehr die braven und wohlerzogenen Kids der Vergangenheit, sondern aufmüpfig und frech. Sie sitzen längst nicht mehr still in den Stuhlreihen, sondern hüpfen über Tische und Bänke. Im Verhalten kann man sie kaum noch von den säkularisierten Nachbarskindern unterscheiden. Sonntagschulhelfer klagen über die mangelnde Konzentrationsfähigkeit ihrer Schützlinge. Jungscharleiter beraten intensiv über die Möglichkeiten, Verhaltensauffälligkeiten und -störungen ihrer Kids in den Griff zu bekommen. Auch Christen sind verunsichert und fragen sich, wie sie ihre Kinder erziehen sollen.

In der Kirche hat man sich von der Gemeindezucht verabschiedet. Gemeindezucht ist längst ein Fremd- und Unwort geworden. Von den Reformatoren noch als absolut notwendig gefordert, traut sich heute kaum noch eine Kirchen- oder Gemeindeleitung, jemanden auszuschließen. Die spektakulären Prozesse um Hans Küng und Eugen Drewermann waren doch nur deshalb spektakulär, weil solche Kirchenentscheidungen so selten vorkommen. Im erhöhten Maße gilt dies für die evangelischen Kirchen, wo Lehrzuchtsverfahren so gut wie gar nicht mehr vorkommen. Der Gemeindeausschluß wird jedoch auch in vielen Gemeinschaftskreisen und Freikirchen nicht mehr praktiziert. Man will es sich mit den Leuten nicht vergraulen, findet immer Entschuldigungsgründe oder zweifelt plötzlich an den biblischen Aussagen.

Der schon in der Gesellschaft vorzufindende Pragmatismus und Utilitarismus spiegelt sich auch in den Kirchen und Gemeinden wider. Nicht mehr die Frage nach der Wahrheit steht im Mittelpunkt der Gemeindearbeit, sondern die Frage des Erfolges. Wer Erfolg hat, hat Recht. Was kann man schon gegen eine Gemeinde einwenden, die großen Zulauf hat? Wer wird einem Pastor widersprechen, der hervorragende Predigten halten kann? Der Erfolg wird zur Rechtfertigung und läßt alle Kritiker verstummen. Der amerikanische Theologe Richard Lint mußte für die amerikanischen Evangelikalen feststellen: «Traditionell gebrauchten die Evangelikalen die Wahrheit als Kriterium, um die Gegenwart des Heiligen Geistes zu bestimmen, aber zusätzlich haben sie begonnen, ein weiteres Kriterium einzufügen: den Erfolg. Gott ist dort zu finden, wo die Wahrheit (vorzugsweise in der Bibel) ist und wo evangelistische Anstrengungen zum Erfolg führen.»[114] Erfolg scheint alles zu rechtfertigen, auch in der Kirche. Hauptsache, die Bude wird voll. Der gute Pastor ist der erfolgreiche Pastor. Er gleicht einem erfolgreichen Geschäftsmann. Was nützt, ist richtig. Der Pragmatismus siegt über die Wahrheitsfrage.

Hintergrund für die ethische Krise der Kirchen und Gemeinden ist ohne Frage die Verunsicherung über die Autorität der Bibel. Zerstört durch die Historisch-Kritischen Methoden der Bibelwissenschaften, hat sie keine normsetzende Kraft mehr. Alle ethischen Fundamente scheinen zu schwimmen, die Bibel wird zum Relikt einer vergangenen Zeit degradiert – auch bei manchen Evangelikalen: Die Bibel ist zeitbedingt, von ihrer Umwelt abhängig oder sogar subjektiv von Autoren und ihren Meinungen geprägt. Einem solchen Buch kann man keine allgemeingültige Autorität mehr zusprechen. Wir sind moderne Christen in einer modernen Zeit. Heute müssen andere Maßstäbe her...

Das ethische Dilemma unserer Gesellschaft spiegelt sich also auch in der Gemeinde Jesu wider. Christen sind verunsichert: Welche Werte können heute noch gelten? Müssen wir nicht die Gebote Gottes an die moderne Zeit anpassen? Steht nicht jeder Mensch selbst vor Gott und muß seinen Weg finden? Welches Recht darf sich eine Gemeindeleitung überhaupt herausnehmen? Wichtige Fragen, über die heute heiß diskutiert wird und die nur zeigen, daß der Evangelikalismus von der Moderne infiziert ist.

---

[114] Richard Lints, *The Fabric of Theology: A Prolegomena to Evangelical Theology*, Grand Rapids: Eerdmans, 1993, S. 45.

3.3 Biblisches Ethos contra Moralrevolution

Emile Durkheim, der Vater der modernen Soziologie, hat schon vor hundert Jahren die Befürchtung geäußert, daß jede Gesellschaft, die nicht über ein «kollektives Gewissen» verfüge, zwangsläufig auseinanderfalle. Unter dem kollektiven Gewissen verstand Durkheim einen Normenkonsens, der von allen akzeptiert würde. Spätestens in Krisenzeiten der Gesellschaft sei eine solche übergreifende Moral absolut notwendig: «Wenn ‹abnormale› Zustände eintreten, und besonders wenn vom einzelnen verlangt wird, daß er seine eigenen Interessen hinter denen der Gesamtgesellschaft zurückstellt, dann genügen die ‹Verkehrsregeln› nicht mehr. Eine übergreifende Moral, wie immer fundiert, wird nun zu einem gesellschaftlichen Imperativ.»[115]

Heute stehen wir an einem Scheidepunkt: «Am Ende des 20. Jahrhunderts beginnen die Grenzen zwischen gut und böse zu verschwimmen.»[116] Die allgemeine Moral, früher noch eine unfehlbare und autoritative Kategorie für alle Menschen, hat abgewirtschaftet. Heutige moralische Kategorien haben mit Kosten-Nutzen-Rechnungen zu tun, nicht mit göttlichen Geboten. «Was bringt es mir?» heißt der neue kategorische Imperativ. Nicht mehr die Zehn Gebote (wer kennt sie noch?) bestimmen unser Zusammenleben, sondern die individuellen Wünsche des einzelnen.

Unser Wertedilemma hängt eng mit dem Pluralismus- und Individualismusproblem zusammen. Die Moral ist heute Plural. Werte sind Individualwerte. Diese Subjektivierung der Ethik führt in die Krise. Wenn jeder selbst bestimmen kann, was für ihn richtig oder falsch ist, wird es nicht zu einem Moralkonsens kommen und das Zusammenleben der Menschen unmöglich gemacht. Zwar wächst in individualistischen Kulturen das Bewußtsein für Moral, denn jeder einzelne ist nun für die Ethik verantwortlich. Der Mensch der Moderne denkt wesentlich mehr über Werte nach als seine Vorfahren. Er delegiert Werte nicht

---

[115] Peter L. Berger/Thomas Luckmann, *Modernität, Pluralismus und Sinnkrise: Die Orientierung des modernen Menschen,* Gütersloh: Bertelsmann Stiftung, 1995, S. 38.
[116] Gronemeyer, S. 28.

mehr an Institutionen wie Kirche oder Staat. Aber der autonome Mensch von heute ist sich selbst das höchste Gesetz und läßt sich nichts mehr sagen. Er hat keine Werte-Instanz über sich. Er ist sich selbst der höchste Normgeber und Richter.

Werte beruhen aber immer auf gemeinsamen Überzeugungen, nie auf individuellen Meinungen.[117] Individualwerte, die nur für mich gelten und nur nach meinem Nutzen fragen, zerstören jede Gemeinschaft. Auf einer solchen Basis kann keine Gesellschaft existieren. Wenn Gesetze zu bloßen unverbindlichen und individuellen Regeln degradiert werden, haben sie keine allgemeingültige Verpflichtung mehr und führen nicht zu einer Stabilisierung der Gesellschaft. Wenn nur noch der einzelne und nicht mehr die Gemeinschaft weiß, was gut, böse, schön, häßlich, wahr oder falsch ist, wird die soziale Gruppe langfristig keinen Bestand haben können. Wenn aus Gerechtigkeit nur noch Fairneß wird, die Tugend eines politischen Systems nur noch darin besteht, dem einzelnen das Erreichen seiner autonomen Lebensziele zu ermöglichen, setzen wir die Stabilität der Gemeinschaft aufs Spiel.[118]

Heute stehen wir längst vor dem Scherbenhaufen unseres Liberalismus. Die hohe Zahl von Scheidungen läßt seelisch kaputte Eltern zurück. Die Trennung mag zwar auf den ersten Blick manche Konfliktfelder lösen, aber die seelischen Folgen bleiben. Das Alleinsein wird zur Qual. Neue Beziehungen sind erschwert. Verdrängungsmechanismen funktionieren nicht mehr. Leidtragende von Scheidungen sind dabei in erster Linie die Kinder. Aggressionen, Angstzustände und depressive Stimmungen sind häufig die Folge. Der kurzzeitige Kontakt zum Vater bewirkt im Kind eine innere Zerrissenheit. Die Generation X ist die Generation der Scheidungskinder. Liebe haben sie ebensowenig erlebt wie Autorität. Grenzen sind ihnen unbekannt, weil sie grenzenlos erzogen worden sind. Angst vor Bindungsverlust geht um.

Tatsächlich muß man heute wieder deutlich machen, daß die Ehe von Gott gestiftet wurde und keine menschliche Erfindung ist. Die Ehe ist eine göttliche Schöpfungsordnung für alle Men-

---

[117] So auch Hans Joas, *Die Entstehung der Werte*, Frankfurt: Suhrkamp, 1997.
[118] Auf diese Zusammenhänge haben in den vergangenen Jahren insbesondere die Anhänger des «Kommunitarismus» mit aller Deutlichkeit hingewiesen.

schen. Deshalb schützt Gott auch die Ehe und segnet sie. Es ist ein Verstoß gegen die Gebote Gottes, wenn wir eheähnliche Lebensgemeinschaften akzeptieren und fördern. Die Ehe ist eine lebenslängliche Bindung. «Was Gott zusammengefügt hat, soll der Mensch nicht scheiden» ist nicht nur eine schöne Redewendung des Pfarrers bei der kirchlichen Hochzeit, sondern Gottes autoritatives Gebot durch Jesus Christus (Mt. 19,6). Gott verbietet die Ehescheidung ebenso wie die Wiederheirat, weil der Mensch durch die Ehe unlöslich an seinen Ehepartner gebunden ist. Die einzige Ausnahme liegt dann vor, wenn der Ehepartner «Hurerei» begangen hat (Mt. 19,9). Aber auch in diesem Falle bejaht die Bibel an keiner Stelle die Wiederheirat.[119]

Gleiches gilt für die Homosexualität. Der Theologe und Ethiker Jürgen Klautke hat darauf hingewiesen, daß die Kirche 2000 Jahre lang homosexuelle Praktiken kategorisch abgelehnt hat. Erst seit vierzig Jahren meint man, hier andere Wege gehen zu müssen. Alle neu vorgebrachten Argumente ändern jedoch nichts daran, daß homosexuelle Handlungen den Aussagen der Bibel und damit den Geboten Gottes widersprechen (Röm. 1,26-27; 1. Kor. 6,9-10; 1. Tim. 1,8-10).[120] Es mutet schon abenteuerlich an, mit welchen Tricks an diesem Punkt versucht wird, den Geboten der Bibel auszuweichen oder die Texte der Schrift umzudeuten. Wenn das alles nicht fruchtet, kommt es in letzter Konsequenz zur Behauptung, die Aussagen der Bibel hätten einfach keine Relevanz mehr für heute, sie seien überholt.

Wir brauchen ein Zurück zur Familie. Dieser Appell scheint eine Binsenwahrheit zu werden. Die Familie war über Jahrhunderte die Keimzelle der Gesellschaft, die Stabilität der Wirtschaft und der Moral. Familien waren der Schutzraum für Geborgenheit, soziale Absicherung für Notzeiten, gaben Halt und Identität. Langsam dämmert uns: «Das, wovon sich das Individuum befreit hat, war das, was es zusammengehalten hat. Es waren nicht die Hüllen, die einengenden, die abgeworfen worden sind, sondern es

---

[119] Zu diesem ganzen Themenkomplex vgl. das Buch von Gordon J. Wenham/William E. Heth, *Jesus and Divorce*, 2. Aufl. Exeter: Paternoster, 1997.

[120] Zur Auslegung und neueren Infragestellung dieser Texte vgl. Jürgen-Burkhard Klautke, «Alarm um die Sexualethik: Zur Homosexualitäts-Debatte in der Evangelischen Kirche in Deutschland», *idea Dokumentation* 17/1996, S. 18-28.

waren womöglich die Segmente der Person, die mit der Familie, mit der Religion verfielen.»[121] Deshalb müssen Staat und Kirchen wieder die Familien stärken. Die Gemeinden sind besonders gefordert, den Eltern Hilfen bei der Kindererziehung anzubieten, ethische Leitlinien zu vermitteln und durch die eigene Kinder- und Jugendarbeit Alternativkonzepte zu verwirklichen, in denen die biblischen Leitlinien für die Familie praktisch und konsequent umgesetzt werden.

Die immensen ethischen Herausforderungen der Moderne lasten auf uns. Was ist die Lösung des ethischen Dilemmas? Prinzipiell kann es nur ein Zurück zu Gott und seinen Geboten sein. Die Menschheit braucht allgemeingültige Ordnungen und Regeln, sonst kann sie nicht überleben. Der allgemeine Relativismus verhindert ethische Maßstäbe. Wir brauchen einen Maßstab für die Frage: Was ist richtig, und was ist falsch? Werte sind nicht vom Menschen geschaffene Maßstäbe für gut und böse, sondern von Gott gesetzte Regeln für das menschliche Zusammenleben. Unser Schöpfer weiß am besten, was wir brauchen und wie wir zu leben haben. Er möchte uns nicht knechten, sondern befreien. Wir müssen wieder begreifen: Leben nach dem Willen Gottes heißt leben nach seinen Geboten (Röm. 12,2). Jesus sagt nicht umsonst: «Wer meine Gebote hat und sie hält, der ist es, der mich liebt» (Joh. 14,21).

Es gibt keine Ethik ohne Religion.[122] Die Behauptung Kants, Moral brauche keine religiöse Begründung[123], hat sich in Theorie und Praxis als trügerisch erwiesen. Deshalb muß am Anfang jeder Ethik die Hinwendung zu Gott stehen, sonst wird das Gesetz nur wieder als Hilfe zur eigenen Lebenssteigerung mißbraucht. Zu Beginn der göttlichen Gebote steht: «Ich bin der Herr, dein Gott» (2. Mose 20,1). Der Mensch braucht die Bekehrung zu Gott, um überhaupt sittlich leben zu können. Die Hinwendung zu Gott geschieht durch Buße und Umkehr. Wir müssen unsere Schuld,

---

[121] Gronemeyer, S. 115.

[122] Vgl. Rohrmoser, S. 265. Er spricht an dieser Stelle von Philosophie als Grundlage aller Ethik.

[123] Immanuel Kant, *Die Religion innerhalb der Grenzen der bloßen Vernunft* (1793), Immanuel Kant: *Werkausgabe*, Hg. W. Weischedel, Bd. 8, Frankfurt: Suhrkamp, 1977, S. 649.

auch die ethische Schuld, vor Gott bekennen. Nur bei Gott finden sich allgemeingültige Maßstäbe für das menschliche Miteinander. Der Mensch muß also erst in die Lage versetzt werden, nach ethischen Maßstäben zu leben, bevor man ihn auf Forderungen nach bestimmten Verhaltensnormen verpflichtet. Es wäre lieblos und eine hoffnungslose Überforderung, wollte man sündigen Menschen göttliche Normen vorsetzen. Selbst der Philosoph Rohrmoser konstatiert: «Der Mensch muß ja die Verfassung schon mitbringen, in der er überhaupt erst imstande ist, die Werte zu verwirklichen, auf die er sich selbst verpflichtet hat.»[124] Woher nimmt der Mensch die sittlichen Kräfte, um sein Leben zu gestalten, wenn nicht aus dem Glauben an Christus?

Wir brauchen ein Zurück zu den Geboten Gottes. Gott hat uns sein Ethos in seinem Wort, der Bibel, offenbart. Diese Gebote sind nicht nur den Christen gegeben, sondern allen Menschen. Schon die Gebote Gottes an Noah waren als Uroffenbarung nicht an eine bestimmte Nation gebunden, sondern galten allen. Die Gebote Gottes vom Sinai, unter ihnen die Zehn Gebote, galten als weise und gut unter allen Völkern (5. Mose 4,6). Sie kamen von außen an den Menschen heran, weil moralische Werte einen Maßstab jenseits des Menschen brauchen. Das christliche Ethos ist und bleibt Offenbarungsethos. Werte können nicht wissenschaftlich begründet werden. Sie beruhen immer auf nichtrationalen Grundentscheidungen. Die Gebote Gottes sind solche Rettungsringe für Ertrinkende, Leitplanken für Umherirrende. Sie sind absolut verbindlich, keine Vorschläge oder Optionen, die zur Diskussion oder Abstimmung stehen. Wer die Gebote Gottes mit Füßen tritt, schaufelt sich sein eigenes Grab.

So wird auch klar: Es gibt keine Freiheit ohne Autorität.[125] Viele fordern absolute Freiheit und wissen nicht, was sie sagen. Die Frage ist nicht, ob wir Freiheit wollen. Jeder will Freiheit. Sondern die Frage ist: Wofür wollen wir Freiheit? Unter der Flagge der

---

[124] Rohrmoser, S. 273. Gegen Rohrmoser bin ich allerdings der Meinung, daß die ethische Kraft nicht durch eine Rückbesinnung auf die christliche Kultur der vergangenen Epochen erwächst, sondern nur aus einer vorbehaltlosen Bindung an Gott und sein Wort.
[125] Vgl. dazu Lutz von Padberg, *Freiheit und Autorität*, Wuppertal: Evangelische Gesellschaft, 1984.

Freiheit wird für die Abtreibung plädiert – was ist das jedoch für eine Freiheit, die auf Kosten anderer geht? Wir fordern freie Meinungsäußerung im Internet – und haben sofort mit den rechtsradikalen Parolen Schwierigkeiten. Hat der Kleptomane die Freiheit zu klauen? Darf der Psychopath vergewaltigen? Habe ich das Recht, die Geschwindigkeitsbegrenzung zu mißachten?

Freiheit hat immer ihre Grenze in der Freiheit der anderen – ein alter demokratischer und humanistischer Grundsatz, der heute vergessen scheint. Absolute Freiheit ist Anarchie, das wußten die Väter des modernen Rechtsstaates sehr genau. Jede Freiheit fußt auf moralischen Kategorien. Wenn diese fehlen oder nicht stimmen, kommt es zur Diktatur und zur Unfreiheit. Jede Freiheit hat etwas mit Verantwortung für den Nächsten zu tun. Wer Freiheit für sich fordert, ohne selbst Verantwortung übernehmen zu wollen, gibt sein Land den Unterdrückern preis. Deshalb gibt es keine Freiheit ohne Autorität.

Für eine ethische Wende in unserer westlichen Kultur benötigen wir auch eine Wende in unserem Menschenbild. Es gibt beachtenswerte ethische Bewegungen mit einem falschen Menschenbild. Die Aufklärung war eine ethische Bewegung. Sie suchte eine rational-nachvollziehbare Sittennorm für alle Menschen. Ihr Problem war jedoch, daß sie ein falsches Menschenbild hatte. Man ging davon aus, daß der Mensch sich nach und nach vervollkommnen könne. Ziel war die Perfektion des sittlichen, guten Menschen. Deshalb bestanden die Predigten der Aufklärungszeit aus sittlichen Ermahnungen. Dabei übersah man, daß der Mensch als Geschöpf Gottes gefallen und begrenzt ist. Man baute eine Idealethik auf einem falschen Menschenbild. Für eine ethische Erneuerung ist es aber grundlegend zu erkennen, daß der Mensch nicht gut ist, sondern gefallen. Der Mensch ist durch und durch ein Sünder, kein Heiliger. Deshalb bedarf er der Gnade Gottes, die allein einen Veränderungsprozeß in ihm bewirken kann, der zu einem geheiligten Lebenswandel führt.

Aus dieser richtigen Anthropologie entsteht dann auch ein veränderter Blickwinkel für die Würde des Menschen. Der Mensch ist tatsächlich das Ebenbild Gottes, auch der gefallene Mensch. Die Würde des Menschen ist unantastbar, weil er von Gott kommt. Der Mensch, auch der ungeborene, ist keine Ansammlung von Zellen, sondern eine von Gott geschaffene Persönlichkeit mit einem hohen Wert. Der Mensch ist die Krone der Schöpfung. Daraus kann nur folgen, daß wir Menschen um ihres Menschseins willen respektieren – ein Wert, der heute leider völlig unter den Tisch gefallen ist.

Dietrich Bonhoeffer hat schon vor sechzig Jahren auf die Gefahr des Pragmatismus und des Erfolges aufmerksam gemacht. Er äußerte damals: «Die Gestalt des Gerichteten und Gekreuzigten bleibt einer Welt, in der der Erfolg das Maß und die Rechtfertigung aller Dinge ist, fremd und im besten Falle bemitleidenswert... Es ist sinnlos, dem Erfolgreichen seine Untugenden vorzuwerfen... Wo die Gestalt eines Erfolgreichen besonders sichtbar in Erscheinung tritt, dort verfällt die Mehrzahl der Vergötzung des Erfolges. Sie wird blind für Recht und Unrecht, Wahrheit und Lüge, Anstand und Niedertracht. Sie sieht nur noch die Tat, den Erfolg. Das ethische und intellektuelle Urteilsvermögen stumpft ab vor dem Glanz des Erfolgreichen und vor dem Verlangen, an diesem Erfolg irgendeinen Teil zu bekommen.»[126] Was hier für die Zeit des Nationalsozialismus angesprochen wird, ist bis in unsere Tage relevant. Der Erfolg der Moderne scheint ihr Recht zu geben. Wer es wagt, angesichts der Leistungen von Wissenschaft und Technik mit dem erhobenen Zeigefinger zu drohen, wird belächelt.

Und doch muß jemand warnen. Die Hybris des autonomen Menschen führt uns ins Verderben. Was not tut, ist die Rückbesinnung auf das, was der Apostel Paulus schon vor 2000 Jahren den Christen in Philippi schrieb: «Was wahrhaftig ist, was ehrbar, was gerecht, was rein, was liebenswert, was einen guten Ruf hat, sei es eine Tugend, sei es ein Lob – darauf seid bedacht!» (Phil. 4,8). Werte und Maßstäbe für ein harmonisches Zusammenleben kommen von außen, von Gott. Sie allein garantieren ein friedliches Zusammenleben der Völker. Wehe uns, wenn wir uns weiter gegen diese Maßstäbe auflehnen. Wir müssen den Nachbarn sagen, wie Gott über ihren Lebensstil denkt. Wir haben die Pflicht, die Gebrauchsanweisungen Gottes für unser Leben zu beachten, sonst gehen wir vor die Hunde. Schuld muß beim Namen genannt und vor Gott und dem Nächsten bekannt wer-

---

[126] Dietrich Bonhoeffer, *Ethik*, Hg. Eberhard Bethge, 12. Aufl. München: Chr. Kaiser, 1988 (1949), S. 80-81.

den. Wir haben auch in der Gemeinde nach den unverrückbaren Richtlinien des Wortes Gottes zu handeln, sonst verlieren wir unsere Daseinsberechtigung und unsere Autorität. Die Überwindung des Säkularismus gelingt nur durch eine Hinwendung zu Gott und seinem Wort. Dafür müssen wir Christen streiten – in Liebe und Sanftmut, aber auch mit Beharrlichkeit.

4
Man gönnt sich ja sonst nichts
Materialismus und Genuß

Topverdiener, Wohlstandsbürger,
Egoist und Spekulant,
Geld gemacht und Gott vergessen
und am Ende ausgebrannt.

TH. LEHMANN/W. TOST

Ein Volk ohne inneren Halt,
ohne Ideale und ohne Gewissen,
wandert seinen Weg –
und sieht kaum,
daß es ein Weg ist
durch Nacht und Grauen.

OTTO DIBELIUS, 1920

4.1 Consumo, ergo sum: Gesellschaftliche Trends

Materialismus ist *die* Lebenshaltung unserer Zeit. Der Glaube an die Macht des Geldes und des Besitzes bestimmt unsere westliche Kultur. Besitz scheint alles zu sein. Reichtum ist unser erstrebenswertes Ziel. Konsum beherrscht schon lange Jahre die Szene. «Money, money, money» – darum geht es. Das ewige Wirtschaftswunder ist der Traum aller Träume. Der Kapitalismus ist die Ideologie aller Ideologien. Der Traum von sechs Richtigen im Lotto soll endlich wahr werden. Was könnten wir nicht alles tun, wenn wir die Millionen gewinnen würden? Kein Arbeiten mehr, ein tolles Haus bauen, ein schnelles Auto fahren, Urlaub viermal im Jahr. Alles dreht sich ums Geld – «man gönnt sich ja sonst nichts». «Consumo, ergo sum.» «Wir konsumieren, also sind wir.» «Ich wär so gerne Millionär.»

Die 90er Jahre verstärken den schon seit den 60er Jahren bekannten Drang nach dem Materiellen. Die Trendforscherin Faith Popcorn analysierte: «In den 70er Jahren haben wir gearbeitet, um zu leben. In den 80er Jahren haben wir gelebt, um zu arbeiten. In den 90er Jahren wollen wir nur noch leben.»[127] Wir wollen nicht mehr Proletarier sein. Für Nahrung, Kleidung und Wohnung mußten 1950 noch 75% des Einkommens aufgewand werden, heute nur noch 50%.[128] Parallel stieg die Sparquote von 5,6 auf 12,5%. Gespart wird heute für hochwertige Konsumgüter: Auto, Urlaub, Elektronik und Haus. 1993 wurden im früheren Bundesgebiet je Einwohner durchschnittlich 23 800 DM für Zwecke des privaten Verbrauchs ausgegeben, 1960 waren es nur 3100 DM.[129] D.h., innerhalb von 33 Jahren haben sich diese Ausgaben versiebenfacht. Zieht man die Inflationsrate ab, bleibt immerhin noch eine Steigerung um das Zweieinhalbfache.

Wir können uns heute vieles leisten, von dem unsere Eltern nur geträumt haben. Bei den klassischen Haushaltsgeräten (Kühl-

---

[127] Faith Popcorn, *Der Popcorn Report: Trends für die Zukunft*, 3. Aufl. München: Heyne, 1994, S. 69.
[128] *Datenreport 1994: Zahlen und Fakten über die Bundesrepublik Deutschland*, Hg. Statistisches Bundesamt, Bonn: Bundeszentrale für politische Bildung, 1994, S. 110.
[129] Ebd., S. 109.

schrank, Waschmaschine) haben wir die Vollversorgung erreicht. Gleiches gilt für Fernsehgerät und Telefon. Nun kommen neue Bedürfnisse auf: Mikrowelle und Geschirrspüler müssen her, High-Tech-Fernseher mit 100 Hertz Bildröhre und der Mega-Super-Trockner. Die Ausstattung unserer Wohnungen und Häuser hat sich erheblich verbessert, ist aber immer noch steigerungsfähig. Die Sitzgarnitur wandert nach spätestens zehn Jahren auf den Müll. Unsere Wohnungen können die vielen Dinge gar nicht mehr fassen – größere Häuser müssen her. Alle zehn Jahre wird entrümpelt, sonst würden wir in der Fülle von Konsumgütern ersticken.

Immer noch ist das eigene Auto ein hohes Gut der Deutschen. 33 Millionen Automobile quälen sich über Deutschlands Straßen. Für die nächsten Jahre erwarten die Hersteller weitere Wachstumsraten. Wer nicht genügend Geld auf der hohen Kante hat, kann einfach leasen. Die richtige Automarke gilt immer mehr als Statussymbol. Am Wochenende wird die Karosse natürlich von allen Seiten gepflegt und poliert. Die Luxusmarken finden immer mehr Kunden. Kinder mit 18 haben ihren eigenen fahrbaren Untersatz vor der Einfahrt stehen. Die Internationale Automobilausstellung weckt weitere Wünsche: noch schöner, noch schneller, noch bequemer, noch leiser, noch benzinsparender. Wer nicht zugreift, verpaßt etwas. Ohne Auto können wir uns das Leben doch gar nicht mehr vorstellen.

Schon die Kinder und Teenies werden als Konsumenten heiß umworben. Mit ihnen kann man Geld machen, kosten doch heute Markenturnschuhe leicht 200,- DM und mehr und verfügen die Kids der Moderne über ein erhebliches Finanzpolster. Die Kohle muß stimmen, schon im Teenager-Alter. Zum angenehmen Glücksgefühl gehören unweigerlich der CD-Player, der Computer und der eigene Videorecorder. Wichtig sind vor allem die passenden Klamotten. Trendmarken wie Homeboy, Diesel und Chiemsee gehören einfach dazu. Am besten ist es, wenn man finanziell unabhängig ist. Deshalb freut man sich auf die Konfirmation, denn sie bringt einiges an «Kohle» ein. Bei Umfragen über das Lebensziel junger Leute steht der Wunsch nach einem guten Beruf mit hohem Einkommen ganz oben auf der Liste. Man will Karriere machen, reich werden. Identitätsstiftende Markenartikel gelten auch als Statussymbole.

Aber schon die ganz Kleinen sind ein Geschäft geworden.

Eltern investieren alles in ihre Lieblinge. Die Grundausstattung der Neugeborenen kostet gleich einige Tausender. Natürlich muß es immer vom Feinsten sein. Die Kinderwagen gleichen Luxuskarossen. Ganze Berge von Spielzeug ersticken die Kleinsten. Flohmärkte mit Kinderkleidern wurden aus der Not geboren, weil man nicht mehr weiß, wohin mit der Ausstattung. Duplo, Bobbycar, Playmobil, Lego, Eisenbahn, Rutsche, Puppen en masse. Die Kinder haben alles und wollen doch noch mehr. Sie werden frühzeitig überschüttet mit den Segnungen des Konsums. Elektronische Kaufläden, vollautomatische Puppenstuben, Gameboy – wen wundert es da noch, daß die Kinder sich später nicht mehr einschränken können. Alle ihre Wünsche gehen spätestens am nächsten Weihnachtsfest in Erfüllung. Omas, Opas und Tanten helfen kräftig mit.

Besonders die 80er Jahre waren vom Streben nach Luxus geprägt. Viele Neureiche prahlten mit ihrem Geld. Die allgemeine Prosperität nahm zu. Die Wirtschaft florierte, die Gehälter wuchsen und damit auch die Ansprüche. Die Strände der Karibik waren plötzlich auch von ärmeren Leuten bevölkert, die sich die Pauschalangebote der Reiseveranstalter leisten konnten. Anfang der 90er Jahre mußte man umdenken. Die wirtschaftliche Krise ließ uns den Gürtel enger schnallen. Es begann eine «Aldisierung der Gesellschaft»: schlanker Service war gefordert, ohne Qualitätseinbußen. Auch bei Aldi gab es plötzlich Champagner. Im Konsumbereich schossen noch mehr Fast-Food-Ketten aus dem Boden, die schnelles Essen zu günstigen Preisen garantierten. Seit Mitte der 90er Jahre beobachtet man wieder den Trend zum Luxus. Uhren mit limitierter Auflage sind in. Die Rolex am Handgelenk hilft zur Imagepflege. Aber die alten gesellschaftlichen Schichten haben sich verändert. Unter-, Mittel- und Oberschicht lassen sich nicht mehr so klar voneinander abgrenzen. Ärmere wie Reiche gehen sowohl beim Billigmarkt wie auch im Nobelgeschäft einkaufen, direkt hintereinander. Man sehnt sich nach Wohlstand, der wenig kostet. H & M-Läden garantieren Qualität zu guten Preisen nach dem Geschmack der Moderne und finden deshalb ihre Kundschaft. Dank der Kreditkarte können wir kaufen, auch wenn wir kein Geld dabeihaben.

Obwohl der Gürtel enger geschnallt werden muß, wächst das Vermögen. Fast eine Million Bundesbürger gehören zu dem «Club der Millionäre» in bezug auf Geld- oder Immobilienbesitz.

Im Jahre 1993 belief sich das Gesamtvermögen der privaten Haushalte allein beim Geldvermögen auf 3160 Milliarden DM, bei Immobilien auf 5400 Milliarden DM und bei Anteilen an Betriebsvermögen auf 1360 Milliarden DM. Nach Schätzungen der Forschungsabteilung der Deutschen Bank verwalten die Investmentfonds weltweit ca. sieben Billionen Mark. Weitere zehn Billionen sind für die Altersvorsorge angelegt.[130] Trotz wachsender Arbeitslosigkeit steigen die Vermögensziffern, wenn auch die Ungleichheit der Vermögensverteilung ebenfalls steigt und die Schere zwischen arm und reich bedrohlich auseinanderklafft.[131] Immer weniger Menschen verdienen immer mehr, immer mehr immer weniger.

Andererseits wächst der Schuldenberg, nicht nur im Privaten, sondern auch bei Bund, Ländern und Gemeinden. Allein die Schulden des Bundes belaufen sich heute auf 900 Milliarden Mark! Viele Menschen können den immer raffinierter werdenden Verlockungen des Handels und der Werbung nicht widerstehen und übernehmen sich maßlos. Die Gier nach mehr ist nicht zu bremsen. Der Druck der Gesellschaft suggeriert uns ein, wir müßten alles kaufen, um in zu sein. Alles läßt sich noch steigern. Wir sind nie am Ende. Es gibt immer noch Wünsche, die ungestillt sind, Bedürfnisse, die befriedigt werden wollen.

Unsere Gesellschaft ist gnadenlos kommerzialisiert. In die Werbung werden Milliardensummen gesteckt. Mit immer neuen Tricks versucht man, die Aufmerksamkeit zu erhaschen. Ab Oktober richtet sich der Einzelhandel auf Weihnachten ein. Der Segen der Heiligen Nacht ist nicht mehr das Geschenk des Heilandes, sondern der Kaufrausch an den langen Samstagen. Schlußverkäufe werden vorgezogen, um doch noch den Reibach zu machen. Das Geschäft wird härter, um so härter auch die Methoden. Der Kunde soll König sein. Man buhlt um seine Gunst. Geschickt werden die Waren in den Auslagen dekoriert. In Augenhöhe liegen die teuren Produkte, gut aufgemacht und anspre-

---

[130] Zahlen zur Altersvorsorge nach Hans-Peter Martin/Harald Schumann, *Die Globalisierungsfalle: Der Angriff auf Demokratie und Wohlstand*, Reinbek: Rowohlt,1996.

[131] Die Zahlen zum ganzen Abschnitt aus «Vermögen in Deutschland», einer DIW-Statistik, in: *Die Zeit* (30. Mai, 1997), 18.

chend vermarktet. Ganz unten die Billigprodukte, an denen man nicht so viel verdienen kann. Der Weg zur Kasse ist geschickt aufgebaut worden. Entsprechende Musik quillt angenehm aus den Lautsprechern. Große Ladenpassagen bieten ein behagliches Ambiente. Gleich im Kaufhaus das Café, der Frisör, Mister Minit, der Zeitschriftenladen und die Lotto-Annahmestelle.

Wir sind Genießer geworden. Genuß ist die neue Lebensform der Moderne. Nach einem hektischen Tag gönnt man sich abends etwas. Wir haben es doch verdient! Ich habe ein Recht auf Genuß. So leben wir in einer totalen Anspruchsgesellschaft. Die Form des Genusses sieht natürlich unterschiedlich aus: ein gutes Essen, ein Kinobesuch, ein Cappuccino, eine Ecstasy-Pille, ein Besuch im Erlebnispark, ein schönes Pfeifchen, ein Stück Schokolade – oder gar zwei? Wir haben verlernt zu verzichten. Wir lassen uns berauschen. Wir wollen es groß haben. Nicht umsonst wirbt Ritter Sport mit «XXL», extra knackig, extra dick! Es muß uns schmecken. Wir meinen, nur dann zu leben, wenn wir genießen können. Wir träumen vom Schlaraffenland und arbeiten an seiner Verwirklichung.

Die Grundphilosophie der heutigen Zeit ist von einer endlosen Steigerungsmentalität bestimmt. Wir sind nie am Ende der Skala angelangt. Es gibt immer noch mehr. Der Computer wird noch schneller, das Auto noch sparsamer, das Häuschen noch größer. Wir sind nie zufrieden, weil unsere Träume immer größer werden. Alles kann doch noch gesteigert werden. Kein Rekord hält lange. Die Wirtschaft lockt uns mit Verheißungen, wir bräuchten unbedingt das Neueste, sonst sein wir out. Wir begehren das Mehr und sind auf der Suche nach dem Besseren. Selbst die Sprache paßt sich dieser Steigerungsmentalität an. Plötzlich ist alles «geil», «super», «mega», «hyper», «giga» oder «ultra». Alles muß verstärkt werden, damit es überhaupt noch Wirkung hat.

Die Deutschen essen wie die Weltmeister, so, als stände die nächste Hungersnot vor der Tür. Wir bemühen uns dann mit Diäten, die überflüssigen Pfunde wieder abzubauen, aber der nächste Kontakt mit der Sahnetorte endet in einer erneuten Niederlage. Ärzte warnen, wir äßen zu fett und zu viel. Wir hören es, stimmen zu und feiern diese neuen medizinischen Erkenntnisse am Kalten Büfett. Das Cordon Bleu gehört einfach dazu. Der Sherry ist zum Grundnahrungsmittel geworden. Der Eintopf hat abgewirtschaftet, Spinat essen wir nur noch in seiner Rahmversion. Wir schaffen es nicht mehr, uns einzuschränken. Wir wollen es auch nicht mehr. Warum auch? Solange es gutgeht, gibt es keinen Grund zu Panik. Und irgendwann gibt es bestimmt auch die passende Pille für dieses Problem.

Die Stangen in unseren Kleiderschränken biegen sich unter der Last der Anzüge, Kleider, Hemden, Blusen, Hosen und Mäntel. Natürlich haben wir nie das Passende für die vielen Gelegenheiten des Lebens. Und da die Mode sich schnell ändert, müssen neue Kleider her. Die Stars in den Medien geben auch hier den Ton an. Nachrichtensprecherinnen werden passend eingekleidet, Entertainer achten auf ihr Outfit. Wie gut, daß es die Altkleidersammlung gibt, damit wir noch mit dem guten Gewissen der Nächstenliebe regelmäßig einen Sack voll abstoßen können. Das Rote Kreuz freut sich seit Jahren über die gute Qualität der Kleiderspenden, mehr noch die Bedürftigen in den Notgebieten. So entsteht Platz für den Garderobenwechsel.

Eng verbunden mit der Konsumwelt ist die Mobilitätswelle. Mittlerweile können wir jeden Punkt auf der Erde in einigen Stunden erreichen. Konsumgüter brauchen nur kurze Zeit, um zu uns zu gelangen. Afrika und Asien sind uns so nahe. Täglich frische Bananen, Kiwis, Mangos von überall her. Wir werden immer schneller. Die Entwicklung der Mobilität ist atemberaubend: Fußgänger – Läufer – Reiter – Fahrrad – Auto – Eisenbahn – ICE – Magnetschwebebahn – Flugzeug – Rakete, so lautet die Entwicklungslinie unserer Geschwindigkeit. Wir sind immer unterwegs, dauernd mobil. Wir sind «Neonomaden», immer auf Wanderschaft. Seßhaftigkeit ist out, wir sind Dauerreisende. Alles wird «portabel», nicht nur die Computer. «Ich eile, also bin ich.» Heute München, morgen Paris, übermorgen Shopping in New York. Oder aber gleich alles übers Internet bestellen, von irgendwo her. Ein Fetisch der neuen Mobilität ist die Wiederkehr der Rucksäcke. Heute sind sie jedoch nicht Markenzeichen der Alpenwanderer, sondern der City-Bewohner. Sie ersetzen die Handtasche, und sie bedeuten: Ich bin mobil, ich bin ein «urbanes Känguruh.»[132] Immer bereit für Neues und für die Steigerung, auf dem Sprung in die nächste Epoche der Trends. Nichts kann uns in unseren Turnschuhen aufhalten.

---

[132] Matthias Horx, Trendbüro, *Trendbuch 2: Megatrends für die späten neunziger Jahre*, Düsseldorf: Econ, 1995, S. 331.

4.2 Konsumkirche: Gemeindliche Trends

Auch Christen sind nicht frei von Materialismus und Konsumdenken. Sie leben nicht in den weltabgewandten Klöstern und Kommunitäten, sondern mittendrin in den hektischen und mobilen Citys der Moderne. Der Konsumterror ist nicht spurlos an ihnen vorbeigegangen. Im Gegenteil: Die Verhaltensstrukturen der modernen Frömmigkeit reflektieren ein tiefsitzendes Konsumdenken. Der Glaube ist zur Ware geworden. Prediger werden zu Verkäufern und Entertainern. Der religiöse Konsument fordert ein Umtauschrecht, wenn er nicht zufriedengestellt wird. Er ist bereit, einiges dafür zu zahlen, wenn die Ware nach seinen Vorstellungen geschneidert wird. Die Kirche der Moderne ist eine Konsumkirche geworden.

Den Christen war wohl selten so wenig bewußt, welche Gefahren in einem ungezügelten Materialismus stecken. Mit der Bekehrung rutschen die Christen in der Regel in eine höhere soziale Kategorie. Da sie nun verantwortungsbewußter mit ihrem Geld umgehen, keine Gelder für unnütze Dinge verschwenden und fleißig sparen, landen selbst ärmere Leute meist schnell in der Mittelschicht der Gesellschaft. Man spricht bei diesem häufig zu beobachtenden Phänomen von einem «social uplifting» der Christen. Mit dem wachsenden Wohlstand besteht dann aber die Gefahr, daß Geld und sozialer Status eine immer wichtigere Rolle spielen. Dadurch verlieren viele Gemeinden in der zweiten und dritten Generation den Kontakt zur Unterschicht und die rechte Einstellung zum Materiellen. Die Armen finden keinen Platz mehr in der Kirche, denn sie stören die bürgerliche Frömmigkeit der Christen.[133]

In der Gegenwart potenzieren sich die Probleme. Die Opferbereitschaft in vielen Gemeinden nimmt ab. Plötzlich hängen Christen ihr Herz an das berühmte Häuschen und haben nichts mehr für die Mission übrig. Oder man meint, man dürfte den Prediger schlechter bezahlen, denn er müsse ja kraft seines Amtes opferbereiter sein als wir und könne deshalb ruhig einfacher

---

[133] Auf den Zusammenhang von Kommerzialisierung und Christsein hat in einfühlsamer, aber radikaler Weise hingewiesen: John White, *Die goldene Kuh: Materialismus in der Gemeinde Jesu des 20. Jahrhunderts*, Marburg: Francke, 1980.

leben. Die Abgabe des Zehnten wird als alttestamentliche Gesetzlichkeit verworfen. Beim Geld hört der Spaß auf.

Gemeinden bauen sich für viele Millionen Paläste. Je größer das Bauvorhaben, desto mehr wird getrommelt. Das Beste ist für den Herrn gerade gut genug – so wird argumentiert und geplant. Dafür braucht man die Spenden der Gemeindeglieder. Wir sind ja auch alle stolz, wenn unser Gemeindegebäude imposant erstrahlt. Wir wollen den Leuten doch zeigen, daß wir etwas sind. Schnell verschieben sich dadurch die Prioritäten: Die geistlichen Nöte stehen hinter den äußeren Bedürfnissen zurück. Gebäude werden wichtiger als die Gemeinde. Das goldene Kalb wird sichtbar.

Ganz im Stil der neuen Zeitgeistreligion predigen einige Pastoren das neue «Wohlstandsevangelium». Gut gekleidet und mit gewinnendem Lächeln predigen sie, daß Gott jedem Christen Reichtum und Wohlstand geben möchte. Man müsse nur genug Glauben haben, dann werde sich bald der materielle Segen Gottes einstellen. Um sein Kommen zu beschleunigen, kann man auch eine größere Spende geben. Da Gott sich nichts schenken läßt und hundertfach zurückgibt, wird jedes Opfer zum Gewinn. Es wäre sogar töricht, zu kleine Beträge zu spenden, denn dann fiele ja auch der Segen Gottes klein aus. Gott möchte reiche, glückliche Christen. Von einem Prediger aus Karlsruhe war sogar zu vernehmen, daß man Gott verunehre, wenn man ein verrostetes Auto fährt.

Offensichtlicher als diese Entgleisungen ist jedoch die umfassende Kommerzialisierung des Glaubens. Die Gemeinde Jesu ist ein großes Geschäft geworden. Unzählige Firmen leben vom frommen Geschäft. Man denke an Buchverlage, Tonträgerverlage, Reiseagenturen, christliche Ehevermittlungen, Posterverkäufer, Konzertagenturen usw. Gingen früher christliche Interpreten wie Manfred Siebald für die Gage Null auf Tournee, wird heute mit hohen Honoraren gehandelt – denn man will ja davon leben. Christliche Tagungen kosten schnell Hunderte von Mark. Christliche Reiseveranstalter schießen wie Pilze aus dem Boden. Von Israel bis zum Nordkap, von Kalifornien bis Sri Lanka: Alles ist möglich. Gegen Bares, versteht sich.

Dabei geht es in erster Linie gar nicht um die Geschäftemacherei. Die Motive sind edel und ehrlich. Jeder Christ wird dankbar nach guten Büchern greifen und sich über die Auswahl

freuen. Auch gegen einen Urlaub mit Christen ist nichts einzuwenden. Problematisch wird es, wenn Glaube und Geschäft miteinander verbunden werden. Schließlich sind die Ausgaben hoch,
der Prediger muß bezahlt werden, das Hilfswerk hat hohe Ausgaben, der Verlag will Gewinn machen. So ist die Grenze zur unlau-
teren Werbung immer schmal. Man bildet bewußt verhungerte
Kinder auf den Werbebroschüren ab, um mehr Spenden zu bekommen. Man appelliert an das Mitleid der Gläubigen, weckt Bedürfnisse und Wünsche, um sein Ziel zu erreichen. Der Spenden-
markt ist heiß umkämpft. Adressen von potentiellen Spendern
werden sogar verkauft. Christliche Vereine streiten um ihren
Freundeskreis. Der Zahlschein liegt immer bei. Public-Relations-
Manager werden angestellt, um neue Spendenmärkte zu erobern.
Unaufgefordert werden Wurfsendungen verteilt.

Ein amerikanischer Fernsehprediger drohte, Gott würde ihn
sterben lassen, wenn nicht innerhalb einer bestimmten Frist das
Geld für ein Projekt zusammenkommen würde. Andere Teleevangelisten richten besondere Sendungen ein, in denen unter
viel Druck und Tränen gespendet werden kann – die Namen werden bei größeren Beträgen auch gleich über den Bildschirm be-
kanntgegeben. Andere christliche Werke leben von der Gnade
von Großspendern, die deshalb auch das entscheidende Wort in
den Vorstandssitzungen sprechen können. Der Geldgeber hat das
Sagen. Ihm darf man nicht widersprechen. Geld ist auch hier ein
Zeichen der Wichtigkeit und gewährt Einfluß und Macht.

Die Konsumgesellschaft zwingt uns ihre Gesetze auf, auch in
der Gemeinde. Wir verkaufen die christliche Religion als Konsumprodukt auf dem Gemischtwarenmarkt der Religion. Das
Nützlichkeitsdenken hat sich auch hier breitgemacht. Die Hauptsache ist, die Menschen bekehren sich, egal wie. Wir bieten ihnen
die Gnade zu Schleuderpreisen an, informieren die Käufer nicht
über die Risiken und Nebenwirkungen des Glaubens. Wie im
«Konsumerismus» unserer Tage passen wir uns den Gesetzen des
freien Marktes an. Wir fordern von unseren Kunden keine Hingabe an das Produkt, sprechen nicht mehr von Gehorsam und
Unterwerfung unter die Herrschaft Gottes. Es geht um den Profit, um die großen Zahlen von Gottesdienstbesuchern und Be-
kehrten. Jesus ist eine Ware geworden und muß sich damit den
Gesetzen der Marktwirtschaft anpassen.

Geistliche Fast-Food-Programme (Marke «instant») nehmen

120

zu. Der Tiefgang fehlt jedoch. Wir leben unser geistliches Leben nach der Devise: «Ex und hopp.» Neue Jüngerschaftskurse lassen es an Tiefgang vermissen. Der christliche Büchermarkt ergeht sich in sanften Unterhaltungsromanen. Tiefergehende und anspruchsvolle Lektüre läßt sich einfach nicht mehr verkaufen, sagen die Verleger. Theologisch anspruchsvolle Ausarbeitungen finden keine Abnehmer. Die neueren Lieder spiegeln ebenfalls oftmals den Trend zur Oberflächlichkeit wider. Da der Konsument das Angebot bestimmt, richtet man sich nach seinen Bedürfnissen.

Durch die steigende Mobilität suchen sich heute die Menschen den passenden Gottesdienst für ihre Bedürfnisse aus. Die Kirche muß heute nicht mehr im Dorf stehen. Wir sind bereit, auch einige Kilometer bis zum nächsten – uns passenden – Gottesdienst zu fahren. Deshalb werden die Gemeindebezirke immer größer. Man kennt sich nicht mehr untereinander, weil man unter der Woche meilenweit auseinander wohnt. Andererseits bleiben manche Gottesdienste am Sonntag leer, weil auch Christen immer häufiger am Wochenende auf Achse sind. Die Mobilität macht es möglich, ständig überall zu sein. Heute Schwiegereltern, morgen Formel-1-Rennen, übermorgen eine christliche Konferenz. Wir sind gehetzt, gestreßt von der Mobilität der Moderne.

Wir wollen genießen, auch in der Gemeinde. Wie in einem schönen Restaurant wollen wir uns von anderen bedienen lassen. Die Zuschauermentalität wurde schon angesprochen. Der Konsument braucht sich nicht zu beteiligen. Er sitzt im Sessel der behaglich gewärmten Kapelle und bleibt unverbindlich. Er entscheidet über Erfolg oder Mißerfolg des religiösen Produkts. Man entscheidet sich frei für irgendeine oder gar keine Gruppe. Konsequenzen braucht man nicht zu fürchten, denn auch in der Kirche ist der Kunde König. Und von einem König erwartet man keine Unterwerfung.

Geld ist auch in evangelikalen Kreisen ein wichtiges Thema geworden. In manchen christlichen Werken ist gewerkschaftliches Denken ausgebrochen: Man pocht auf die 35-Stunden-Woche und will nach BAT bezahlt werden. In einigen Kirchen sind Predigergehälter kaum noch von den Gemeinden aufzubringen. Missionsgesellschaften mühen sich vergeblich um Missionskandidaten, die auch mit wenig Gehalt zufrieden sind. Das 13. Monatsgehalt muß her. Jahrelang hat man kirchliche Mitarbeiter schlecht bezahlt – nun fällt man ins Gegenextrem. Absolventen von theologischen Ausbildungsstätten machen die Wahl für den geistlichen Dienst vom Gehalt abhängig. Freundeskreise für die Ausreise in die Mission möchte fast keiner mehr aufbauen.

Nichtchristen wie Christen haben die Ausrichtung des Lebens auf das Jenseits verloren. Das irdische Zion ist uns lieber als das himmlische. Wer will denn eigentlich noch in den Himmel? Wir haben fast alles zum Glücklichsein. Umfragen selbst in freikirchlichen Gemeinden kamen zu dem erschütternden Ergebnis, daß viele gar nicht mehr an die Wiederkunft Christi glauben. Auch wir Christen haben den Himmel verloren, ihn «heruntergebeamt» auf die alte Erde. Der Himmel ist für uns das ersehnte irdische Paradies, das Leben nach unseren Wünschen und Vorstellungen. Himmel ist da, wo ich als Christ Gott hier und jetzt erfahren kann. Jörns schreibt über Antworten von Gläubigen auf die Frage nach dem Himmel: «Für die weitaus kleinere Gruppe ist Himmel im engeren Sinn noch eine Größe, die erst nach dem Tod erreicht werden kann. Die meisten Gottgläubigen aber sehen Himmel mit Gott in dem Sinn verbunden, daß er da ist, wo (die) Fülle des Lebens zu finden, etwas Wunderbares zu erleben, oder mit anderen Worten: Gott gegenwärtig erfahrbar ist.»[134] Heinrich Heines utopischer Traum im «Wintermärchen» von 1844 ist heute noch aktuell: «Ein neues Lied, ein besseres Lied, o Freunde, will ich Euch dichten! Wir wollen hier auf Erden schon, das Himmelreich errichten.»[135]

Christen sind ebenso wie ihre nichtchristlichen Kollegen längst unter Zeitdruck. Man läuft mit dem Terminkalender Marke *Tempus* durch die Gegend. Er dient als Erkennungszeichen: Ich habe keine Zeit. Bitte sprich mich nicht auf Mitarbeit an. Ich habe so unendlich viel zu tun. Christen, die vorgeben, Zeit zu haben, werden kritisch und ungläubig beäugt. Mit dem kann doch etwas nicht stimmen! Selbst Prediger und Bibellehrer sind gehetzt, haben den typischen gestreßten Gesichtsausdruck. Ein Student sagte mir noch vor Monaten: «Ich will nie Pastor werden. Wenn

---

[134] Klaus-Peter Jörns, *Die neuen Gesichter Gottes: Was die Menschen heute wirklich glauben*, München: C.H. Beck, 1997, S. 87.
[135] Heinrich Heine, «Ein Wintermärchen,» Heinrich Heine, *Werke*, Hg. Paul Stapf, Wiesbaden: Emil Vollmer, S. 611.

ich sehe, wie gehetzt sie herumlaufen, dann finde ich darin kein Lebensziel.»

Auch die Missionswerke bemerken mittlerweile die beschriebenen Veränderungen bei ihren Missionskandidaten. Nicht mehr die Berufung steht am Beginn des Missionsdienstes, sondern die Auswahl der besten, d.h. auf mich passenden Missionsgesellschaft. Die Konzentration des Dienstes liegt mehr auf der Beziehungsebene, weniger auf den konkreten Diensten. Die früher übliche Verpflichtung auf lebenslangen Einsatz wird heute durch Kurzzeitmissionare unterlaufen. Die Angst vor dem Burnout führt dazu, daß man sich nicht mehr überlasten möchte. Auf die Familie wird größerer Wert gelegt als in der vorherigen Generation von Missionaren. Die Frage nach sozialer Absicherung spielt eine wesentlich höhere Rolle als noch vor Jahren. Das geistliche Leben der Missionare wurde früher von starker Disziplin geprägt, heute mehr von einem emotionalen Hunger nach tieferem geistlichen Leben.[136]

Der Hang zum Konsum und zum Materialismus ist also auch an der Gemeinde Jesu nicht spurlos vorbeigegangen. Die Gesetze der Kommerzgesellschaft spiegeln sich im Teich der christlichen Aktivitäten. Der Supermarkt der Religion bietet seine Waren wohl feil. Dabei bemerkt kaum jemand, daß die knallharten Gesetze der Marktwirtschaft auch Auswirkungen auf die Inhalte des Glaubens haben. Wenn Jesus zu einer Ware unter vielen Waren wird, die wir mit allen Tricks dem Konsumenten anbieten, haben wir dann nicht den Kern und das Wesen des Glaubens schon im Vorfeld verloren und verraten?

4.3 Verzicht statt Konsum

Kritik an den verheerenden Auswirkungen des Materialismus ist heute von vielen Seiten zu hören, keineswegs nur von Christen. Neulich warnte Marion Gräfin Dönhoff vor den negativen Seiten des Kapitalismus, rief zur Umkehr auf und beschwor die ethi-

---

[136] Diese Hinweise verdanke ich einer Aufstellung von WEC-International über «Generationsunterschiede unter Missionaren».

schen Werte des Verzichts.[137] Andere weisen seit Jahren auf die wachsenden Müllberge, die Umweltverschmutzung und den wachsenden Energieverbrauch hin. Das Bewußtsein für eine Wende ist also auch in diesem Bereich geweckt. Wir haben zu lange über unsere Verhältnisse gelebt. Die westliche Kultur braucht eine Umkehr und Rückbesinnung auf die Werte des Verzichts und der Einschränkung – so rufen viele.

Diese Konsumgesellschaft der Moderne ist eben nicht nur die Glückswelt der Befriedigung, sondern sie läßt viele Menschen mit ungestillten Hoffnungen und unerfüllten Sehnsüchten zurück. Hinter der Sucht nach immer mehr Konsum verstecken sich Träume und Wünsche des Menschen nach dem vollkommenen paradiesischen Glück. Die Ware verspricht dem Käufer, diese Wünsche zu erfüllen. Die Werbung verspricht schon in der Wortwahl die kommenden paradiesischen oder himmlischen Zustände. Aber der Kunde wird mehr als einmal enttäuscht. Selbst die schönsten Produkte füllen nicht die leeren Seelen der Konsumenten. Trotz der Warenfülle der Konsumgesellschaft empfinden viele Menschen eine große innere Leere in ihrem Leben.[138]

Warum betont der moderne Mensch Materialismus und Genuß? Einen der Hauptgründe haben wir schon genannt. Er liegt darin, daß er das Jenseits verloren hat. Die Vorstellung von einem kommenden Himmel, in dem alles einmal besser sein wird, führte in früheren Epochen zu einer Relativierung und Entspannung des Diesseits. Das Sichtbare war endlich, vergänglich, nicht das Letzte. «Das Schönste kommt noch», davon war man in breiten Gesellschaftskreisen überzeugt. Man mußte nicht alles in diesem Leben erreichen, konnte es gar nicht, brauchte es auch nicht. Es gab ja noch den jenseitigen Himmel, wo alles besser werden würde. Die Leiden der Gegenwart konnten getragen werden durch die Hoffnung auf bessere Zeiten.

Heute jedoch ist der zukünftige Himmel im Jenseits ein frommes Märchen. Den Himmel überläßt man den Engeln. Das Diesseits ist alles. Die himmlischen Sakralbauten des Neuen Jerusalems holt man sich herunter in die Mega-Citys der Moderne. Nun

---

[137] Marion Gräfin Dönhoff, *Zivilisiert den Kapitalismus*, München: DVA 1997.
[138] Vgl. Arne Andersen, *Der Traum vom guten Leben: Alltags- und Konsumgeschichte vom Wirtschaftswunder bis heute*, Frankfurt: Campus, 1997.

muß man jedoch auch alle Wünsche nach dem Paradies im Hier und Jetzt verwirklichen. Die Werbung lockt mit Jenseitsvokabeln: ein himmlisches Fahrvergnügen usw. Walter Kasper beobachtet: «Unsere Zeit ist gekennzeichnet durch einen Ausfall der Eschatologie… Der Verlust eschatologischer Hoffnung hat in unseren westlichen Gesellschaften eine starke Diesseitsorientierung zur Folge. Im Gegensatz zu einer angeblichen Jenseitsvertröstung in vergangenen Jahrhunderten kann man heute von einer ‹Diesseitsvertröstung› sprechen. Der Sinn des Lebens wird in dem Versuch gesehen, das Beste aus dem Leben herauszuholen, und es ist erstaunlich, welche Anstrengungen viele Menschen auf sich nehmen, um dem hohen Niveau ihrer Lebenswünsche und Glücksansprüche zu entsprechen.»[139] Der Himmel ist auf der Erde. Die Ewigkeitssymbole verändern sich und werden auf irdische Dinge übertragen: das Kind, das Auto, die Natur werden zum Ersatzgott. Um so wichtiger wird eben das Materielle. Das Sichtbare ist alles, das Unsichtbare nichts.

Man steht unter Zeitdruck, weil man keine Ewigkeit mehr hat. Alles muß in diesem einen so kurzen Leben erreicht werden, weil es kein Jenseits mehr gibt. Ach, hätte man doch 99 Leben, schreit der moderne Mensch. Das Zeitliche soll dagegen ewig währen. Gross schreibt: «Auch der Zeitdruck ist ein Resultat der Verweltlichung. Die mit dem Leerfegen des Himmels verbundene Vernichtung einer Entlastungsmöglichkeit in einem Jenseits führt zur Kompression des und zum Druck auf das Diesseits. Weltzeit schrumpft auf Lebenszeit zusammen. Zeit wird Frist.»[140] Schon Hitler soll geäußert haben: «Wofür die anderen eine Ewigkeit haben, dafür bleiben mir nur ein paar armselige Jahre.» Wir haben zwar heute die Gleitzeit, immer mehr Ferien, aber immer weniger Zeit für das eigentliche Leben. Unsere Wünsche sind gigantisch in die Höhe gewachsen. Wir wollen alles, und das sofort. Wir geben uns mit nichts wirklich zufrieden. In der Landwirtschaft versucht man, die Jahreszeiten zu überspringen, um mehr Profit zu erwirtschaften. So kommt die Zeit unter Druck,

---

[139] Walter Kasper, «Die Kirche angesichts der Herausforderung der Postmoderne», *Stimmen der Zeit* 122(Oktober, 1997), S. 661.
[140] Peter Gross, *Die Multioptionsgesellschaft*, Frankfurt: Suhrkamp, 1994, S. 371-372.

wird komprimiert und auf das Maximale zusammengepreßt. Die Uhr tickt immer schneller, die Zeit zerrinnt unter unseren Händen. Die Folge: Streß, Burnout, Erschöpfung, psychische Krankheiten, Überforderung, Angst.

Parallel dazu will man den Tod abschaffen. Er paßt nicht in das Konzept des ewigen Materialismus. In der Vergangenheit lebte man ganz natürlich mit dem Sterben. Noch bis vor wenigen Jahrzehnten wurden Tote zu Hause aufgebahrt, Kinder erlebten das Sterben der Großeltern ganz real. Todessymbole in den Kirchen erinnerten täglich an das Ende. Heute wollen wir es nicht mehr wahrhaben, daß unser Leben bald ein Ende hat. Der Tod wird totgeschwiegen, abgeschoben in die Sterbezimmer der Krankenhäuser. Das gesetzlich verbriefte Recht, Verstorbene bis zu 36 Stunden aufzubahren, nimmt heute niemand mehr wahr. Man friert lieber seinen Körper ein in der Hoffnung, zukünftige Wissenschaftler hätten die Macht, ihn wieder zum Leben zu erwecken. Man möchte dem Tod doch noch von der Schippe springen, Gott ein Schnippchen schlagen. Der Tod war früher ein öffentliches Ereignis, heute ist er nicht mal mehr ein privates. Früher verehrte man die Ahnen, bestattete die Toten feierlich in Familiengräbern. Heute werden Sterbende abgeschoben, man äschert sie ein, verweigert ihnen die «letzte Ehre». Die Zahl der «anonymen Beisetzungen» nimmt stetig zu. Das Familiengrab gibt es nicht mehr, man weiß nicht mal, wo das Grab der Verwandten zu finden ist. Besuche auf dem Friedhof sind selten. Unsere Friedhöfe spiegeln unseren Lebensstil wider. Wir sind schlimmer als die alten Heiden: Sie wußten noch, wie sie mit ihren Toten umzugehen hatten. Eine alte Weisheit sagt: «Schaut euch an, wie die Menschen mit ihren Toten umgehen, und ihr wißt, wie sie sind.» Sollte das wahr sein, steht es wahrlich schlecht um unsere Gesellschaft.

Wir haben eine entscheidende Dimension unseres Lebens verloren: Das Gefühl für unsere Begrenztheit. Wir haben den weisen Rat des Mose vergessen: «Lehre mich bedenken, daß ich sterben muß, damit ich klug werde» (Ps. 90,12). Der Mensch greift nach dem unendlichen Leben, nach den verbotenen Früchten vom Baum des ewigen Lebens. Er verdrängt den Tod, will ihn nicht mehr wahrhaben. Damit geht ihm jedoch eine wichtige kulturelle Errungenschaft verloren. Wenn wir nicht mehr die Verstorbenen vor Augen haben, geben wir uns der Illusion hin, wir könnten ewig existieren. Der Mensch vergißt seine Begrenztheit und verliert damit seine Identität. Er nimmt das Sichtbare, sich selbst, zu wichtig. Paulus wußte noch: «Das Sichtbare ist zeitlich, das Unsichtbare aber ewig» (2. Kor. 4,18). Wir haben den Spieß herumgedreht und damit die göttliche Setzung des Lebens manipuliert. Kein Wunder, daß wir nie zur Ruhe kommen und unser Herz an das Materielle hängen statt an das Ewige.

Viele Menschen kommen mittlerweile mit der Steigerungswelt des Konsums nicht mehr zurecht. Sie wollen aussteigen, sie sehnen sich nach dem Jüngsten Gericht. Sie flippen aus, kommen in die Psychiatrie, verüben Selbstmord, werfen Pflastersteine. Man bekommt Freude an der Zerstörung, beschmiert U-Bahn-Schächte, wirft Eisenstangen auf Oberleitungen, montiert Bahnschienen ab. Der Film «Falling down» drückt diese Geisteshaltung aus: Ein Bürger von Los Angeles wird zum Amok-Läufer. Die Aussteiger sind die ganz normalen Deutschen, nicht mehr die Hippies der 60er Jahre. Das alltägliche Chaos der totalen Konsumgesellschaft geht vielen fürchterlich auf die Nerven. Schätzungsweise fünf Millionen deutsche Frauen leiden unter Eßstörungen, meist ausgelöst durch falsche Diätpläne. 2,5 Millionen Deutsche leiden unter Bulimie, Mager- oder Eßsucht. Aus der Überfluß- wird die Überdrußgesellschaft.

Es gibt eben eine gefährliche Kehrseite der Steigerungsmentalität. Wir haben z.B. immer mehr zu verarbeiten. Die Erlebniswelt hat sich durch die Mobilität des Menschen revolutioniert. Wir werden täglich mit Tausenden von Bildeindrücken konfrontiert, so daß unser Gehirn laufend selektieren muß. Wir nehmen am Tag tausendmal mehr Eindrücke in uns auf als unsere Urgroßeltern in einem ganzen Jahr. Längst treibt uns unsere Sehnsucht zur einsamen Insel ohne Telefon und Fax. Abschalten heißt die Devise. Die Sehnsucht nach Mobilität schlägt ins Gegenteil um: Immer weniger Menschen haben das Bedürfnis nach Geschwindigkeit. In der komplexen Alltagswelt der Moderne gibt es eine Sehnsucht nach dem Stetigen und Unveränderbaren. Die Konstanten sind uns aber abhanden gekommen. Dieser Verdruß der Mobilität zeigt sich an einigen Beispielen: Die Zahl der Studenten, die ihren Studienort wechseln, ist in den letzten Jahrzehnten trotz erhöhter Prosperität und Mobilität stark zurückgegangen. Wechselten 1911 noch 62% der Studenten deutscher Hochschulen während des Studiums die Universität, um an anderen Hochschulorten weiterzustudieren, waren es 1960 nur noch 39%, 1994 sogar nur noch 14%. Der Grund: Neben dem Wunsch nach schnellem Studienabschluß besteht eine unbestimmbare Angst vor dem Neuen und eine mangelnde Bereitschaft, angestammte Beziehungen und Verbindungen abzubrechen und neue aufzubauen. Man sehnt sich nach Sicherheit, Überschaubarkeit. Nur so ist auch die Skepsis vor der Einführung des Euros zu erklären. Der Mensch ist all der Innovationen und Veränderungen müde geworden. Er zeigt kein Interesse mehr an den neuen Produkten der Moderne. Die Unüberschaubarkeit des Angebotes schlägt ins Gegenteil um: Wir wollen Überschaubarkeit haben. Junge Leute rasen nicht mehr mit Tempo 200 über die Autobahn, sondern tuckern gemütlich mit 80 Sachen über die Landstraße. Das Pendel schwingt zurück: Wir wollen nicht mehr, weil wir nicht mehr können.

Eine weitere Kehrseite des Wohlstandes ist der zunehmende Müllberg. Wir wissen nicht mehr wohin mit unseren Abfällen. Die Amerikaner produzieren jährlich pro Kopf 730 Kilogramm Müll, die Schweizer 400 und die Deutschen dank *Dualem System* «nur» 360 Kilogramm. Wohin aber mit den lästigen unbrauchbaren Resten unseres Wohlstandes? Wir ersticken in unserem eigenen Abfall, kippen ihn lieber gleich ins Meer oder verfrachten ihn ins Ausland. Die Deponien sind am Ende ihrer Kapazität und doch nur Ausdruck einer übersättigten Wohlstandsgesellschaft.

Um es auf den Punkt zu bringen: Wir sind dekadent geworden. Wer weiß noch, was Hunger bedeutet? Wir haben uns an den Supermarkt gewöhnt, essen unsere Eszet-Schnitten, schlagen uns den Magen voll. Wir sind wie die alten Römer, dekadent, dem Verfall preisgegeben. Dekadenz ist jedoch ein Indiz für sterbende Kulturen. Der Untergang Roms wurde nicht durch eine militärische, sondern eine gesellschaftliche Krise ausgelöst. Man war innerlich leer, ausgehöhlt, und konnte den überzeugten Feinden nichts entgegensetzen. Dekadenz ist die letzte Phase aller untergehenden Kulturen. Sind wir so maßlos geworden, daß wir uns selbst zerstören?

Wie kann es zu einer Lösung von der materiellen Sucht der westlichen Welt kommen? Auch hier gibt uns die Bibel, Gottes Wort, wichtige Hilfen. Materieller Reichtum wird dort keineswegs pauschal verdammt. Er kann auch Ausdruck des Segens Gottes sein. Vor allen Dingen schützt Gott das Eigentum vor dem

Zugriff des Nächsten (2. Mose 20,17). Von einer erzwungenen Umverteilung der Güter ist nirgendwo die Rede. Entscheidend ist jedoch die Einstellung des Menschen zum irdischen Besitz. Er soll lernen, richtig mit dem Geld umzugehen und sich nicht davon beherrschen zu lassen. Besitzt das Geld uns, oder besitzen wir das Geld?

Schon im ersten Jahrhundert nach Christus gab es den Drang zum Materialismus. Die Bibel warnt an vielen Stellen vor dem trügerischen Streben nach Reichtum (z.B. 1. Tim. 6,9). Jesus Christus forderte in der Bergpredigt die Sammlung von Himmelsschätzen (Mt. 6,19). Symbol für die damalige Macht des Geldes war «Mammon», der Besitz, der den Menschen vollständig in Beschlag nimmt und von Gott wegzieht. Materialismus ist deshalb nach biblischer Diagnose nichts anderes als Götzendienst, Versklavung unter das Sichtbare, Konkurrenz zum allmächtigen Gott. Wer sein Herz an den Besitz hängt, stiehlt Gott die Ehre und macht das Geschaffene zum Schöpfer.

Auch die Christen wollen immer mehr. Haben wir etwa vergessen, daß die Religion eher ein Begrenzungsversuch denn ein Steigerungsversuch ist? Weniger ist mehr! Hinterfragen wir unseren Lebensstil. Ein Besuch in der Dritten Welt wirkt manchmal Wunder. Ein einfacher Lebensstil ist eine wirkliche Alternative zu einer maßlos gewordenen Gesellschaft – aber schaffen wir so etwas noch? In einer materialistischen Zeit wäre es ein wichtiges Zeichen, mit dem Nötigsten auszukommen und sich von den Besitzständen nicht regieren zu lassen.

Stellen wir in unseren Gemeinden nicht Häuser in den Mittelpunkt, sondern Gott und seine Ehre. Es geht doch nicht um das eigene Prestige oder um den Stolz, anderen unsere tolle Gemeinde zu präsentieren. Unsere Kirchen und Gemeinden müssen wieder weit offenstehen für alle Klassen und Schichten unserer Gesellschaft. Wir dürfen uns nicht einbunkern in unsere bürgerliche Mittelschichtsfrömmigkeit. Gemeinde ist immer Gemeinde für alle, auch für die Ausgestoßenen in unserer Gesellschaft, sonst verfehlt sie ihren Sinn und ihren Zweck. Auch die evangelikale Frömmigkeit steht in der Gefahr, die bürgerliche Mittelstandsgesellschaft in ihren Formen des Christseins zu reflektieren. Hier täte eine Rückbesinnung auf die Urgemeinde gut, in der reiche wie arme Gläubige einmütig beisammen wohnten.

Jesus Christus mußte zweimal während seines öffentlichen

Wirkens den Tempel in Jerusalem reinigen (Joh. 2,13-16; Mk. 11,15-19). Im Heiligtum Gottes hatten sich die Händler breitgemacht. Die Religion war ein Geschäft geworden, von dem man gut leben konnte. Die Wechsler und Verkäufer nutzten die Gunst der Stunde, d.h. die Pilgerfahrten der jüdischen Gläubigen, um sich an ihnen zu bereichern. Auch der Apostel Paulus mußte die Macht des religiösen Geschäftes der damaligen Zeit erfahren. Als er in Ephesus die Heiden vom Glauben überzeugt hatte, rebellierten die Kaufleute, weil sie um ihre Geschäfte mit den Götzen fürchteten (Apg. 19,23-29). Alle drei Begebenheiten zeigen: Religion und Geschäft dürfen nicht verbunden werden. Das Evangelium von Christus ist immer frei. Es kostet nichts, weil es Christus alles gekostet hat. Er hat alles für uns bezahlt. Die Botschaft an seine Jünger sollte auch heute noch zum Nachdenken anreizen: «Umsonst habt ihr es empfangen, umsonst gebt» (Mt. 10,8). Wir können nicht Gott dienen und dem Mammon. Wir dürfen nicht das Heilige, Christus, mit dem Profanen überdecken.

Jesus Christus ist eben keine Ware, die ich wie ein Konsumprodukt anpreisen und verkaufen kann. Die Gesetze der heutigen Marktwirtschaft passen nicht auf den Glauben, mehr noch: Sie zerstören und verfälschen ihn. Über Jesus kann man nicht frei entscheiden wie am Wühltisch bei Karstadt oder Horten. Jesus Christus ist der heilige Gott, der ganz andere, der Schöpfer von Himmel und Erde, der Richter aller Menschen. Ihn kann man nicht als Schnäppchen zum Schleuderpreis haben.[141] Die Prämisse des Konsums heißt: Der Käufer ist König. Die Prämisse des christlichen Glaubens lautet: Gott ist König. Der christliche Glaube entzieht sich deshalb der Konsummentalität der Moderne.

Als einmal ein reicher Jüngling zu Jesus kam, wies Christus ihn auf seine Abhängigkeit vom Geld hin. Dieser Mann war religiös, gerecht, er kannte die Gebote. Er war kein Verbrecher, meinte es ehrlich. Und doch ging er erschrocken weg, «denn er hatte viele Güter» (Mk. 10,22). Was müßte Jesus heute zu uns sagen? Er hätte allen Grund, diese Predigt in jeder unserer Kirchengemeinden zu halten. Viele, viele würden aus dem gleichen Grund ge-

---

[141] Vgl. dazu die deutlichen Aussagen von Douglas D. Webster, *Selling Jesus: What's Wrong with Marketing the Church*, Downers Grove: InterVarsity, 1992.

schockt hinausgehen. Wir können nicht mehr mit Petrus sagen: «Silber und Gold besitze ich nicht» (Apg. 3,6a). Wir haben heute viele Schätze. Aber wir können noch weniger sagen: «Was ich aber habe, das gebe ich dir: Im Namen Jesu Christi, des Nazoräers: Geh umher!» (Apg. 3,6b). Wir haben den irdischen Besitz, aber der geistliche ist uns vielerorts abhanden gekommen.

In der Begegnung Jesu mit dem reichen Jüngling heißt es: «Jesus blickte ihn an und gewann ihn lieb» (Mk. 10,21). Jesus liebt auch die Reichen. Also gibt es Hoffnung für den Materialisten. Die Frage der Jünger, wie denn Materialisten überhaupt gerettet werden können, beantwortet Jesus mit der Allmacht Gottes. Bei Gott sind alle Dinge möglich (Mk. 10,27), auch die Transformation eines geldgierigen Materialisten zu einem demütigen Gottesmann. Deshalb gibt es auch Hoffnung für eine materialistische Welt, denn Jesus Christus will uns befreien von den Verkettungen der irdischen Welt. Wer Christus als Herrn und Heiland gefunden hat, bekommt eine andere Einstellung zu den irdischen Gütern. Er freut sich am Reichtum, aber er wird nicht davon abhängig. Wie sehr brauchen wir heute Leute, die uns den Weg weg vom Sichtbaren hin zum Unsichtbaren weisen.

5
Technopoly
Technisierung und Fragmentierung

*Die Industrieländer sind auf dem Weg
in eine Zukunft,
in der traditionelle Gemeinschaften,
Solidaritätsformen, Klassen
nur mehr wenig zählen werden:
Sie sind auf dem Weg in eine fragmentierte,
in eine zersplitterte Gesellschaft.*

UWE JEAN HEUSER

*Technologie verändert nicht nur unsere Welt,
sondern verändert auch die Art und Weise,
wie wir unsere Welt erleben.*

DAVID F. WELLS

5.1 Homo technicus: Gesellschaftliche Trends

Die enorme Steigerung der Lebensqualität im Westen seit Ende des Zweiten Weltkrieges ist erst durch den technischen Fortschritt möglich geworden. Die Technik und insbesondere die Elektronik trat seither ihren Siegeszug in allen Betrieben und Haushalten an und veränderte unser Leben von Grund auf. Die Produktionsabläufe wurden vereinfacht und rationalisiert. Schwere körperliche Arbeit wurde nach und nach von Maschinen übernommen. Das Auto wurde schneller und sicherer, machte uns mobil. Der Haushalt wurde durch Elektroherd, Kühlschrank, Spülmaschine und Mikrowelle revolutioniert. Die Welt des Computers brachte einen weiteren Umschwung und eine völlige Veränderung der Arbeitsprozesse mit sich. Ob wir es wollen oder nicht: Die Technik ist aus unserer Gesellschaft nicht mehr wegzudenken und bestimmt unser tägliches Denken und Handeln.[142] Der Mensch ist zum «homo technicus» geworden.

Technik hat es natürlich zu allen Zeiten der Menschheitsgeschichte gegeben. Man kann nur staunen über das technische Verständnis der Antike. Das Proprium der modernen Technik liegt jedoch darin, daß sie ihre Energie nicht mehr in erster Linie durch die menschliche oder tierische Leistung und Kraft bekommt, sondern durch die Maschine, den Motor und das Kraftwerk. Deshalb kann man mit Recht sagen, daß erst durch die Entwicklung der Dampfmaschine die revolutionäre «Technische Ära» begann. Das industrielle Zeitalter war die folgerichtige Entwicklung der neuen Energietechnik. Aus der Agrargesellschaft wurde die Industriegesellschaft. Seit den 70er Jahren wird sie wiederum abgelöst durch die totale Elektronikgesellschaft, die in der Produktion von Computern und ihren Rechenanlagen der Wirtschaft und Gesellschaft neue Horizonte eröffnet.

An der Technik wird die Widersprüchlichkeit der Moderne deutlich. Die Technik beherrscht unwillkürlich unser Leben, obwohl der moderne Mensch eigentlich völlig unabhängig existieren möchte. Überlegen wir nur einmal, wieviele elektrische Haus-

---

[142] Vgl. zu diesem Kapitel Georg Huntemann, *Biblisches Ethos im Zeitalter der Moralrevolution*, Neuhausen-Stuttgart: Hänssler, 1995, S. 635-716.

haltsgeräte wir besitzen: Kühlschrank, Herd, Mikrowelle, Toaster, Heißwasserkocher, Kaffeemaschine, Fernseher, Stereoanlage, Videorecorder, Fön, Rasierer, Durchlauferhitzer usw. usw. Durch die Technik haben wir unseren Lebensstandard sichtbar verbessern können. Dank der medizinischen Fortschritte hat sich unsere Lebenserwartung verlängert, können bisher als tödlich geltende Krankheiten geheilt werden. Durch die Technik sind wir mobil geworden.[143] Die Welt wird durch die Technik zur globalen Werkstatt. Das Elektrizitätswerk der Millionenstadt Pittsburgh wird durch sechs Personen gesteuert. Wir fliegen durchs All, schicken fahrende Untersätze auf den Mars, operieren via Internet, kommunizieren per Bildschirm.

Anhand des Telefons kann der Einfluß der Technik auf das menschliche Leben verdeutlicht werden.[144] Telefone gibt es als Massenprodukt erst seit knapp fünfzig Jahren. Keiner wird leugnen, daß durch die Telefone das Leben angenehmer geworden ist. Telefonieren knüpft Kontakte, rettet Leben, forciert die Wirtschaft, übermittelt Informationen. Durch das Telefon können wir innerhalb von Sekunden überall auf der Welt präsent sein, Kontakte knüpfen, Aufträge erteilen, Bestellungen abwickeln und wieder stornieren… Was wir uns jedoch kaum bewußtmachen, ist die Tatsache, daß der Akt des Telefonierens auch auf unsere tagtäglichen Gewohnheiten und Verhaltensweisen abfärbt. Zunächst einmal muß ich beim Telefonieren eine Zahl wählen, um eine Person zu erreichen. Der moderne Mensch denkt überhaupt viel mehr in Zahlen als sein prämoderner Vorgänger. Ich muß mir eine bestimmte Abfolge von Nummern merken, die für eine Person und ihren Anschluß steht. Habe ich sie dann erreicht, beginnt eine für uns schon selbstverständliche, aber verkürzte Kommunikationsebene. Meine Stimme löst sich von meinem Körper und wird durch elektronische Signale um die Welt geschickt. D.h. meine Worte werden von meinem Sein abgelöst, ihrer Ganzheitlichkeit entzogen. Die Umgangsart ist künstlich, manchmal gar oberflächlich. Die Kommunikation steht angesichts der steigen-

---

[143] In Anlehnung an Ernst Jünger spricht Georg Huntemann hier von Technik als Mobilisierung der Existenz: Ebd., S. 36.
[144] Vgl. Peter Berger, *Der Zwang zur Häresie: Religion in der pluralistischen Gesellschaft*, 2. Aufl. Freiburg: Herder, 1992 (1980), S. 19.

den Gebühren unter einem Zeit- und damit Erfolgsdruck und drängt deshalb zur Verkürzung und Genauigkeit. Da ich mein Gegenüber nicht sehe, entgehen mir körperliche Reaktionen auf das Gesagte. Ich nehme also mein Gegenüber nur ausschnittweise wahr. Sympathie oder Antipathie werden von der Stimme abhängig gemacht. Die Leichtigkeit des Telefonierens verführt andererseits dazu, daß wir mehr Banalitäten austauschen und manchmal nur zum Spaß ein Plauderstündchen einlegen. Daraus folgt: Die Technik bestimmt unsere Kommunikationsformen. Diese verkürzte Kommunikationsstruktur beobachten Soziologen mittlerweile jedoch nicht nur beim Telefonieren, sondern auch in anderen Lebensbereichen, in denen uns die Gesprächspartner gegenübersitzen. Wir benehmen uns manchmal so, als würden wir telefonieren, obwohl wir keinen Telefonhörer in der Hand halten. D.h., das allgemeine Sozialverhalten des Menschen wird durch eine nur kurzzeitig ausgeführte Kommunikationsebene wie das Telefonieren insgesamt geprägt.

Technik ist also nicht in dem Sinne neutral, daß sie keine Auswirkung auf das Lebensgefüge der Moderne hätte. Stichwort Mikrowelle: Sie ist Ausdruck unserer Lebensform, und gleichzeitig prägt sie selbst unseren Lebensstil. Es gibt die Schnellgerichte für zwischendurch, die Fünf-Minuten-Terrine. Mahlzeiten, deren Zubereitung früher Stunden dauerte, werden jetzt in Minuten fertig. Wir nehmen uns keine Zeit mehr zum Kochen, haben deshalb auch keine Beziehung mehr zu den Nahrungsmitteln. Alles ist schon fertig zusammengestellt, es braucht nur noch aufgewärmt zu werden. Die Technik vereinfacht unsere Lebensabläufe ungemein. Unsere Elektronikgeräte stehen meist auf «Stand by», immer zur Verfügung. Ein Knopfdruck genügt, meist schon über die Fernbedienung, und schon fließt der Kaffee, springt der Toast auf den Teller, schaltet sich der Backofen automatisch ein. Unsere Stromrechnungen steigen ins Unermeßliche, aber wir sind glücklich.

Die technische Revolution veränderte nicht nur unseren Lebensstandard, sondern unsere gesamte Existenzweise. Die Technik suggeriert uns, daß jeder Defekt zu reparieren sei. Ein kaputtes Auto kann repariert werden, der defekte Fernseher kommt in die Werkstatt. Und wenn es nicht mehr zu reparieren ist, dann kaufen wir ein neues Gerät. Dieses grundsätzliche Austauschdenken hat sich in unsere Seelen eingebrannt. Alles kann ersetzt werden, so meinen wir. Unglück ist nur eine vorübergehende Funktionsstörung. Das Gerät muß funktionieren, genauso wie der Mensch, so denkt man. Ist nicht auch der Mensch eigentlich ein technisches Gerät? Die medizinische Technik ist langsam so weit, die Funktionsteile in der Maschine Mensch bei Fehlfunktionen austauschen zu können. Durch die technische Universalrevolution steigt der Druck auf den homo technicus: Er muß 24 Stunden funktionieren. Seine Arbeitskraft ist fest eingeplant, damit die Maschinen sich rentieren. Der Faktor Mensch ist zur Maschine degradiert. Im Gleichschritt mit der Technik müssen wir alle funktionieren, koste es, was es wolle.

Der Mensch hat durch die Technik scheinbar alles im Griff, er kann die Geräte nach Lust und Laune steuern. Wir sind unsere eigenen Chefs, die Götter der technischen Geräte, die Herren der Schaltknöpfe. Der technische Mensch übt mit Hilfe der Fernbedienung seine Macht aus, wenn auch nur in einem kleinen Bereich. Das Gerät gehorcht ihm, gibt ihm das Gefühl der Bestätigung und der Macht. Wir haben die Power in der eigenen Hand. Die Lautstärke wird von uns geregelt. Wir sind der homo technicus, der Übermensch, dem nichts im Wege steht. Das Gaspedal stärkt unser Ego. Die «Power-Knöpfe» sind unsere besten Freunde.

Die Technik erobert alle Bereiche unseres Lebens. Selbst in der Sexualität spricht man von bestimmten Techniken, um das Lustgefühl zu steigern. Massagetechniken entspannen unseren gestreßten Körper. Der Roboter übernimmt unseren Arbeitsplatz, effizienter als wir ist er allemal. Welt wird durch die Technik gemacht, nicht durch Gott.[145] So lautet das Wirklichkeitsgefühl des modernen Menschen. Die Technik hilft mir, Gott zu spielen. Totale Technik wird zur Selbsterlösung. Mir ist nichts mehr heilig. Alles wird profan, ein Ding, ein Gerät, die Maschine. Alles wird verfügbar, nichts ist meinem (Internet-)Zugriff verborgen.

Die totale Technik hat auch die Restaurants erreicht. George Ritzer hat McDonald's als beispielhaftes Restaurant für den technischen Lebensstil gekennzeichnet. In seinem Buch «Die McDonaldisierung der Gesellschaft»[146] beschreibt er die Philosophie

---

[145] Huntemann, S. 45.
[146] George Ritzer, *Die McDonaldisierung der Gesellschaft*, Frankfurt: S. Fischer, 1995.

der Fast-Food-Ketten. Alles ist auf Effizienz und Berechenbarkeit ausgerichtet. Schnelligkeit und Rationalisierung kommen hier zu ihrem Höhepunkt. Die Stühle im Restaurant sind bewußt unbequem, damit die Kunden nicht zu lange bleiben. Die Rationalisierungseffekte führen zu einer Veränderung des Kundenverhaltens. Man steht für das Essen an, die Auswahl der Gerichte ist klein und überschaubar, das Personal wenig geschult und unqualifiziert, dafür jedoch billig, die Speisen schmecken überall auf der Welt gleich, die Automatisierung wird auf die Spitze getrieben, jede Cola hat gleichviel Inhalt dank elektronischem Zapfhahn. Die Pommes Frites werden elektronisch überwacht, gleiches gilt für die Hamburger und Cheeseburger. Alles wird vereinheitlicht, kein Big Mac unterscheidet sich von seinem Nachbarn. Das standardisierte Essen greift auch auf den Kunden über: Wir sind Teil des Ganzen, effizient berechnet.

McDonald's ist Ausdruck der Moderne. In der mobilen Gesellschaft hat keiner mehr Zeit zum Kochen oder zum gemütlichen Essen. Der Kunde wird automatisiert, ohne daß er darüber reflektiert. Ein Stück Menschlichkeit bleibt auf der Strecke. Wir essen wie am Fließband. Wir sind normiert, rationalisiert. Und doch bietet McDonald's uns einen Schutzraum: Alle sind gleich, weil alle das gleiche essen. Die Abläufe sind bekannt. Nichts bedrohlich Neues ereignet sich, außer in den Aktionswochen («Los Wochos»). Man fühlt sich in der Technikwelt doch noch geborgen. So ist McDonald's nicht nur Prototyp der rationalen Moderne, sondern auch Prototyp der Gegenmoderne. McDonald's zeigt: Wir sind Opfer der totalen Technisierung, und wir finden es «einfach gut».

Aber auch hier machen sich Ermüdungserscheinungen bemerkbar. Das Pendel schlägt seit den 90er Jahren um. Das beste Beispiel ist das Bildtelefon. Seit Anfang der 80er Jahre ist es technisch möglich, Bildtelefone zu installieren, d.h., man hört nicht nur, sondern sieht auch sein Gegenüber. Trotzdem wurde das Bildtelefon zum Flop. Denn hier beißen sich zwei Trends: der Wunsch zum Rückzug, das «Cocooning» auf der einen Seite und die Faszination der Technik auf der anderen Seite. Das Bildtelefon zwingt uns Verhaltensweisen auf, die wir nicht zulassen wollen. Man kann nicht im Bademantel oder Pyjama telefonieren, weil man beobachtet wird. Man kann sich nicht gehenlassen, sondern muß die freundliche Fassade aufrechterhalten. Dazu ist der moderne Mensch nicht bereit. Das normale Telefon ist hier besser: Es vermittelt Nähe und Distanz zugleich. Ich kommuniziere, ohne in meiner Freiheit beschränkt zu werden. Der Mensch möchte seine Intimität bewahren. Hier stößt die allmächtige Technik an ihre Grenzen.

Längst lassen sich weitere Gegentrends beobachten. Viele haben gemerkt, daß Technik auch eine Kehrseite hat. Der Soziologe Ulrich Beck sprach Mitte der 80er Jahre schon von einer «Risikogesellschaft».[147] Die globalen Krisen, die u.a. auch durch den kopflosen Gebrauch der neuen Techniken vorangetrieben wurden, verändern die Moderne und entzaubern die Industriegesellschaft. Tschernobyl hat deutlich gemacht, daß wir an einer Grenze angekommen sind. Wir wollen die totale Sicherheit, aber es gibt Unabwägbarkeiten. Totale Technik wird plötzlich zur totalen und globalen Bedrohung. Wir leiden unter ihrer Unpersönlichkeit und wollen sie doch nicht aufgeben.

Längst formiert sich auch in der Zeitfrage eine Gegenbewegung: «Tempus – Verein zur Verzögerung der Zeit» oder «Delta t», der Verein für Langschläfer. Eine neue Arbeitsgruppe taucht auf, genannt die «slobbies», eine Abkürzung für: «slow but better working people». Der große Star der Jugendszene war vor einiger Zeit ein alter Opa: der Almöhi aus der *Milka*-Werbung. Er tingelte unter tobendem Applaus von einer Party zur anderen. It's cool, man. Er verkörperte den neuen Wunschtraum der Jugend: raus aus der hektischen City, hinein in die friedlichen Berge jenseits des Stresses.

Zur Technik tritt die «Fragmentierung» der westlichen Welt. Darunter versteht man die zunehmende Aufspaltung der Welt in verschiedene voneinander unabhängige Teilbereiche. Es gibt längst nicht mehr die eine Welt, sondern nur noch eine multikulturelle Erde mit Tausenden von Kulturen, Subkulturen, Sprachen, Völkern, Berufen, Hobbys usw. Der moderne Pluralismus führt zwangsläufig zu einer Zersplitterung der Welt. Die späten 80er Jahre verstärkten diese Fragmentierung: Aus der bipolaren Welt des Kalten Krieges wurde eine multipolare Welt der Ge-

---

[147] Ulrich Beck, *Risikogesellschaft: Auf dem Weg in eine andere Moderne*, Frankfurt: Suhrkamp, 1986.

genwart. Dem Menschen entschwindet das Gefühl für das Ganze. Die Sinnzusammenhänge verschwinden in der Masse der Einzelteile. Wir bekommen das Puzzle nicht mehr zusammen, weil uns die Vorlage fehlt. Die Welt ist endlos in Einzelteile fragmentiert. Die normative Homogenität der Gesellschaft ist dahin.

Dieser Trend steht auf den ersten Blick im Gegensatz zur Globalisierung. Die Wirtschaftswelt hat sich internationalisiert, die Medien haben das Ihre dazu beigetragen. Die Verkehrswege ermöglichen uns ungeahnte Reisen in fremde Länder. Fortschritt und Modernität halten langsam auch in der Dritten Welt Einzug. Trotzdem steht der Globalisierung eine «Tribalisierung» und ein «Isolationismus» gegenüber, ein Zurückgreifen auf die eigene, kleine Volksgemeinschaft. Die Öffnung der Horizonte führte nicht zu einer globalen Weltgesellschaft, sondern neuerdings zu einer Rückbesinnung auf die eigenen Traditionen. Im Gegensatz zur Globalisierung steht die «Lokalisierung». Einen aktuellen Ausdruck dieser neuen Tribalisierung erleben wir im Zusammenfallen von Vielvölkerstaaten, man denke an Ruanda, die Sowjetunion oder Jugoslawien. Die ethnischen Grenzen werden neu errichtet. Man besinnt sich auf das kulturelle Gut der eigenen Nation. Die Werte des eigenen Volkes werden wieder wichtiger. Der Rückzug in die lokale Subkultur nimmt zu. Selbst die USA, die letzte Großmacht nach dem Zusammenbruch des Kommunismus, richten ihre Blicke vermehrt auf die eigenen Probleme und wollen nicht mehr in erster Linie Weltpolizist spielen. Völker besinnen sich wieder auf ihr Erbe, suchen die Identität in der kleinen Gruppe.

Die Fragmentierung und Zersplitterung der Welt zeigt sich auch in den *vielen* modernen Trends. Man kann heute unmöglich von *einem* entscheidenden Trend sprechen. Vielmehr stehen verschiedene, manchmal gar widersprüchliche Trends nebeneinander. Kontroverse Stiltrends stehen heute Seite an Seite. Alles scheint im Trend zu sein, alles ist möglich. Ob knallig oder bieder, bunt oder einfarbig, poppig, schmalzig oder artistisch: jeder kann alles leben. Die Trends «tanzen hin und her»[148], sie schließen sich

---

[148] Gerd Gerken/Michael-A. Konitzer, *Trends 2015: Ideen, Fakten, Perspektiven*, München: Deutscher Taschenbuch Verlag, 1996 (1995), S. 24.

nicht aus, sie stehen in permanenter Parallelität zueinander. Innerhalb einer Nation gibt es mittlerweile kaum noch faßbare Subkulturen, die ihre eigene Welt leben. Schon seit längerer Zeit kann man z.B. nicht mehr von «der» Jugendszene sprechen, sondern muß genau definieren, von welcher «Szene» man gerade spricht. Ob «Grunge» oder «Techno», «Pop» oder «Normalo» – jede Gruppe hat ihre eigenen Normen, Stile und Verhaltensmuster.

Subkulturen sind in sich geschlossene Gesellschaftsgruppen, die zusammenhanglos nebeneinander existieren. Die Ghettoisierung der Moderne zeigt sich schon daran, daß ich meine Nachbarn nicht mehr kenne. Die Beziehungen in der «Lindenstraße» sind mir besser bekannt als die meiner Nachbarsfamilie. In den Wohngebieten gibt es besondere Viertel für die Reichen, die Ausländer, die Asylanten, den Mittelstand. Verschiedene Subkulturen leben nebeneinander, aber nicht miteinander. Weil die Moderne zu komplex und unüberschaubar geworden ist, suchen wir uns Gleichgesinnte, die das Gefühl der Geborgenheit vermitteln und Heimat werden. Man reduziert damit die Komplexität der Welt und flieht in die kleinkarierte Subkultur der heilen Welt. Hempelmann konstatiert: «Aus der ständischen, der hierarchisch gegliederten oder durchstrukturierten Gesellschaft ist eine fragmentierte Gesellschaft geworden, die in eine unüberschaubare Vielzahl von Milieus und Submilieus, Welten und Sprachwelten zerfallen ist.»[149]

Ein alltäglicher Ausdruck der zunehmenden Fragmentierung der westlichen Kultur ist das wachsende Spezialistentum. Früher konnte der Arbeiter noch ganze Produktionsabläufe erfassen, heute fühlt er sich als ein Rädchen im Getriebe. Früher konnten wir die Haushaltsgeräte, Fahrräder etc. noch selbst reparieren, heute muß der Experte kommen. Früher wußten wir noch den Unterschied zwischen Weizen, Roggen und Gerste auf dem Feld zu bestimmen. Heute reicht es, wenn der Bauer davon weiß. Wir sind eine Welt voller Spezialisten geworden. Die technischen Geräte überlassen wir lieber dem Fachmann. Das Auto ist mitt-

---

[149] Heinzpeter Hempelmann, *Glauben wir alle an denselben Gott? Christlicher Glaube in einer nachchristlichen Gesellschaft*, Wuppertal: R. Brockhaus, 1997, S. 19.

lerweile vollgestopft mit Elektronik, so daß wir sowieso nichts mehr reparieren können. Spezialisten überall: ob Ärzte, Anlageberater, Forscher oder Autorennfahrer, wir alle haben uns auf ein kleines Fach zu konzentrieren. Das Ganze gerät aus dem Blickfeld.

Die fehlende Ganzheitlichkeit der modernen Gesellschaft zeigt sich auch in der Arbeitswelt. Der Verwaltungsapparat steigt, Dienstleistungen nehmen zu. Dieser sogenannte «tertiäre Sektor» der Wirtschaft produziert keine materiellen Güter mehr. Dienstleistungsunternehmen sind neben dem öffentlichen Dienst die Banken, Versicherungen, der Handel und das Gastgewerbe. Seit Jahren beobachten wir ein starkes anteiliges Wachstum der Dienstleistungen. 1900 war nur jeder vierte Erwerbstätige im tertiären Sektor beschäftigt, 1993 mehr als jeder zweite.[150] Und für das neue Jahrtausend orakeln die Trendforscher einen explosiven Anstieg von Arbeitsplätzen im tertiären Sektor. Die direkte Arbeit an und mit der Natur und die handwerklichen Berufe werden weitere Einbußen hinnehmen müssen. Die künstliche Dienstleistungsgesellschaft der Zukunft führt uns immer weiter weg von dem, was früher einmal als Arbeitsstätte definiert wurde.

Die fehlende Verbundenheit mit der Natur und mit natürlichen Abläufen macht das Leben künstlich. Man spricht deshalb von der «Plastikwelt» des modernen Menschen. Neonlicht statt Sonnenlicht. Fitneßmaschine statt Wandern in der Natur. Kunstsonne im Solarium statt Naturbräunung. Plastikpalme statt Alpenveilchen. Wir haben es immer mehr mit künstlichen Scheinwelten zu tun. Man pflegt nicht mehr die eigenen Kinder, sondern die Tamagotchis. Die Wirklichkeit verflüchtigt sich. Genauer gesagt: Die selbstgeschaffenen Kunstwelten erscheinen uns mehr und mehr als die eigentliche Realität. Die Wirklichkeitsebenen haben sich verschoben. Die selbstgeschaffene technische Welt scheint uns das Letzte und Wichtigste zu werden.

Wir sind Beobachter der Realität geworden, Zuschauer, Gaffer. Unsere Erfahrungen sind längst Erfahrungen aus zweiter

---

[150] *Datenreport 1994: Zahlen und Fakten über die Bundesrepublik Deutschland,* Hg. Statistisches Bundesamt, Bonn: Bundeszentrale für politische Bildung, 1994, S. 306.

Hand. Durch das «Reality-TV» holen wir uns die Wirklichkeit per Fernsehen ins Wohnzimmer. Wir fahren mit dem Krankenwagen zur Unglücksstelle und «erleben» die spannende Rettungsaktion live vor der Flimmerkiste mit. Aber was heißt hier erleben? Im Plüschsessel mit Bademantel und Magnum in der Hand geben wir uns der Illusion hin, wir wären dabeigewesen.

Es fehlt die Ganzheitlichkeit. Früher waren Arbeitsplatz und Wohnhaus miteinander verbunden (Stall unten, Wohnung oben), heute fahren wir viele Kilometer zur Firma. Früher gab es einen Arzt für den ganzen Menschen, heute gibt es viele Ärzte für unsere einzelnen Organe. Wir sitzen in unseren Bürotürmen der Megastädte, verbunden per Modem mit der ganzen Welt, aber immer mehr Menschen der Postmoderne spüren die innere Leere und wehren sich gegen die Scheinwelten. Der Wunsch nach existentiellen Wirklichkeitserfahrungen ist riesig. Leben wir eigentlich wirklich, oder werden wir nur gelebt? Leben wir nicht durch die Technik und die Fragmentierung am eigentlichen Leben vorbei?

5.2 PC-Church: Gemeindliche Trends

Technisierung und Fragmentierung beherrschen längst viele «moderne» Kirchen und Gemeinden. Der Pfarrer verwaltet seine Gemeinde am eigenen PC. Die Predigt holt er sich zukünftig aus dem Internet. Der Gemeindebrief wird am Computer layoutet, das Mischpult in der Kirche muß neuestem Standard entsprechen. Die Glocke am Kirchturm wird schon lange elektronisch gesteuert, kein Küster muß noch die alten Seile ziehen. Beim Prediger erreicht man nur noch den Anrufbeantworter. In Zukunft kann man sich auch per Computerprogramm die Beichte abnehmen lassen.

Überhaupt hat sich die Funktion des Gemeindepredigers völlig verändert. Seine Aufgaben haben sich den Zeitumständen angepaßt. Er ist zum geistlichen Manager degradiert, er verwaltet. Der Pastor ist nicht mehr die geistliche Eminenz, der autoritative Herr Pfarrer, sondern der Trainer einer Individualistenmannschaft. Viele Pastoren klagen, daß fast 50% ihrer Tätigkeiten in organisatorischen Dingen bestehen. Pfarrer besuchen Managerkurse, um mit der Verwaltung und Organisation zurechtzukommen. Unsere Terminkalender werden immer dicker. Man eignet sich besondere Techniken an, um noch mehr schaffen zu können: Lese-, Lern-, Ablage- und Zeitplanungstricks helfen uns in der Suche nach totaler Effizienz.

Auch die Hektik, eine Kehrseite der modernen Welt, hat die Gemeinde längst eingeholt. Sie ist nicht mehr der Ruheplatz für die Geschundenen, die Oase der Stille. Immer mehr Aktivitäten von Kirchen und Gemeinden täuschen über ihre mangelnde Geistlichkeit hinweg. Mitarbeiter sind am Rande ihrer Kraft angesichts des hektischen Gemeindebetriebes. Jeden Abend gibt es ein neues Angebot in der Kirche. Eine Aktion jagt die nächste. Die Vorweihnachtszeit wird zum Höhepunkt des Trubels. Basare über Basare. Jede Gruppe möchte ihre eigene Weihnachtsfeier veranstalten. Natürlich muß einmal im Jahr evangelisiert werden, dann die Glaubenskonferenz, die Mitarbeiterkreise, Männer- und Frauenfrühstücke, Kindertage, Ausflüge, Bibeltage, Gebetsnächte, Missionsberichte usw. Wir kommen nicht mehr zur Stille vor Gott angesichts der Termine für Gott. Viele Christen sind geistlich total übersättigt und können deshalb die Gemeinde und ihre Angebote gar nicht mehr würdigen.

Weil keiner mehr Zeit hat, verkommen gemeindliche Angebote zu Fast-Food-Rezepten. In Schnellmethoden werden geistliche Verhaltensweisen eingeübt. Die «Vier Geistlichen Gesetze» sind Ausdruck einer schematisierten Schnellmethode. Die Frage heißt nicht mehr: «Wie führe ich einen Menschen zum Glauben?», sondern: «Wie führe ich einen Menschen schnell und effektiv zum Glauben?» Durch die Hektik des Alltags fehlt vielen der lange Atem. Man findet nicht mehr die Konzentration, sich längerfristig um einzelne Menschen zu kümmern. Die Technik hat uns die Illusion vermittelt, alles könne schnell und ohne hohen Einsatz realisiert werden. So «machen» wir Bekehrungen, wünschen uns die schnelle Entscheidung bei einer Evangelisation, ohne daß man sich selbst stark engagieren müßte.

Der Einfluß der technischen Welt auf die Gemeinden zeigt sich auch bei einigen neuen Gemeindewachstumsmethoden. Um die fehlende geistliche Dynamik zu übertünchen, werden hier manchmal pragmatische Schnellmethoden angewandt. Große amerikanische Gemeinden arbeiten mit Duftstoffen in Klimaanlagen, um eine wohlige Atmosphäre zu erzeugen. Gemeindewachstumsprogramme betonen das Entertainment, um den Gottesdienst zu füllen. Wie wäre es mit einem Techno-Abend in den Gemeinderäumen, um die Jugendlichen zu ködern? Man argumentiert mit Vorzeigegemeinden, die innerhalb weniger Jahre ihren Gottesdienstbesuch vervielfacht haben. Selbst führende Gemeindewachstumsexperten vermitteln den Eindruck, das Wachstum einer Gemeinde hinge in erster Linie von einigen äußeren Faktoren ab. Mit Hilfe von bestimmten Techniken könne quasi automatisch und natürlich Gemeindewachstum entstehen.

Der britische Theologe Os Guinness hat in einem aufsehenerregenden Buch der Gemeindewachstumsbewegung ihre Anpassung an den Zeitgeist vorgeworfen. Unter dem provokanten Titel «Dining with the Devil: The Megachurch Movement flirts with Modernity»[151] beschuldigte er sie der völligen Unterwerfung unter die Gesetze der Postmoderne. Managementpraktiken und Unterhaltung ständen an erster Stelle, auch wenn die Motive der Pastoren ehrlich seien. Fragwürdige Erfolgsrezepte machten die Runde. Kaum jemand frage noch nach der Wahrheit, allein der Erfolg zähle. Ein gefährlicher Pragmatismus habe sich breitgemacht: Was wirkt, sei richtig. Guinness warnt: Das dauernde Schielen nach Erfolg und Wachstum sei gefährlich, wenn der Erfolg alle Mittel rechtfertige und das Evangelium durch neue Formen verändert oder an den Rand gedrängt würde. Ist es wirklich ein Fortschritt, wenn in einer riesigen Shopping-Mall in der Mitte eine große Kirche ihre Türen öffnet, fragt Guinness. Theologie wird in diesen Gemeinden ganz klein geschrieben. Alles dreht sich um Methoden und Techniken, um noch mehr Menschen in die Gemeinde zu bekommen. Gemeindeleiter richten sich mehr nach den neuesten soziologischen Methoden als nach der Bibel. Vor allen Dingen beobachtet man eine völlig naive und gefährliche Begeisterung für die Moderne mit ihren vielen bunten Facetten. Niemand hinterfragt ihre Grundlagen.

Die schon in der Gesellschaft vorherrschende Verweigerung gegenüber der künstlichen Welt der Technik beobachtet man seit einiger Zeit auch in den Gemeinden. Die Leute suchen die Ruhe in ihren eigenen vier Wänden und lassen sich kaum noch zu Ver-

---

[151] Os Guinness, *Dining with the Devil: The Megachurch Movement Flirts with Modernity*, Grand Rapids: Baker, 1993.

anstaltungen unter der Woche motivieren. Die gemeindliche Kommunikation wird so auf den Sonntag beschränkt, eine Tendenz, die wir in den USA schon lange kennen. Burnout-Erfahrungen von Mitarbeitern treiben sie in ein anderes Extrem: in den totalen Rückzug in die Privatfrömmigkeit. Manche Christen haben es satt, immer nur zu funktionieren. Die Suche nach echter Spiritualität, Ruhe und Stille, wahren Erfahrungen hat in den 90er Jahren die Gemeinde Jesu erreicht. Auch hier spricht man wieder von Ganzheitlichkeit.

Die oben beschriebene Fragmentierung und Lokalisierung der westlichen Kultur wird ebenfalls von der Kirche rezipiert. Über die zunehmende Tendenz zur Clübchenbildung haben wir schon gesprochen. Aber auch jenseits dieser Tendenz spiegelt sich im einzelnen Gläubigen die Aufspaltung des Seins in verschiedene Wirklichkeitsebenen wider. Man trennt z.B. heute viel stärker Gemeinde und Alltag. Sonntags ziehe ich mir mein Christengesicht auf, im Alltag lebe ich jedoch nach anderen Überzeugungen. Diese schizophrene Aufspaltung des Lebens findet seine Wurzeln schon in der Aufklärung. Der Glaube wurde damals von den modernen Wissenschaften getrennt. Man wollte ihn retten, indem man ihn von der Geschichte löste und ihn spiritualisierte, d.h. in ein unangreifbares Jenseits rückte. Glaube wurde zum Gefühl, ohne Bezug zur Realität. Die Seele wurde vom Körper getrennt. So entstanden Sonntagschristen, die im Alltag praktisch ohne Gott lebten. Dieser Trend hält auch in unserer Zeit unvermindert an.

Gemeindeexperten fordern, man müsse die Gemeinde für eine bestimmte Nische der Gesellschaft öffnen und alle Arbeit darauf konzentrieren. Wer alle erreichen will, erreicht keinen, so meint man. Zielorientierte Gemeindearbeit spezialisiere sich auf eine einzige soziale Schicht, seien es Arme, Reiche, Studenten, Frauen, Afrikaner oder Jugendliche. So entstehen immer mehr Richtungsgemeinden jedweder Couleur. Für jeden religiösen Geschmack gibt es die passende Gemeinde. Die Fragmentierung der religiösen Landschaft gleicht einem Flickenteppich. Die Subkulturen und «Szenen» der Moderne leben in der Christenheit weiter – und fröhlich nebeneinander her.

5.3 Vom Segen und Fluch der Technik

Welche Lösungen und Antworten gibt es auf das Überhandnehmen von Fragmentierung und Technisierung in Gesellschaft und Gemeinde? Ist hier alles pauschal zu verwerfen, oder gibt es auch positive Entwicklungen? Als Christ verliert man schnell den Überblick bei der Vielfalt der Antworten. Unsicherheit besteht in der Bewertung der modernen Technik. Die Palette reicht von brüsker Ablehnung bis zur emotionalen Euphorie. Die Technik ist in den letzten beiden Jahrhunderten von der Kirche mal verteufelt und mal gepriesen worden.

Manche Historiker haben mit Recht darauf hingewiesen, daß die technische Revolution eng mit dem christlichen Glauben zusammenhängt und überhaupt nur im christlichen Abendland entstehen konnte. Wer die Welt als Schöpfung getrennt von Gott sehen kann, der hat auch die Freiheit, die Naturkräfte zu bändigen und sie untertan zu machen. Jesus Christus hat durch seine Wunder bewiesen, daß ihm die Natur untertan war. Dieses Beispiel haben die Christen aufgenommen und dadurch die Technik entwickeln können. Der Mensch steht hier der Natur gegenüber und geht nicht in ihr auf. Animistische Kulturen haben diese Freiheit nicht, denn hier wohnt die Gottheit in der Natur. Deshalb darf nichts verändert werden, und deshalb gibt es in solchen Kulturen keinen technischen Fortschritt.

Trotzdem müssen zwei Seiten der Technik bedacht werden: Sie ist Segen und Gefahr zugleich. Es gibt einen Segen der Technik: Denken wir nur an die Mobilität, die neuen Möglichkeiten der Medizin, an die Vereinfachungen der betrieblichen Abläufe. Selbst dieses Buch wäre ohne moderne Technik nicht produzierbar. Der Computer, an dem es geschrieben wurde, und die Druckmaschine, auf der es gedruckt wurde, sind technische Wunderwerke. Gleiches gilt für den Transport: ob LKW oder Zug, Flugzeug oder das Auto des Zustellers – die moderne Technik eröffnet unendliche Möglichkeiten. Christen haben durch sie unendlich mehr missionarische Möglichkeiten bekommen. Die Radio- und Fernsehmission ist ohne Technik nicht vorstellbar. Christen können im Internet werben. Der Pastor kann am Computer leichter seine Predigten überarbeiten. Wir können schneller andere Menschen erreichen, die in Not sind. Die Telefonseelsorge nutzt die Telefontechnik, um Menschen in der Not zu helfen. Man könnte endlos weitere Beispiele für den Segen der Technik anführen.

Technik an sich ist also nicht böse oder gut. Der Lautsprecher kann ebenso die Evangelisationsbotschaft wie auch die Teufelsbotschaft übertragen. Darum geht es nicht. Wichtiger ist die Frage, was wir aus der Technik machen und welchen Stellenwert sie für unser Leben bekommt. Jede gute Schöpfung Gottes kann in der gefallenen Welt pervertiert werden. Jede Technik ist ein Produkt einer bestimmten Ideologie. Die Natur ist gleichzeitig gute Schöpfung Gottes und gefallene Kreatur. Die Zwiespältigkeit der gesamten Welt zeigt sich an der Technik. Sie ist nicht prinzipiell gut oder schlecht, sie kann aber zu beidem gebraucht werden. Deshalb kann jede Kritik an der Technik nur aus der Haltung eines «liebenden Widerstandskämpfers» erfolgen, wie es Neil Postman einmal ausdrückte.[152]

Bei allem Segen der Technik müssen wir begreifen, daß sie uns weiter von Gott entfernt als ihm näher gebracht hat. Konnten unsere Vorfahren Gott noch für die Schönheit der Schöpfung danken, die sie jeden Morgen vor ihrem Haus betrachteten, fällt uns das angesichts des Highways vor unserem Fenster schwer. Dankten unsere Väter noch für das Streichholz, mit dem sie die Kerosinlampe anzündeten, kommt bei uns der Strom aus der Steckdose. Unsere Dankgebete vor den Mahlzeiten wirken gekünstelt, kennen wir doch nicht einmal mehr den Unterschied zwischen Weizen und Gerste. Wir kaufen unser Brot beim Bäcker und die Milch im Supermarkt, von Kornmahlen und Melken haben wir keine Ahnung mehr. So sehr die Technik unser Leben erleichtert, so unwirklich hat sie es auch gemacht.

Durch die Technik ist unsere Welt kälter geworden. Technik kennt ja weder Liebe und Zuneigung noch Vertrauen und Hingabe. Die Technikwelt der Neonröhren weiß nichts vom Kerzenschein. Die vollautomatische Tür an der Sparkasse erscheint mir angenehm, entlastet mich von dem lästigen Türöffnen, unterbindet jedoch eine alte Sozialform: das Aufhalten der Tür für den Nächsten. Der vollautomatische Pflegeautomat verhindert in Zu-

---

[152] Neil Postman, *Technopoly: The Surrender of Culture to Technology*, New York: Vintage Books, 1992, S. 182.

kunft den Sozialkontakt mit dem Kranken. Die Maschine ersetzt den Menschen, der kalte Roboter tritt an seine Stelle. Totale Technik führt zur Vereinsamung: Die Einführung von Computern in der Schule zerstört die jahrhundertealte Pädagogik des Hörens, der verbalen Kommunikation. Der Computer gibt nur Zeichen, und der Benutzer antwortet mit der Maus: welch eine phantasievolle Kommunikationsebene!

Unser Saatgut ist technisch so überzüchtet, daß es nur noch unter geschützten Bedingungen überlebensfähig ist. Aus Tausenden von Arten der Nahrungspflanzen sind heute dank der Umweltverschmutzung und der Monokulturen nur ein Dutzend übriggeblieben. Die gentechnische Behandlung von Lebensmitteln läßt uns fragen, was das alles noch mit Natur zu tun hat. Die Technik manipuliert die Natur, denn wir wollen nicht mehr von ihren Launen abhängig sein. Wir stellen uns künstliche Pflanzen in unsere Zimmer, die immer blühen und doch kein Leben haben. Es gab einmal 3000 Arten von Nahrungspflanzen, heute nur noch 15, die der Welt als Hauptnahrungsmittel dienen.

Technik verändert nicht nur unseren Lebensstil, sondern auch unser Menschenbild. Die Automation der Maschinen verändert die Stellung des Menschen im Arbeitsprozeß. Er ist nur noch Aufseher, Kontrolleur, er hat nichts mehr direkt mit der Produktion zu tun. Er drückt noch die Knöpfe, überwacht die Monitore, kontrolliert die Schalttafeln. Der Faktor Mensch wird entpersonalisiert, wichtig ist nur noch seine Funktion im Gefüge der Arbeitsabläufe. Die Stechuhr regelt den Arbeitsablauf. Wahrnehmung der Außenwelt geschieht durch technische Hilfsmittel wie Brille, Telefon, Fernseher, Computer, Maschine. Häufig ist der Mensch schon das schwächste Glied in der Kette. Da Fehlerquellen ausgeschaltet werden sollen, wird er an die Seite gedrückt. Maschinen können rund um die Uhr arbeiten, Menschen brauchen Schlaf. Maschinen machen keinen Urlaub, feiern nicht krank, haben keine Depressionen und gehen nicht demonstrierend auf die Straße.

Was wir heute mehr denn je brauchen, ist eine Ethik für den Umgang mit der Technik. Maßstäbe müssen her, das fordern längst auch säkulare Technikexperten. Die Frage ist, wofür wir die Technik einsetzen und ob es Grenzen der Technik gibt. Ist wirklich alles machbar, oder gibt es Tabus, die nicht gebrochen werden dürfen?

Hier kann der christliche Glaube Linien aufzeigen. Die Technik hat unsere Welt erforschbarer gemacht – aber auch wahrer? Der moderne Mensch hat längst gemerkt, daß seine Seele zu kurz kommt. Die Technik führt auf ihrer Rückseite eine fundamentale Wertauslöschung mit sich. Die Wahrheitsfrage spielt plötzlich keine Rolle mehr. Hauptsache, es funktioniert, so effizient wie möglich, egal wie. Neil Postman hat vor dieser technisierten Welt ohne moralische Fundierung ausdrücklich gewarnt.[153] Er schreibt: «In diese Lücke stößt die Geschichte von Technopoly, mit ihrer Betonung auf Fortschritt ohne Grenzen, Rechte ohne Verantwortungen und Technologie ohne Kosten. Die Geschichte von Technopoly besitzt kein moralisches Zentrum. Anstelle dessen plaziert sie Effizienz, Interesse und ökonomische Steigerung. Sie drückt alle traditionellen Erzählungen und Symbole der Stabilität und Ordnung an den Rand, erzählt stattdessen von einem Leben der Fachkenntnis, der technischen Gebrauchsanweisung und der Ekstase des Konsums. Ihr Ziel ist das Hervorbringen von Funktionen für eine immer weitergehende Technopoly.»[154] Eine technologische Welt ohne Werte steht in der Gefahr, die neuesten Errungenschaften der Technologie immer auch gegen die Menschheit einzusetzen. Die technologische Hochrüstung der Militärmaschinerie stellt auch in Zeiten nach dem Kalten Krieg immer noch ein sensibles Faß voller Sprengstoff dar. An diesem Beispiel der Spitzentechnologie wird deutlich, wie wichtig gemeinsame moralische Überzeugungen sind. Der homo technicus muß sich neu die Frage stellen, ob alles Machbare auch ethisch vertreten werden kann. In-Vitro-Fertilisation, bei der überzählige Embryonen bewußt getötet werden, ist zwar technisch längst machbar, aber ethisch nicht zu vertreten. Die Manipulation der DNA des Menschen wird medizintechnisch immer wahrscheinlicher – aber ist sie auch mit den göttlichen Werten zu vereinbaren? An dieser Stelle muß wieder an die göttlichen Gebote erinnert werden, die dem Menschen Grenzen aufzeigen, die Gott zu unserem Schutz formuliert hat und die nicht ohne Konsequenzen durchbrochen werden können.

---

[153] Ebd., S. XII.
[154] Ebd., S. 179.

Der faszinierende technische Fortschritt steht außerdem in der Gefahr, sich selbst zum Götzen zu erheben. Die Technik kennt mittlerweile keine Grenzen und keine Tabus. Sie hat einen Totalitätsanspruch angenommen. Schon hört man Stimmen, die meinen, dank des Computers habe man die Welt im Griff, man beherrsche die Geschichte und die Gesellschaft. Schon seit längerer Zeit spricht man von der «Technikgläubigkeit» des Menschen und bringt damit unbewußt Technik mit Religion in Verbindung. Mit Hilfe der Technik sollen der Mensch und die Natur optimiert werden. Der Prothesenmensch steckt voller künstlicher Organe. Und selbst die Gene werden auf Vordermann gebracht. Der Mensch der Zukunft und die Natur des dritten Jahrtausends werden gemacht, nicht geboren.

Wo aber Technik zum Götzen wird, verdrängt sie Gott vom Thron und führt den Menschen in eine verhängnisvolle Abhängigkeit. Hier gilt Gottes Gebot unumstößlich: «Du sollst keine anderen Götter haben neben mir» (2. Mose 20,3). Die Illusion der Technik von der Machbarkeit aller Dinge ist nicht nur eine Utopie, sondern auch eine fatale Überhebung des Menschen über Gott. Wir meinen, dank der Technik alles im Griff zu haben. Der Power-Knopf verführt uns zur Hybris, daß alle Macht von uns ausginge. Aber: Wir haben nicht alles im Griff, auch wenn die Technik uns das einredet. Die Kehrseiten der Technisierung wurden genannt und ließen sich unendlich erweitern. Technik muß wieder das werden, wozu Gott sie vorgesehen hat: zum Gehilfen des Menschen, der sie zum Ausbreiten des Guten in der Welt nutzt und sie in der ethischen Verantwortung vor Gott zum Segen anderer einsetzt.

Auch die Fragmentierung unserer Gesellschaft führt mittlerweile in eine fundamentale Verunsicherung des Menschen. Eine lose Aneinanderhäufung von Details ergibt keinen Sinn. Die Summe aller Experten führt noch nicht automatisch zum Gesamtbild. Alle Teile des Puzzles müssen zusammenfinden, damit der Mensch wieder Sinn empfinden kann. Bis in die Curricula der Schulen hinein bemerken wir heute die Fragmentierung des Lebens: Das Problem besteht nicht darin, daß die Kinder keine Fakten mehr lernen, sondern darin, daß sie keine Zusammenhänge mehr verstehen. Die einzelnen Fachbereiche der Studiengänge arbeiten nicht miteinander, sondern teilweise gegeneinander. Wie aber soll der Student dann Zusammenhänge erkennen? Technokraten als Lehrer haben keine Überzeugungen, sondern nur Kenntnisse. Was wir brauchen, sind weniger Technokraten, aber mehr Visionäre. Menschen, die durch die Technik die großen Linien des Lebens aufzeigen und im Meer der Einzelphänomene die Gesamtstruktur vermitteln können. Nur wenn wir das Ganze wieder in den Fokus bekommen, erhalten auch die Einzelheiten unseres täglichen Lebens wieder einen Sinn.

Die Fragmentierung der Gemeindesituation ist ebenfalls kritisch zu hinterfragen. Die Gründungen von völlig unabhängigen freien Gemeinden sind ebenso wie die Kirchenaustritte doch «Äußerungen eines postmodernen individualistischen Zeitgeistes»[155]. Die Konzentrierung einer Gemeinde auf bestimmte gesellschaftliche Schichten und Gruppierungen entspricht keineswegs dem neutestamentlichen Gemeindeideal. Gemeinde muß offen sein für alle Menschen, ob reich oder arm, gebildet oder ungebildet, krank oder gesund. Wer hier die Gemeinde bestimmten Gruppen gegenüber verschließt, hat nichts von der biblischen «koinonia» (Gemeinschaft) verstanden, die über alle gesellschaftlichen Schranken hinausgeht. Jesus Christus predigte zu allen Menschen, gleich welcher Klassen und Kasten. Seine Nische war die ganze Welt. Die ersten Gemeinden bestanden aus reichen und armen Menschen – mit allen Konflikten, die damals schon dazugehörten.

Dabei können bestimmte Aktionen in der Gemeinde sehr wohl «nischenorientiert» ausgerichtet sein. Evangelistische Aktionen für Jugendliche, Ausländer, Studenten, Teenies und Baby-Boomers sind sinnvoll. Sie dürfen jedoch nicht dazu führen, daß dann ebensolche Gemeinden entstehen oder diese Gruppen innerhalb der Gemeinde in Subkulturen untergehen. Wir müssen die Zum-Glauben-Gekommenen in die Gesamtgemeinde integrieren – so schwer dies auch sein mag. Sonst werden sie nur unter ihresgleichen bleiben, zurückgezogen in ihre noch so fromme Kleinstkultur. Die Bibel sagt eindeutig, daß es in der Gemeinde keine sozialen Rangordnungen geben darf (2. Kor. 5,16; Gal. 3,28).

Es darf auch nicht angehen, daß wir in den Gemeinden Spezialisten züchten. Spezialistentum führt zur Fragmentierung der

---

[155] So, mit Recht, Hempelmann, S. 21.

Gemeinschaft. Spezialisten verlieren den Kontakt zur Basis und werden nicht mehr verstanden, weil sie sich nur noch mit ihresgleichen austauschen. Sie verlieren den Kontakt zur Wirklichkeit. Man reist von einem frommen Kongreß zum anderen, von einer Sitzung zur nächsten, aber weiß nicht mehr, wie der normale Mensch denkt und lebt. Eine extreme Professionalisierung entfremdet von den einfachen Leuten. Sie schafft Abhängigkeit der «Laien» von den Profis und damit eine neue Bevormundung in der Gemeinde.

Francis Schaeffer hat wie kaum ein anderer auf die gefährliche Aufspaltung des christlichen Lebens in einen weltlichen und geistlichen Bereich hingewiesen. Seine Anwort: Der Glaube ist nicht nur etwas für das Jenseits, sondern auch etwas für das Diesseits. Eine Aufspaltung des Lebens in einen frommen Gemeindebereich und einen weltlichen Alltagsbereich ist modern, aber nicht biblisch. Die Ganzheitlichkeit des Glaubens ist heute unbedingt zu betonen. Glaube und Leben gehören untrennbar zusammen. Die christliche Existenz muß sich in allen Bereichen des Lebens beweisen.

Über allem müssen wir uns wieder auf das Eigentliche des christlichen Glaubens besinnen. Manchmal ist weniger mehr. Eine gute Technik ersetzt niemals den Heiligen Geist. Ein ganzheitlicher Glaube bewährt sich im Alltag, ist natürlich und spontan. Er trennt nicht Sonntag von Alltag. Er züchtet keine weltfremden Spezialisten. Vor allen Dingen brauchen wir wieder Ruhe und Stille vor unserem Gott. Wer in der Welt des Technopoly Gelassenheit lebt, wird ein echtes Zeugnis für seine Umgebung sein. Solche Menschen lassen sich nicht anstecken von den neuesten Errungenschaften der High-Tech-Elektronik, weil sie ihre Identität nicht in der Technik wiederfinden müssen. Solche Gelassenheit bietet der Glaube an Christus, der die Technik nicht verdammt, aber ihr die gebotenen Grenzen setzt. In dieser Existenz kann sich der Mensch auch an der Technik erfreuen und ihren Segen für sich in Anspruch nehmen. Seine moralischen Kategorien geben ihm die Möglichkeit, sie sinnvoll zur Ehre Gottes und zum Wohle des Menschen einzusetzen.

6
Der Weg nach vorn?
Informations- und Mediengesellschaft

Es darf nicht sein,
daß uns über das Fernsehen
Helden vermittelt werden,
die durch Brutalität und Gewalt
zu Siegern werden.

ANGELA MERKEL

Nun zeigt es sich,
daß das Fernsehen eine kolossale
politische Macht geworden ist,
man kann ruhig sagen,
daß es potentiell die größte ist,
so als spräche Gott selbst.

SIR KARL POPPER

6.1 Wir amüsieren uns zu Tode: Gesellschaftliche Trends

Die moderne Gesellschaft ist eine Mediengesellschaft geworden. Die «vierte Macht im Staate» regiert längst die Massen. Die Medien prägen den Menschen, mehr als wir denken. Bücher, Zeitschriften, Radio, TV-Programme, Video, Kino usw. beherrschen unsere Welt. Ohne die Medien Presse, Funk und Fernsehen ist die moderne Gesellschaft von heute nicht mehr zu verstehen. Medien gehören zum entscheidenden Kommunikationsmittel unserer Zeit. 96% aller Haushalte besitzen heute ein Fernsehgerät, über 70% ein Stereo-Rundfunkgerät, 46% einen Videorecorder.[156] Der Siegeszug des CD-Players hält unterdessen unvermindert an. Nach Berechnungen von Vebacom werden im Jahre 2003 406 Milliarden Mark auf dem Telekommunikationsmarkt umgesetzt werden.[157] Das Wohnzimmer der Zukunft wird zur medialen Schaltzentrale werden, gesteuert durch den Telecomputer, der alle elektronischen Geräte miteinander verbindet.

1996 saß in Deutschland im Durchschnitt jede Person 183 Minuten täglich vor dem Fernseher. Über den hauseigenen Kabelanschluß kommen fast vierzig Kanäle ins Haus, über die Satellitenschüssel bald hundert. Bei den Jugendlichen sehen die Zahlen ähnlich aus: 80% besitzen einen Radiorecorder, 40% einen Walkman. 34% aller Neun- bis Zehnjährigen besitzen schon einen eigenen Fernseher. Über 70% der Jugendlichen hören täglich Radio und sehen täglich fern. Die 3- bis 13jährigen sitzen täglich 101 Minuten vor dem Fernseher, meistens übrigens zwischen 18.00 und 21.00 Uhr. Die Lieblingskanäle dieser Altersgruppe sind Pro 7, RTL und Super RTL. Die 12- bis 15jährigen verbringen die meiste Zeit von allen vor der Flimmerkiste. Die Bedeutung des Fernsehens nimmt dann bis zum 25. Lebensjahr wieder ab, um mit der Familiengründung wieder zuzunehmen. Jede Woche gehen 2,2 Millionen Deutsche ins Kino, den Hauptanteil bilden dabei die 14- bis 19jährigen. Ein 13jähriger hat 5500 Stunden ferngesehen, 3000 Stunden Schulaufgaben ge-

---

[156] *Datenreport 1994: Zahlen und Fakten über die Bundesrepublik Deutschland*, Hg. Statistisches Bundesamt, Bonn: Bundeszentrale für politische Bildung, 1994, S. 123.
[157] Ulrich Eggert, *Megatrends im Verkauf*, Düsseldorf: Metropolitan, 1995, S. 127f.

macht, aber nur 300 Stunden gelesen. Ein amerikanischer Jugendlicher hat bis zu seinem 18. Lebensjahr ca. 500 000 Werbespots gesehen.

Angesichts dieser Zahlen spricht man von unserer Gesellschaft als einer «Clip-Kultur». Fernsehsender wie MTV blenden nur kurze Spots ein. Die Szenen wechseln immer schneller. Der «Zapper» schafft sich durch dauerndes Umschalten seinen eigenen Videoclip. Der Grund: Wir wollen nichts verpassen. Das Schlimmste, was dem modernen Menschen passieren kann, ist, daß er etwas versäumt. Wir sind gierig geworden, wollen alles parallel genießen. Dabei helfen uns auch die neuen «Spartenkanäle», speziell kreiert für die vielen Gesellschaftsschichten und Subkulturen. Ob Senioren, Kinder, Touristen, Hausfrauen, Kulturfreaks oder Ausländer: Jeder bekommt sein individuelles Programm.

Unterhaltung ist der oberste Wert der medialen Freizeitgesellschaft. Wir amüsieren uns zu Tode. Wir brauchen Zerstreuung und Abwechslung. Es geht nicht mehr um die nackte Information, sie muß ansprechend gestaltet sein. Das «Aktuelle Sportstudio» ist längst eine Show geworden. Die eigentliche Berichterstattung tritt an den Rand. Berühmte Studiogäste müssen her, Gewinnspiele unterbrechen die Moderation, private Anekdoten der Stars treten in den Mittelpunkt. Es ist der Kampf um die Einschaltquoten. Qualität bleibt auf der Strecke. Jeder Sender möchte so viele Zuschauer wie möglich haben – schon wegen der Werbeeinnahmen. Die Einschaltquoten entscheiden, die Mehrheit hat recht. So produziert man nach dem Zeitgeist der Masse.

Viele Politiker teilen wichtige Beschlüsse nicht zuerst den zuständigen Gremien, sondern den Journalisten mit. Man will im Fernsehen präsent sein. Zwei Minuten in den Tagesthemen sind mehr wert als jahrelange Arbeit am Schreibtisch. Bei wichtigen Reden unter den Augen der Kamera werden bewußt kurze und kräftige Passagen eingebaut, von denen man vorher schon weiß, daß gerade diese dann gesendet werden. Prägnante Forderungen, nicht länger als eine Minute, und schon ist man drin. Um die Aufmerksamkeit auf sich zu ziehen, schwimmen Politiker durch verschmutzte Gewässer, springen mit Fallschirmen aus Flugzeugen oder treten in irgendwelchen Gameshows auf. Sind sie selber Opfer oder Täter dieser Präsentation? Die Medien zwingen zum Spektakel, zur Show, damit man überhaupt noch gehört wird.

Die Moderne hat eine neue Spezies von Mensch hervorgebracht, die Prominenten. Zu keiner Zeit der Weltgeschichte lebte ein riesiger Industriezweig von den Klatschgeschichten dieser Personen wie heute. Seien es Königshäuser oder Sportler, die reichen Ölmagnaten oder die glücklichen Lottogewinner, exzentrischen Künstler oder provozierenden Theologen: prominent sein heißt, in den Medien vorkommen. Der Prominente steht immer im Rampenlicht. Selbst schlechte Nachrichten über ihn sind eigentlich gute Nachrichten. Hauptsache, man bleibt im Gespräch. Die Vermarktung ist längst ein riesiges Geschäft geworden.

Viele haben Bücher, aber wenige lesen noch. Gelesen werden nur noch Bestseller, die mediengerecht vermarktet werden. 1991 wurden in Deutschland 67 900 Buchtitel aufgelegt, davon 48 900 Erstauflagen.[158] 1997 waren es schon knapp 80 000 Buchtitel, wobei die Anzahl der Erstauflagen explodierte. Die meisten Bücher kommen jedoch über die erste Auflage nicht hinaus und werden nach spätestens drei Jahren vom Markt genommen. Die Halbwertzeit von Büchern hat abgenommen. Wir ersticken in der Masse und wissen nicht mehr, wie wir die Qualität herausfiltern können. Anspruchsvolle Literatur wird nur noch selten gewünscht. Ratgeber müssen her, kurz, knapp, präzise und preiswert. Zu allen Lebensfragen und für alle Lebensgruppen gibt es auch hier mittlerweile das passende Buch.

Comics sind in, auch das ein Indiz unserer Zeit. Uns reichen Bilder mit Sprechblasen. Dabei braucht man nicht zu denken. Kurze Ausrufe oder Wortfetzen reichen für die Verständigung vollkommen aus. Ganze Sätze sind reiner Luxus. Clever und Smart, Lucky Luke und Donald Duck entsprechen unserem Niveau. Comics können noch so brutal sein, wir amüsieren uns prächtig. Denn auch die Schwächen der Comicfiguren werden dargestellt, ihre Gewichtsprobleme, ihre Selbstzweifel, ihre Zornesausbrüche – wir kennen das alles und leiden mit. Selbst Akademiker lieben ihren Asterix und haben seine gesammelten Werke im Regal.

Ende 1991 erschienen in Deutschland 1480 Zeitungen mit

---

[158] *Datenreport*, S. 147.

einer Verkaufsauflage von 31 Millionen Exemplaren und 8740 Zeitschriften mit einer Auflage von 387 Millionen Exemplaren. Für jede Subkultur und jede mögliche Marotte gibt es die passende Zeitschrift. Für junge Bauherren wie für Angler, für stillende Mütter wie für passionierte Stricker, für Eisenbahnfans und New-Age-Freaks: Jedem das Seine.

Wir leben eben in der totalen Kommunikationsgesellschaft. Selbst auf der öffentlichen Toilette hören wir die Klänge aus dem Radio. Im Einkaufsmarkt wird Musik eingesetzt, um den Kaufwillen der Kunden zu steigern. Der Briefkasten quillt über von der nichtbestellten Werbung. Tausende von Massenwurfsendungen landen bei uns – ob gewünscht oder nicht. Anzeigen an Litfaßsäulen, in Zeitungen oder als Homepage im Internet – überall Kommunikation durch Medien. Flugzeuge ziehen Werbung hinter sich her, der Heißluftballon wirbt für die neue Biersorte, der Zeppelin für die Konkurrenz. Wir gehen unter in einem Meer der Angebote. The Show must go on.

Der Siegeszug der Computer ist die Erfolgsstory der 80er und 90er Jahre und setzt die mediale Revolution der Zukunft frei. Innerhalb von wenigen Jahren eroberte der PC das Büro und die Wohnung. Heute setzt die PC-Industrie jährlich 200 Milliarden Dollar um. 40% aller Haushalte haben einen PC. Schon Kinder wachsen wie selbstverständlich mit dem Computer auf. Fast vier Millionen Deutsche surfen im Internet.

Wie sehen die Pläne der Computer- und Medienmacher aus? Man spricht von der Vernetzung von Computer und Fernsehen. Ziel ist das interaktive Fernsehen für den individuellen Geschmack. Bill Gates, der Führer von *Microsoft*, hat große Pläne. Er will die ganze Welt vernetzen, so daß alle Menschen in den zweifelhaften Genuß des Computers kommen.[159] Mit Pathos kreiert er seine Visionen: «Der Information Highway wird unsere Kultur ebenso dramatisch verändern wie Gutenbergs Druckerpresse die Welt des Mittelalters.»[160] Ob das wirklich «ein Weg nach vorn» sein wird, muß sich noch herausstellen. Auf jeden Fall schwärmt einer der reichsten Männer der Erde vom Brief-

---

[159] Bill Gates, *Der Weg nach vorn: Die Zukunft der Informationsgesellschaft*, Hamburg: Hoffmann und Campe, 1995.
[160] Ebd., S. 25.

taschen-PC und von digitalen Dokumenten. Er sieht sich selbst als Heilsbringer der Menschheit: «Ich denke, ich habe ein unglaubliches Glück, daß es mir ein weiteres Mal vergönnt ist, eine Rolle am Beginn eines epochalen Wandels spielen zu können.»[161] Das Motto seiner Firma Microsoft lautet: Auf jeden Schreibtisch und in jeden Haushalt einen Computer, der mit Millionen anderen Computern vernetzt ist. Gates schwärmt: «Eines nicht allzu fernen Tages wird es Ihnen möglich sein, Geschäfte zu betreiben, zu lernen, die Welt und ihre Kulturen zu erkunden, ein beliebiges Unterhaltungsprogramm aufzurufen, Freunde kennenzulernen, in der Nachbarschaft einzukaufen und Verwandten in der Ferne Bilder zu zeigen, ohne daß Sie Ihren Schreibtisch oder Ihren Lehnstuhl verlassen müssen.»[162]

Doch Gates will noch viel mehr. Er sieht die eigentliche Kommunikationsrevolution noch vor uns liegen: die Hinwendung zum totalen Informations-Highway. Von überall her kann man über seine Haussprechanlage Besucher begrüßen. An jede Information auf der Welt wird man herankommen können. Virtuelle Kaufhäuser stehen uns am Computer zur Verfügung. Reiseservice und Homebanking sind schon Realitäten. Später werden wir uns mit unseren Fernsehapparaten unterhalten können. Das Museum erlebt man im Cyberspace, ebenso die Sexphantasien. Mit Hilfe von Filtern sortiert der Computer die Fülle von Material und schneidet sie nach meinen Bedürfnissen zusammen. Man kann den Filmklassiker «Vom Winde verweht» sehen und das Gesicht von Vivian Leigh oder Clark Gable durch sein eigenes ersetzen. Die Faszination der neuen Technik wird überwältigend sein.

Die Medien- und Informationsgesellschaft der Zukunft sprengt alle Rekorde. Die Beschaffung von Informationen wird immer leichter werden. Per Internet werden wir uns in Zukunft in alle Informationszentralen der Welt einwählen können. Schon heute stehen die großen Bibliotheken bereit: die Library of Congress, die British Library in London oder die Bibliothèque Nationale in Paris. Suchmaschinen filtern uns die passenden Menüs

---

[161] Ebd., S. 28.
[162] Ebd., S. 19.

heraus. Über alles und nichts wird informiert. Die Inneneinrichtung des Weißen Hauses oder die Kunstmuseen der Welt: alles ist erreichbar. Keine Information, die mir nicht zur Verfügung stände. Information total.

Auch die gute alte Post hat längst Konkurrenz bekommen. Unsere Briefe schreiben wir per E-Mail. Die elektronische Post ist schneller und billiger. Wir brauchen keinen Briefumschlag mehr, müssen keine Briefmarken mehr kaufen und befeuchten. Der Weg zur Post wird gespart. Wir senden auf Knopfdruck, per Modem. Ruck, zuck haben wir einige – belanglose? – Worte eingetippt, und ab geht die Post. Im Sekundentakt rast unsere Information durch die Glasfaserkabel zum Server. Wir sind die Schnellsten. Nichts kann uns aufhalten.

Durch den Computer verändert sich die Sprache. Neuerdings benutzt man Symbole, um die Worte zu interpretieren. So meint z.B. :-) von der Seite betrachtet ein Smile-Gesicht. Anders herum meint :-(das finstere Gesicht. Die eigentliche Computersprache hat ihre speziellen Vokabeln. Wer nicht weiß, was Worte wie «Megahertz», «Pentium», «MMX», «CD-ROM», «RAM» oder «On-Line» bedeuten, ist ein Unwissender, ein Außenseiter, steht jenseits des Fortschritts. Es gibt schon ganze Wörterbücher für die Computerfreaks der Gegenwart. Computer werden «aufgerüstet», zu Beginn «gebootet», am Ende «runtergefahren». Die Kommunikationsebene ist zudem völlig verkürzt. Niemand hat Zeit, ausformulierte Sätze am Bildschirm zu lesen. So beschränkt man sich auf kurze Schlagwörter oder gar auf Symbole. Das Internet kostet zudem Geld, weshalb die Gespräche schnell und effizient ablaufen müssen. Auf Stil legt niemand mehr Wert. Orthographische Details fallen unter den Tisch.

Wie schon angedeutet, stehen wir auf dem Arbeitssektor vor großen Umwälzungen. Die Industriearbeitsplätze sind zunehmend gefährdet. Deutschland ist auf dem Dienstleistungssektor noch ein Entwicklungsland, aber schon heute sind Millionen von Arbeitsplätzen vom Computer geprägt. Der Standort spielt dank des Glasfaserkabels für viele Firmen und Angestellte eine untergeordnete Rolle. Angestellte können vermehrt zu Hause arbeiten, teure Bürofläche wird eingespart. Einzelhandelsläden werden schließen müssen, da vermehrt per Computerkatalog gekauft wird. Dadurch wird der Direktvertrieb unterstützt, Zwischenhändler sind unnötig. Unternehmensplanung, Absatz- und Mängelanalysen, Produktentwicklung und Kundenbetreuung werden durch den Computer effizienter und schneller. Der interne Kommunikationsaustausch bei Großunternehmen verbesserte sich. Kleinunternehmer können durch den PC ihre vielen Aufgaben besser unter einen Hut bekommen. Dank Tabellenkalkulationsprogrammen können Bilanzen und Statistiken erstellt werden. Es wird weniger per Post verschickt werden, da aktuelle Informationen sofort per Computer abrufbar sind. Aus der Industriegesellschaft wird die Informationsgesellschaft mit einer erhöhten Rate der Dienstleistungen.

6.2 Mediengerechte Kirche: Gemeindliche Trends

Ähnliche Entwicklungen beobachtet man in der Kirche. Aus den USA kommt die TV-Kirche nun auch zu uns herüber. Die Teleevangelisten inszenieren in perfekter Weise den Fernsehgottesdienst. Ich brauche mich nicht mehr zur Kirche zu bewegen, muß mich nicht mehr fein anziehen, entkomme dem Klingelbeutel, brauche nicht mitzusingen, weiche den unangenehmen Fragen des Pastors an der Türe aus, muß nicht im Stehen beten, brauche nicht in der harten Kirchenbank zu sitzen! Nein, der Gottesdienst kommt per Satellit oder Kabel direkt in mein Wohnzimmer. Ich verfolge ihn im Plüschsofa, noch im Schlafanzug. Zwar hapert es noch an der persönlichen Atmosphäre, und auch die Übertragung der Abendmahlsfeier stößt an Grenzen, aber die Electronic Church entspricht dem Konsumverhalten der Moderne und unterstützt den Trend zum Rückzug in die private Welt der Harmonie.

Auch in den Gemeinden vor Ort zeigt sich der Einfluß der Medien. Der Gottesdienst wird mehr und mehr zum Unterhaltungsplatz. Wir sind alle durch die großen Fernsehshows verwöhnt. «There is no [other] business like show-business» gilt auch für den religiösen Markt. Der Entertainer muß her, softig, geschmeidig und beredt. Gut angezogen, perfekt gestylt, moderiert er die Gottesdienste. «The Show must go on», auch in der Gemeinde. Wehe, wenn der Ansager Fehler macht, unsicher wirkt oder falsch angezogen ist. Wir alle haben am Abend vorher Thomas Gottschalk gesehen und sind verwöhnt. Nun sitzen wir sonntags auf den Zuschauerrängen und erwarten eine perfekte Live-Show.

Ein unterhaltsames Programm muß her. Musik, Interviews, Reportagen aus der Mission, Torwandschießen. Die großen christlichen Konferenzen machen es uns vor, wie es geht. Die Ortsgemeinden hinken noch hinterher, aber der Trend ist vorhersehbar. Die Gesetze des Showbusiness sind überall auf dem Vormarsch, auch in den Gemeinden.

Auch konservative Gemeindeleute lieben ihr Fernsehprogramm. Es tritt längst in Konkurrenz zu den Gemeindeveranstaltungen. Bitte keine Missionsabende, wenn parallel ein Länderspiel läuft! Evangelisationsveranstaltungen werden samstags abends gestrichen, weil niemand mehr kommt, auch nicht die Gläubigen. Es gibt längst fernsehabhängige Christen, die das Fernsehprogramm besser kennen als ihre Bibel. Sonntagschulhelfer klagen über unkonzentrierte Kinder in ihren Gruppenstunden, die bis in die Nacht hinein ferngesehen haben. Immer mehr Seelsorger berichten von seelischen Bindungen bei Menschen, die Horrorfilme gesehen haben.

Es ist nicht nur das Fernsehen, das die Christen beschäftigt und prägt. Auch andere Medien haben an Einfluß gewonnen. Der säkulare Musikmarkt hat längst auch die christlichen Kreise erobert. Zeitgemäße Pop- und Rockmusik gibt es auch von Christen für Christen. Dann der unüberschaubare christliche Buchmarkt! Auch hier gibt es zu allen Themen des Lebens das passende christliche Buch. Noch vor Jahren konnte man den christlichen Literaturmarkt einigermaßen überschauen. Heute haben es selbst Insider schwer, den Überblick zu behalten. Das Mehr des Angebotes führte auch hier keineswegs zu einer Qualitätssteigerung – im Gegenteil: In der Masse des Angebotes gehen die wenigen hochwertigen Bücher schnell unter.

Gleiches gilt für den christlichen Informationsmarkt. War er vor Jahren noch ein Stiefkind, ist er mittlerweile ausgeufert. Hunderte von Informationsblättern flattern den Christen ins Haus. Jedes Missionswerk wirbt mit allen Mitteln um neue Spender. Eine «Unmenge» von christlichen Zeitschriften sucht neue Leser. Information liegt auch hier mittlerweile für jeden griffbereit auf der Straße. Unsere Büchertische quellen über, unsere Schriftentische haben keine freie Ecke mehr. Hunderte von Veranstaltungsangeboten, Seminaren und Fortbildungswochenenden werden angeboten. Auch Christen ersticken im Meer der Informationsangebote.

Noch in einem anderen Bereich bemerkt man den Einfluß der neuen Medien auf die Gemeinde. Der Populismus ist im Kommen. Starprediger und -evangelisten werden hochgepusht. Auch sie wollen Prominente sein. Ihre theologische Ausbildung oder persönliche Integrität ist zweitrangig. Die Hauptsache: Sie können Massen begeistern. Mit flotten Sprüchen, ergreifenden Stories und einfachen Schlagworten kommen sie an. Ihre Predigtweise ist simpel, selbst für Kinder zu verstehen. Mitzudenken braucht man nicht. Aber hinfahren muß man: Die größten Hallen füllen sich. Und wehe, man ist nicht dabeigewesen. Die Bücher der Stars sind die Renner auf dem Markt. Man predigt einfache Antworten auf komplizierte Fragen. Hauptsache: Man ist in. Christliche Prominente sind nicht mehr die Erweckungs- und Heiligungsprediger des 19. Jahrhunderts. Sie heißen nicht mehr Hudson Taylor oder C. H. Spurgeon. Sie sind nicht Heilige, sondern Prominente, deren Privatleben in den frommen Zeitschriften ausgebreitet wird. Christen sind stolz, solch berühmte Leute in ihren Reihen zu haben. Sie dienen als Vorzeigechristen, für das missionarische Gespräch.

Der neue Starkult zeigt sich auch in anderen Bereichen der evangelikalen Subkultur. Die christliche Musikszene ist dafür ein Beispiel. War man am Anfang noch beseelt vom evangelistischen Idealismus, merkte man bald, daß es auch um Popularität und Geschäft geht. Natürlich wird alles fromm ausgedrückt: «Wenn Gott es von uns verlangt, dann nehmen wir auch die Bürde auf uns, populär zu werden.» So züchtet man einen christlichen Starkult, der Menschen vergöttert und Teenies verwirrt. An den Wänden der frommen Jugendlichen hängen vielleicht nicht die «Backstreet Boys», «Spice Girls», «Tic Tac Toe», «Madonna» oder «Oasis», ihre Idole heißen «World Wide Message Tribe» und «Stryper». Statt Amy Carmichael huldigt man heute Amy Grant. Was sie singen und sagen, hat mehr Gewicht als die Worte der Prediger in unserem Land.

6.3 Wichtiges und Unwichtiges

Die modernen Medien bestimmen unser Leben. Sie haben uns fest im Griff und sind die vierte Macht in unserem Land. Gerade wegen ihrer Macht brauchen wir dringend eine verbindliche Medienethik. Die Medienmogule müssen sich ihrer Verantwortung der Kultur gegenüber klarwerden! Wer die Programmauswahl bestimmt, bestimmt über Menschen und ihr Verhalten. Ob in Kinderprogrammen schon häßliche Außerirdische oder brutale Killer auftauchen, ist keineswegs Geschmacksache. Wer Pornographie im Fernsehen fördert, wird schuldig an der seelischen Verrohung der Gesellschaft.

Eine Beurteilung der modernen Medien darf nicht einseitig schwarzweiß malen. Die Frage ist nicht, ob wir die Medien abschaffen sollen. Eine solche Forderung wäre nicht nur realitätsfern, sondern auch unsinnig. Informationsvermittlung ist ein Grundbestandteil der menschlichen Existenz. Wir sind auf Kommunikation angewiesen. Auch das Christentum wäre ohne die mediale Kommunikation nicht zu verstehen. Die Verkündigung des Evangeliums braucht verbale Medien, um beim Empfänger anzukommen. Die Bibel ist als Buch nichts anderes als ein Medium. Die Predigt auf der Kanzel oder über den Äther ist die klassische Verkündigungsform. Es geht also nicht um die Frage, ob wir Medien wollen oder nicht. Die entscheidende Frage ist: Wie gehen wir mit den Medien um? Wo liegen ihre Chancen, und wo liegen ihre Gefahren? Mit einfachen Antworten kommen wir auch hier nicht weiter.

Zunächst muß für den deutschsprachigen Kontext festgestellt werden, daß es in der Vielzahl der Programmangebote immer noch gute, informative und objektive Sendungen gibt, die man guten Herzens empfehlen kann. Bei aller Problematik der Auswahl vermitteln einige Nachrichtensendungen präzise Informationen. Reportagen bemühen sich um die Erhellung von geschichtlichen Fakten. Immer beliebter werden Ratgebersendungen, in denen die Zuschauer über Gesundheit, Steuern, Hausbauen oder Geldanlagen aufgeklärt werden. Es gibt auch Sendungen mit einem hohen pädagogischen Wert. Auch Unterhaltungsprogramme sind nicht prinzipiell zu verdammen, sondern müssen differenziert beurteilt werden. In einer Welt des Stresses braucht jeder Mensch Stunden der Entspannung und Erholung. Wohl niemand wird etwas gegen einen Heinz-Rühmann- oder Heinz-Erhardt-Film der 50er Jahre einzuwenden haben. Es wird nur immer schwerer, sich in der Flut des Angebotes die qualitativ hochwertigen Filme herauszusuchen.

In unserer Zeit müssen jedoch die negativen Seiten der Medien betont werden. Das Fernsehen ist nicht nur das Fenster zur

Welt. Das wäre noch gut zu ertragen. Sondern es ist längst das Auge geworden, mit dem wir die Welt erleben. Es bestimmt den Fokus, die Schärfe, den Ausschnitt. Nur was die Fernsehkamera sieht, kommt auch bei uns an und wird von uns als Realität angesehen. Die moderne Wirklichkeitserfassung haben wir delegiert – an die Medien. Sie nehmen uns die Auswahl der Bildeindrücke ab. Wir sind entlastet, lassen von anderen sehen und denken. Der amerikanische Medienexperte Marshall McLuhan prägte schon vor vielen Jahrzehnten den Satz: «Das Medium ist die Botschaft.» Er meinte damit, daß die Art des Mediums automatisch Einfluß auf die zu vermittelnde Botschaft hat. Im Fernsehen kann man prinzipiell kaum komplizierte Zusammenhänge darstellen, weil die Art des Mediums mehr auf Unterhaltung und kurzzeitige Informationen ausgerichtet ist. Ebenso schwer ist es, in einer Radiosendung ein künstlerisches Bild zu beschreiben. Alle Medien haben also Grenzen der Kommunikation, die mit ihrer Art zusammenhängen. Medien sind nicht die Wirklichkeit, sondern spiegeln nur in Bruchstücken die Wirklichkeit wider. Dieser Zusammenhang wird heute häufig übersehen. Fälschlicherweise hält man das Fernsehen für objektiv, statt die Grenzen des Mediums zu berücksichtigen.

Die totale Berieselung mit wichtigen und unwichtigen Informationen führt zur Passivität und Abstumpfung. Unser Problem lautet: Wir können nicht mehr Wichtiges von Unwichtigem unterscheiden. Die Informationsüberflutung führt zu einer Nivellierung aller Inputs. Os Guinness sagte einmal in Anlehnung an Bill Moyers: «Der moderne Mensch weiß alles über die letzten 24 Stunden, nicht viel über die letzten 24 Jahre und fast nichts über die letzten 24 Jahrhunderte.»[163] Wir wissen nichts mehr über die entscheidenden Dinge des Lebens. Wir sind «overnewsed, but uninformed». Schon Neil Postman warnte, daß wir untergehen in einem Meer von Banalitäten und noch meinen, diese Banalitäten wären das Eigentliche des Lebens.[164]

Medien stehen unweigerlich in der Gefahr, den Nutzer zu ma-

---

[163] Os Guinness, «A Time to Stand: The Christian Faith and the Coming Conflict of Civilizations», *God and Man: Perspectives on Christianity in the 20th Century*, Hg. Michael Bauman, Hillsdale: Hillsdale College, 1995, S. 39.
[164] So in seinem Bestseller *Wir amüsieren uns zu Tode*, Frankfurt: S. Fischer, 1985.

nipulieren. Je nach ideologischer Ausrichtung des Reporters werden die Aufnahmen herausgesucht, Kameraeinstellungen vorgegeben und Inhalte zusammengeschnitten. Dabei kann sich wohl kein Fernsehreporter dieser oft unbewußten Manipulation entziehen, auch nicht der konservative Vertreter seines Faches. Das Medium Fernsehen an sich kann nicht die ganze Wirklichkeit abbilden.

Auch die Fernsehwerbung prägt oft unbewußt das Verhalten des Zuschauers.[165] Oftmals geht es in einer Werbung gar nicht um das Produkt, das vorgestellt werden soll, sondern um die Charaktere der Konsumenten oder um das Wecken eines bestimmten Lebensgefühls. Außerdem verstecken sich immer mehr religiöse Motive in der Werbung. Da komplexe Sachverhalte im Fernsehen schlecht dargestellt werden können, werden abgekürzte Problemlösungen angeboten. Der Laie wird dadurch zum scheinbaren Fachmann für alle Probleme in Politik und Wirtschaft, denn der Bildschirm liefert ihm die Instant-Darstellung und Instant-Beurteilung.

Erschrecken muß auch die Niveaulosigkeit vieler Sendungen. Comedy-Serien rauben uns den letzten Nerv, und doch schauen Millionen zu. Eine Mischung aus Blödeleien, Gequatsche und Nonsens findet ihr Publikum. Es werden Witze erzählt, die keine sind und die niemand versteht. Der Unsinn macht Sinn, weil er ankommt. Loriot und Otto waren noch geistreich im Vergleich zu heutigen Witzfiguren wie Helge Schneider oder Hape Kerkeling. Geschmacklosigkeiten reihen sich aneinander. Die «Harald-Schmidt-Show» will uns einreden, es gäbe doch einen intelligenten Unsinn. Oder ist die Freiheit der Narren eine Therapieform, um uns von der langweiligen Alltagsmelodie abzulenken? Endlich nicht mehr logisch denken müssen, sich gehenlassen als eine Erlösung der Seele? Die Postmoderne läßt auch hier fröhlich grüßen.

Bill Gates gibt zu: «Eine elektronische Mitteilung besteht oft nur aus ein oder zwei Sätzen ohne Höflichkeitsfloskeln. Eine elektronische Mitteilung, die ich an drei oder vier Leute schicke,

---

[165] Über den Einfluß von Werbung informieren Matthias Horx/Peter Wippermann, *Markenkulte – Kultmarken: Wie Waren zu Ikonen werden,* Düsseldorf: Econ, 1995.

enthält unter Umständen nicht mehr als: ‹Lassen wir die Besprechung am Montag um 11 Uhr ausfallen, und nutzen wir die Zeit, um uns auf die Präsentation am Dienstag vorzubereiten. Einwände?› Es kommt vor, daß die ganze Antwort auf meine Mitteilung in einem knappen «Okay» besteht.»[166] Auch in anderen Medien beobachtet man einen rapiden Verfall der Sprache. Wie in den Comics kommt man mit einigen hundert Worten aus. Auf komplizierte Satzstrukturen wird verzichtet. Allerdings wird die Sprache durch neue Wortschöpfungen, insbesondere aus dem Englischen, angereichert. Bilder gehen vor, Wörter sind Luxus geworden, dienen nur noch als Anhängsel und Schlagwörter. Die graphische Revolution degradiert sie zu Parolen, ohne Kraft und Macht. Man wundert sich nicht, warum viele «Fernsehkinder» kaum einen grammatikalisch korrekten Satz zusammenbekommen. Die Sprache verfällt – und die Medien tragen ihre Mitschuld daran. George Orwell scheint recht zu bekommen: Die Neusprache der Zukunft wird die einzige Sprache der Welt sein, deren Wortschatz Jahr für Jahr abnimmt.[167]

Die Prominenten bestimmen die Medienszene. Personen stehen heute vor Inhalten. Der Moderator hat zehnmal mehr Bedeutung als noch vor Jahren. Er muß gut aussehen, rhetorisch perfekt sein, charmant, selbstbewußt, umgänglich, aggressiv. Er steht nicht mehr im Hintergrund, sondern im Vordergrund. Ansagerinnen werden zu Medienstars, Fernsehmoderatoren schreiben Bestseller. Der Starkult wird kräftig gefördert.

Wieder schiebt sich der Mensch in den Mittelpunkt der Welt. Er sucht den Applaus und die Ehre, die eigentlich Gott gebührt. Nicht mehr Tugend und Charakter machen heute den Menschen aus, sondern die Prominenz, die Medienwirksamkeit. Der Wert des Menschen hat sich verschoben. Er leitet dank der Medien seine Identität immer mehr aus den Gazetten ab statt von seinem Schöpfer. Der mediengerechte Mensch ist außengeleitet, lebt von der Anerkennung der Massen und opfert seine Privatsphäre für den trügerischen Wert der Beliebtheit. Popularität ist noch nicht automatisch Sünde. Aber wir müssen uns die Gefahren des Po-

---

[166] Gates, S. 208-209.
[167] George Orwell, *1984: Roman*, Frankfurt: Ullstein, 1984, S. 55.

pulismus klar vor Augen halten. Die Masse verlangt unweigerlich Kompromisse. Christliche Rockmusiker haben hier oftmals Kompromisse eingehen müssen, um auch den säkularen Markt zu erreichen. Starprediger haben dem Druck der Öffentlichkeit nicht standhalten können und verbreiteten plötzlich Irrlehren oder fielen in moralische Verfehlungen. Selbst konservative Christen haben es verlernt, wie die Beröer die Aussagen bekannter Starprediger an der Bibel zu prüfen (Apg. 17,11). Tatsächlich haben auch wir unsere modernen Predigerpäpste, die «ex cathedra» ihre Lehrmeinungen verkünden. Man hängt an ihren Lippen, verteilt ihre Blättchen, stammelt ihre Thesen nach – und merkt nicht, wie unsinnig ihre Behauptungen sind.

Kinder und Jugendliche müssen vor einem ungehemmten Medienkonsum geschützt werden. Medieninhalte, die sich negativ auf ihre geistige, seelische, emotionale und moralische Entwicklung auswirken, müssen ebenso bekämpft werden wie die Verächtlichmachung von religiösen Werten. Gleiches gilt für pornographische Inhalte, Aufstachelung zum Rassenhaß und gewaltverherrlichende Angebote. Wer bis zu seinem zwölften Lebensjahr schon 10 000 Morde im Fernsehen gesehen hat, bleibt davon nicht unbeeindruckt. Wo Menschen brutal ermordet und Leichen verstümmelt werden, bleiben seelische Schäden zurück. Wer meint, die Krimis von Steven King seien harmlose Unterhaltungsromane, weiß nichts von der Macht der Horrorphantasien. Es darf auch nicht angehen, daß Eltern den Fernseher zum Problemlöser deklarieren, damit sie endlich ihre Ruhe haben, oder Fernsehverbot als Strafe aussprechen. Wir brauchen unbedingt in unseren Gemeinden mehr Medienaskese, und vor allen Dingen eine gewissenhafte Medienpädagogik. Sie fängt schon bei den Sonntagsschulkindern an. In Familien sollten feste Regeln für den Medienkonsum festgelegt werden. «Intelligent fernsehen» müßte die Devise lauten.

Seit dem Medien- und Computerzeitalter hat sich die Bedeutung von Information verändert. Information liegt heute quasi auf der Straße, für jedermann abrufbar. Uns stehen über das Internet alle Datenbanken der Welt offen. Welches Geschäft kann mir den besten Preis für ein Auto machen? Wer wurde 1970 Fußballweltmeister? Wieviel Warzenschweine gibt es in Norwegen? Alle wichtigen und unwichtigen Fragen finden eine Antwort – für jeden, der einen Computer hat. So teilt sich die Welt in die alleswissenden Computerfreaks und die nichtwissenden Computerignoranten. Eine neue Zwei-Klassen-Gesellschaft ist im Entstehen.

Wissen liegt auf der Straße, ist für fast jeden verfügbar. Was man allerdings übersehen hat: Das gemeinsame Wissen nimmt ab. Detailwissen ist explodiert, gemeinsames Wissen implodiert. Es gibt kaum noch gemeinsame Wissensebenen. Daher kommt es, daß sich die modernen Menschen nicht mehr verstehen. Der «Meaning-Gap» (Meinungslücke) ist allgegenwärtig. Man redet und lebt aneinander vorbei, wenn man keine gemeinsamen Wissens- und Kommunikationsebenen mehr hat. Früher unterhielt man sich auf der Arbeit über die letzte Dallas-Sendung. Heute hat jeder etwas anderes gesehen. Wir ertrinken in einem Meer von Fakten, aber wir verstehen uns nicht mehr. Wir speichern Informationen, ohne daß diese Infos Konsequenzen fordern. Der moderne Mensch hatte nie so viele Informationen gespeichert wie heute, aber er war auch noch nie so dumm und unwissend wie heute: Er weiß nicht mehr, was er mit all diesen Informationen machen soll. Was bringt es mir, die «Library of Congress» mit 16 Millionen Büchern zu kontaktieren oder die «Encyclopaedia Britannica» zu befragen? Brauchen wir alle diese Informationen wirklich? Wie gut, daß wir vergessen können. Wir könnten ja nie alles behalten.

Mit der Masse an Informationen steigt die Masse an unnützen Daten. Die Masse an unnützen E-Mail-Briefen nimmt zu, ihre Qualität nimmt dagegen ab. Da man ohne Schwierigkeiten die E-Mails kopieren kann, überschwemmen weitere unnütze Informationen die Menschheit. Und: E-Mails schreibt man schneller als Briefe. Zum Briefschreiben braucht man ein größeres Maß an Muße und Überlegung. Viele E-Mails werden dagegen gedankenlos und flüchtig geschrieben. Ich habe in allen Briefen meines Lebens nicht halb so viele Rechtschreibfehler gefunden wie in den wenigen E-Mails der letzten Monate. Und ich habe auch noch nie so viele unnütze Briefe bekommen wie seither.

Ich glaube, daß die Medien- und Informationseuphorie schon bald in tiefe Depression umschlagen wird. Viele Pläne der Medienmacher werden sich als Flops herausstellen. Die Benutzerzahlen des Internet bleiben jetzt schon hinter den euphorischen Erwartungen zurück. Es gibt eben doch einen großen Unterschied zwischen einem Buch und einer virtuellen Zeitschrift auf dem Bildschirm. Das Buch ist nicht nur Informationsträger, sondern ein Lebensstil. Das Buch kann man überallhin mitnehmen, es strahlt etwas aus, man hat etwas in der Hand. Pay-TV oder Video-on-Demand werden keine großen Renner werden, denn die Flut von Angeboten hat längst zum Gegeneffekt geführt. Längst haben sich die gebildeten Schichten vom Fernsehen verabschiedet! Nicht das Fernsehen boomt, sondern das Kino, denn Kino-Gehen ist ein Erlebnis, etwas Besonderes. Das Fernsehen befriedigt die Seele des geschundenen Menschen nicht mehr. In den USA formiert sich schon eine Anti-Computer-Bewegung. Zitat: «Das Leben in der wirklichen Welt ist unendlich interessanter, wichtiger, reicher als alles, was man jemals auf einem Computerbildschirm finden wird. Geht aus dem Haus! Trefft wieder eure Nachbarn! Baut eigene Tomaten an! Schaltet endlich euren Computer aus, um Himmels willen!»[168]

Die Bibel macht einen gewichtigen Unterschied zwischen «Wissen» und «Weisheit». Wissen ist bloße Faktensammlung, Weisheit dagegen die praktische Umsetzung des Wissens im Alltag, die Anwendung meiner Überzeugungen in konkreten Situationen. Jeder Mensch braucht dazu einen Denkrahmen, um die auf ihn einstürzenden Informationen sortieren und einordnen zu können. Die Medien bieten heute Fakten ohne Bezugsrahmen. Sie lassen den Konsumenten mit der Flut der Daten allein. Sie stürzen den Menschen damit in eine Sinnkrise, denn sie bieten ihm keinen Rahmen zur Wirklichkeitsdeutung an. Diesen Denkrahmen gibt mir jedoch der Glaube an Christus! Mit Hilfe des christlichen Glaubens können die Daten und Informationen des Tages richtig einsortiert werden. Christen müssen deshalb auch nicht alles wissen. Wichtiger ist, daß wir das Entscheidende wissen. Die Kenntnis des Wortes Gottes ist hundertmal wichtiger als die Informationen der Tageszeitung. Für die Informationstechnik heißt das: Christen sind keineswegs Ignoranten der Information, aber sie wissen um eine Weisheit Gottes, die alle Informationen der Welt überragt und sie richtig einordnen läßt. Erst durch die richtigen Überzeugungen können wir die Daten der modernen Welt verarbeiten.

---

[168] Matthias Horx, Trendbüro, *Trendbuch 2: Megatrends für die späten neunziger Jahre*, Düsseldorf: Econ, 1995, S. 206.

Bei allen genannten Fragezeichen bieten uns die modernen Info-Techniken eine Menge missionarischer Möglichkeiten. Radio, Fernsehen und Internet sollten mehr Evangelium enthalten! Gleiches gilt für das gedruckte Wort. Die Kinderevangelisationsbewegung bietet seit Jahren ein Geschichtentelefon für Kinder an – mit großem Erfolg. Vor uns liegt eine große Chance: In der totalen Info-Gesellschaft müssen wir die gute Jesus-Nachricht ansprechend weitergeben. Dabei muß behutsam überlegt werden, welche Medien dazu am besten geeignet sind. Über die Gefahren müssen wir uns vermehrt intensive Gedanken machen. Os Guinness hat die revolutionären Veränderungen der Gesellschaft durch die Medien wie kein anderer auf den Punkt gebracht: «Die Verschiebung von Wörtern zu Bildern; von Handlung zu Schaustellung; von Darstellung zu Unterhaltung; die Verschiebung von Wahrheit zu Gefühl; die Verschiebung von Überzeugung zu oberflächlicher Sentimentalität.»[169]

[169] Os Guinness, «Mission angesichts der modernen Welt», *Evangelisation mit Leidenschaft: Berichte und Impulse vom II. Lausanner Kongress für Weltevangelisation in Manila*, Hg. Horst Marquardt/Ulrich Parzany, Neukirchen-Vlyun: Aussaat, 1990, S. 156-167.

7
Die Softies kommen
Sanftheit und Harmoniesucht

Wir wollen zurück.
Zurück in eine Welt der Unschuld,
der glänzenden Augen,
der ungestraften Müdigkeit,
des Hasimausi und Schnuckiputzi.

MATTHIAS HORX

Wir nehmen unsere Teddybären mit ins Bett;
wir kaufen Spiele,
die wir als Kinder gespielt haben.
In all diesen Dingen steckt ein
direkter Nostalgie-Wert.

FAITH POPCORN

7.1 Teddybärenwelt: Gesellschaftliche Trends

Das Lebensgefühl der 90er Jahre ist vom Hang nach Glück und Zufriedenheit geprägt. Der Mensch sehnt sich nach weichen Werten, nach Nostalgie, Harmonie und Sanftheit. Wir leben nicht mehr in den 70er Jahren, wo eine Ideologiekultur gegen die Spießbürgerlichkeit der Elterngeneration protestierte. Der Protest der 70er Jahre ist verschwunden. Die Jugend von heute ist nicht mehr die Generation der langen Haare und der Latzhosen. Die jungen Menschen von heute sind anders, wesentlich bequemer, vor allen Dingen sensibel. Aber auch die Erwachsenen feiern Nostalgiepartys, schwelgen in den Erinnerungen an die «gute alte Zeit», lieben ihren Cappuccino und die Plüschgarnitur, gehen Konflikten aus dem Weg und sehnen sich nach der heilen Welt.

Die Veränderungen der Jugendszene sind an diesem Punkt auffällig. Früher wollten Jugendliche so schnell wie möglich von zu Hause weg, mit 18 schon eine eigene Bude haben und um die Welt trampen.

Heute bleiben die Jugendlichen so lange wie möglich zu Hause wohnen. «Hotel Mama» heißt die Devise. Hier geht es ihnen gut. Sie haben ihr eigenes Zimmer, müssen keine Miete zahlen, haben ihren eigenen Fernseher. Die Mutter kocht und macht die Wäsche. Warum hinaus in die böse Welt? Der Protest gegen die spießigen Eltern verstummt mehr und mehr.

Die materialistische Gesellschaft ist nicht mehr Klassenfeind Nummer eins. Im Gegenteil: Der Karrieretrip beginnt schon in der Jugendzeit. Demonstrationen sind out, Hausbesetzungen nur noch Relikte der Ewiggestrigen. Steinewerfen überläßt man den linken Chaoten.

Moderne Jugendliche treffen sich in ihrer überschaubaren Clique, wo sich jeder kennt und bestens versteht. Gemütlich sitzt man bei Kerzenschein im trauten Kreis beieinander. Man reist immer noch gerne um die Welt, aber nicht mehr per Anhalter, sondern im Jet-set mit dem eigenen Geld oder dann eben auf Papas Kreditkarte. Man ist betroffen und berührt von den Ungerechtigkeiten der Welt, läßt seinen Gefühlen freien Lauf. Die «Generation X» ist melancholisch, philosophisch, ironisch. Gleiches gilt auch für die Männer. Ulrich Beck schreibt: «Auch Männer wollen mehrheitlich Gefühle und Schwächen zeigen…

Parallel wächst der Zwang zur Harmonisierung in allen Angelegenheiten der Geschlechtererziehung.»[170]

Normalität ist in. Der Aufkleber der 70er Jahre hieß: «Atomkraft – nein danke.» Er spiegelte den Protest gegen das Establishment wider. Der häufigste Aufkleber der 90er Jahre heißt: «Baby an Bord.» Apropos Babys: Sie werden in der Moderne fast mystifiziert und glorifiziert. In ihnen spiegelt sich der letzte Rest der archaischen Unschuld wider. In die Kinder projiziert man die bessere Welt hinein, nach der man sich so sehr sehnt. Kinder stehen immer mehr im Mittelpunkt, auch der Medien. Die Werbung bedient sich neuerdings gerne der Kleinkinder, um ihre Ware an den Mann und die Frau zu bringen. Kinder als Symbol für verlorene Unschuld, natürlich immer nur süß, zum Knuddeln. Kinder werden zu Sinnstiftern für die Erwachsenen. Die sinkenden Geburtenraten weisen nicht nur auf den wachsenden Egoismus hin, sondern auch auf eine neue Wertsteigerung des Kindes: Kinder werden kostbarer, weil sie so selten sind. Entscheidungen für ein Kind sind wohlüberlegt. Gross schreibt: «Einer Zeit, in der es nur noch ein Diesseits gibt und kein Jenseits, wo es nur mehr eine Geburt in ein diesseitiges Leben und keine zweite Geburt in ein Jenseits gibt (die darum auch wichtiger ist), einer solchen Zeit wird das Kind zum Wichtigsten.»[171]

Der beliebteste Trendsport der 80er Jahre hieß «Tennis». Man wollte was sein, was auf sich halten. Die weiße, saubere Sportart vermittelte Stil und gehobene Klasse. Auch das Golfspielen praktizierten plötzlich Vertreter des Mittelstandes. Anders die 90er Jahre: Der Trendsport heißt Badminton, die sanfte Sportart. Gleiches gilt für Beachvolleyball, dessen Triumphzug unaufhaltsam voranschreitet.

Die Werbung der 70er und 80er Jahre setzte noch auf Waschkraft, Konkurrenzkampf und Pferdestärke. In den 90er Jahren staunt man nicht schlecht: Die gleichen Marken sprechen vom sanften Waschmittel, umweltschonend – verträglich – natürlich. Automarken reden von Familienfreundlichkeit, niedrigem Benzinverbrauch, «ein neues Denken für eine neue Welt». Opel hat

---

[170] Ulrich Beck, *Risikogesellschaft: Auf dem Weg in eine andere Moderne*, Frankfurt: Suhrkamp, 1996 (1986), S. 172-173.

[171] Peter Gross, *Die Multioptionsgesellschaft*, Frankfurt: Suhrkamp, 1994, S. 96.

es erkannt: «Nicht schneller ankommen, sondern entspannter. Härten nehmen, Ruhe geben. Wir haben verstanden» – wahrlich. Die «Welt von Nescafé» ist harmonisch und flauschig. Die softe Musik der Werbung spiegelt die sanfte Welle wider. Calvin Kleins Parfüm ist das Trendbarometer: Verschwommene Pastelltöne zeigen ein Liebespärchen in romantischer Stimmung. In der Ernährung ist ebenfalls die «Light-Welle» in: Cola light, Schweppes light, «Du darfst». Alles wird leichter, gesünder, ohne Kalorien, umweltverträglich. Der Konkurrenzkampf als Mittel der Werbung steht nicht mehr zur Debatte, weil er den Zuschauern lästig geworden ist. Produkte, die Ruhe ausstrahlen und entspannen, sind in: Duschbäder, Tees, Stimmungsmusik. Aquarien sind wieder im Kommen. Das authentische Markenzeichen steht im Mittelpunkt, klassisch dargestellt von den Werbespots der Firma *Nike*. Der Markenname taucht nur noch unscheinbar auf, nicht aufdringlich, aber überzeugend.

Wir wollen es heute gemütlich haben. In den letzten Jahren erlebte man eine Renaissance des Hundekaufs. Dabei waren es nicht die großen Doggen und Kampfhunde, die die Umsatzzahlen in die Höhe schnellen ließen, sondern die niedlichen Knuddelhündchen, zum Liebhaben und Kuscheln. Der Umsatz von Stofftieren stieg in den USA von 1982 bis 1987 um das Dreifache auf 839 Millionen Dollar. Gleiches gilt für Deutschland. Steiff-Tiere werden mit Tausenden von Mark gehandelt. Der abgewetzte Stoffhase aus Vaters Kindheit wird zum heiligen Idol der Kinder. Pu, der Bär, feiert Triumphe, auch wenn er schon siebzig Jahre alt ist. Die Softies sind da, die Sanften beherrschen das Bild. Man ist der Kontroversen müde. Streit und Konflikte sind out. Alles und jeder wird mit seiner Meinung stehengelassen. Man hat keine Lust, sich mit dem anderen auseinanderzusetzen. Man ist gleichgültig geworden.

Dieser sanfte Trend zeigt sich in allen Bereichen der Gesellschaft. So in der Literatur: Pilcher und Gaardner sind in, sanfte Stories mit Herz und Happy-End. Ein Blick in die Filmbranche bestätigt auch hier den Softtrend: Der Streifen «Pretty Woman» wurde zum Kultfilm einer ganzen Generation. Diese Love-Story aus Hollywood war Ausdruck einer neuen Epoche der Sehnsucht nach heiler Welt. Rambo-Filme sind out. Sanftes hat Hochkonjunktur. Die Romantik läßt grüßen. Neuerdings steht man in den Medien auf niedliche junge Mädchen zwischen 16 und 20, die

«Lolitas». Alicia Silverstone und Heike Makatsch wurden zu Idolen wider Willen. Geflochtene Zöpfe, Spangen im Haar, Blümchenbluse und Herzsticker kommen zurück. Man will wieder träumen, sich kuscheln in der flauschigen Scheinwelt. Die Jugend hat ihre «Boygroups», kaum der Pubertät entwachsene Popgruppen wie die «Backstreet Boys». Parallel dazu verdrehen die «Girlies» den Teenies den Kopf.

Kitsch ist wieder in. Auch Heimatfilme sind im Kommen. Mundart und Volksmusik sind schwer aktuell, selbst bei jüngeren Leuten. Schon 20jährige schwelgen in Nostalgie. Die Vergangenheit wird vergoldet, je weiter sie zurückliegt. Alte, unansehnliche Möbelstücke werden zu Nostalgiefetischen, weil sie ein Stück heile Welt widerspiegeln. Matthias Horx spricht signifikant von der «Teddybärenwelt» und der «Birkenstockgeneration». Die Symbole der Romanze sind schnell ausgemacht: Teddybär, Schnuller, manchmal sogar in Riesenformat am Autospiegel oder der Stoßstange, und vor allem Gummibärchen. Nicht zu vergessen: die Sonnenblume. Als Ikone der 90er Jahre steht sie für das Warme, Freundliche, für Lebenslust; einfach ein Glückssymbol.

Noch ein Indiz der neuen Sanftheit: Alles wird rund. Autos, Sessel, Häuser, Stühle, Sofas verlieren ihre Kanten. Ecken sind out, weil sie nicht zu unseren Sehnsüchten passen. Der neue Twingo von Renault, knallig bunt und ganz rund, ist das Trend-Auto par excellence. Wir bevorzugen heute die weichen Formen. Dahinter steckt die Sehnsucht nach Wärme, nach dem Nest. Auch die Sprache – übrigens immer ein Zeitgeistindikator – ist von dieser Sehnsucht betroffen. Weiche Ausdrücke sind an der Tagesordnung: «Ich find das irgendwie so», «geil», «oi, Alder». Wir bevorzugen die weichen Stimmlagen, nicht mehr die harten Militärtöne der Vergangenheit.

In diesem Zusammenhang steht auch eine zunehmende «Infantilisierung», eine Verkindlichung der Gesellschaft. Soziologen beobachten bei Erwachsenen eine Verweigerung, alt werden zu wollen. Sie benehmen sich wie Kinder. In Anlehnung an eine Fernsehserie spricht man von einem «Golden-Girls-Syndrom», bei alten Leuten spricht man von der «Omaverweigerung». Wir fliehen vor der Verantwortung, wollen keine Lasten mehr tragen, ewig Kind sein. Das Bedürfnis nach Unschuld und unverdorbener Kindlichkeit nimmt zu. Parallel dazu stehen wir vor einer Renaissance der Zeichentrickfilme. Walt Disney feierte mit «Fred

Feuerstein», «Pocahontas» und dem «König der Löwen» Welt-
erfolge. Diese neuen Produktionen werden nicht so sehr von Kindern, sondern mehr von Erwachsenen gesehen.

Neben der neuen Softwelle ist auch die neue Offenheit und
Gradlinigkeit zu erwähnen. Seit Anfang der 90er Jahre wenden
sich die Kunden von der materialistischen Marktüberhäufung der
Konsumgesellschaft weg, hin zu den einfachen und praktikablen
Produkten. Die «Ja»-Produkte geben hier den Ton an. Auch in der
Mode ist dieser Trend eindeutig. Nehmen wir nur die Schuhe. Die
80er Jahre waren die Jahre des Turnschuhs, Symbol für Mobilität.
Dann folgte ein ungeheurer Formenreichtum. Es gab Hunderte
von Spezialschuhen, für jede Gelegenheit. Seit zwei Jahren steht
man wieder auf schlichtere Formen, einfach und gut. Man ist dem
Angebot gegenüber überdrüssig geworden. In einer streßgeplag-
ten Zeit kann niemand dreißig Paar Schuhe im Schrank stehen
haben und jedesmal entscheiden, welches er heute anziehen soll.
Also zurück zur neuen Einfachheit, zur Gradlinigkeit. Schuhe sowohl für die Arbeit wie auch für die Freizeit sind wieder in. Ruhige Formen werden mit Bequemlichkeit kombiniert.

Gleiches bestätigen die Möbelverkäufer: Gradlinige und zeit-
lose Formen sind gefragt. Poppiges wird nur als Bestellmobiliar
geduldet, das jederzeit ausgetauscht werden kann. Ähnliches beobachten wir bei Fahrrädern. In den 70er Jahren fuhren wir alle
unsere Rennräder, Ausdruck der Schnelligkeit und Dynamik.
Dann kam das Mountainbike, auch in Gebieten ohne Berge
gerne benutzt. In den 90er Jahren boomt der Cruiser, eine Kombination aus Hollandrad, Rennrad und Mountainbike. Man rast
nicht mehr, nimmt auch nicht jeden Bordstein mit Salto mortale.
Auf den Fahrradwegen der Moderne wird geradelt, nicht gerast.
Auch hier ist Gradlinigkeit gefragt.

Parallel mit der Softwelle beobachtet man eine Sicherheits-
welle. Die absolute Absicherung wird gefordert, gilt als höchster
Wert. Der Airbag von allen Seiten, der Fahrradsturzhelm, die
Kindersitze, die Knie- und Ellbogenschoner der Rollerblader:
Wir sichern uns gegen alles ab. Wir wollen alles im Griff haben,
alle Eventualitäten müssen ausgeschlossen sein. Unser Leben soll
abgefedert sein, ohne große Erschütterungen. «Safety first» lautet die Devise. Wir lassen uns nach allen Seiten hin versichern:
Kranken-, Unfall-, Lebens-, Renten-, Auto-, Reiserücktrittsversi-
cherungen geben uns Halt in unruhiger Zeit. Neuerdings kann

178

man sich sogar gegen Entführungen versichern lassen. Wir scheuen das Risiko, gründen keine Firmen mehr. Die Abenteuer heben wir uns für den Urlaub auf.

7.2 Harmony-Church: Gemeindliche Trends

Der Trendforscher Matthias Horx hat in seinem zweiten Trendbuch ein Kapitel über den Glauben und die Religion eingefügt. Die Überschrift lautet: «Glauben light.» Inhalt: Die Menschen verlassen die Kirche, die Gesellschaft jedoch spiritualisiert. Der Glaube ist nicht out, aber er hat sich verändert. Institutionen sind out, Großkirchen haben keine Glaubwürdigkeit mehr. Jeder schafft sich seine eigene Religion, und zwar nach sanften Kategorien des Selbst. Horx weiß zu berichten: «Und wie in der modernen Medizindebatte geht es auch beim Glauben immer weniger um die Frage, was wahr ist, sondern was hilft.»[172] Dieser pragmatische Glaube setzt die sanften, weichen Werte und Verhaltensnormen an die erste Stelle.

Dieser sanfte, pragmatische Glaube ist tatsächlich in der heutigen kirchlichen Landschaft zu beobachten. In den 60er Jahren sahen wir in den konservativen Kreisen noch den Kampf um die Bibel und das Bekenntnis. 24 000 Menschen kamen 1966 in die Dortmunder Westfalenhalle, um gegen Bultmanns moderne Theologie zu protestieren. Damals entstand die «Bekenntnisbewegung: Kein anderes Evangelium». Dutzende von Büchern mit hohen Auflagen schlugen «Alarm um die Bibel». Das Kirchenvolk war beunruhigt über den Gang der Theologie. Man war bereit, für den rechten Glauben und die reine Lehre auf die Straße zu gehen. In den 70er Jahren setzten sich die Auseinandersetzungen fort: der Kampf gegen die Evolution, gegen die Ökumene und für evangelikale Parallelstrukturen. Institutionen wie die «Studiengemeinschaft Wort und Wissen» wurden gegründet. Der «Theologische Konvent» der «Konferenz Bekennender Gemeinschaften» verabschiedete wichtige Leitlinien im Bekenntniskampf. Alternative

---

[172] Matthias Horx, Trendbüro, *Trendbuch 2: Megatrends für die späten neunziger Jahre*, Düsseldorf: Econ, 1995, S. 102.

theologische Ausbildungsstätten gegen die Bibelkritik wurden eröffnet, so die «Freie-Evangelisch-Theologische-Akademie» in Basel und die «Freie Theologische Akademie» in Gießen. Auf den Kirchentagen kam es zu heftigen Debatten zwischen den Evangelikalen und den Liberalen. In der Abtreibungsfrage engagierten sich Hundertausende von Christen.

Beinah wehmütig und (ganz im Trend) nostalgisch denkt man heute an die damalige Mobilisierung des Kirchenvolkes zurück. Der Kampf um die Wahrheit des Evangeliums bewegte viele und führte zur Gründung von schlagkräftigen Vereinigungen in Kirchen und Freikirchen. In den 90er Jahren ist es jedoch still geworden an der Front der Auseinandersetzung. Seid nett zueinander, heißt die Parole. Die Evangelikalen haben längst ihre Nische gefunden. Man läßt die Gegner in Ruhe, hat zuviel mit den eigenen Problemen zu tun. Protestveranstaltungen haben keinen Zulauf mehr, die Bekenntnismärsche müssen längst ausfallen. Wenn sie stattfinden, dann nur, um zu sagen, wofür man ist, nicht mehr wogegen. Man spricht schon lakonisch von den «alten Kämpfern» der Vergangenheit, weil die «jungen Wilden» rar geworden sind. Es ist ruhig geworden um die Frommen im Lande. Das alte Etikett von den «Stillen im Lande» macht wieder seine Runde. Die Protestanten protestieren nicht mehr.

Die mangelnde Bereitschaft, Verantwortung zu übernehmen, zeigt sich auch in vielen Gemeinden und Werken. Pfarrer klagen über mangelnde Konfliktfähigkeit ihrer Gemeindeglieder, über die Unfähigkeit, um der Wahrheit willen liebevoll zu streiten. Keine Auseinandersetzung bitte! Dafür haben wir keine Nerven mehr. Wir haben uns ja alle so lieb. Jeder wird immer gleich «stehengelassen», auch wenn er offensichtlich falsche Lehren vertritt. Und selbst die Pastoren haben sich von der Harmoniewelle anstecken lassen: ihr oberstes Ziel ist die Bewahrung des Friedens in der Gemeinde. Sie wollen es allen recht machen. Aufkommende Konflikte werden im Keim erstickt. Gemeindeälteste haben es längst aufgegeben, ihre Schäfchen zur Rechenschaft zu ziehen oder auf falsche Entwicklungen aufmerksam zu machen. Hauptsache, in den Gruppen läuft das vorgesehene Programm ab.

Unter jungen Menschen in der Gemeinde bemerken wir: Die Kampfesnaturen fehlen. Jeder möchte Jesus dienen, aber ohne Auseinandersetzung bitte. Die Harmoniesucht ist ausgebrochen. Wir suchen uns längst unsere passende Gemeinde aus. Und das ist die, in der ich mich wohlfühle. Es geht nicht um die Dogmatik oder das Schriftverständnis, sondern die Leute müssen nett sein, die Predigt illustrativ. Stories müssen her, Lebensberichte, bitte keine Apologetik. Wir gehen den Auseinandersetzungen bewußt aus dem Wege, weil wir keine Kraft mehr dafür haben und des Streitens müde geworden sind.

Die kirchliche Situation hat sich scheinbar entspannt. Die Liberalen lassen die Konservativen gewähren, und umgekehrt. Die scharfen Töne der 60er Jahre sind passé. Viele meinen, daß es um die Theologie doch gar nicht mehr so schlimm bestellt sei. Bultmann sei doch auch in der Kirche kein Thema mehr. Deshalb könne man «abrüsten». Fundamentale Diskrepanzen werden durch ein frommes Gerede überdeckt. Liberale Kirchenführer sprechen längst wieder auf den Veranstaltungen der «Frommen» – und verstecken dort natürlich den eigenen Liberalismus. Die Protestbereitschaft hat rapide abgenommen. Dialog und Annäherung sind in, auch in kirchlichen Kreisen.

In der Predigt beobachten wir den gleichen Trend: Nur ja keinem über die Zehen fahren! Die Predigten haben keinen Biß mehr. Pastoren haben Angst, sie könnten noch die letzten Treuen vor den Kopf stoßen, und predigen deshalb über Allgemeinplätze. Jeder in der Gemeinde scheint plötzlich recht zu haben. Pointierte Persönlichkeiten sind nicht nur in der Gesellschaft, sondern auch in Kirchen und Gemeinden kaum noch anzutreffen. Gemeindeleiter gebärden sich wie Gummimännchen: Man gibt nach allen Seiten nach. Jeder bestätigt jeden. Keiner kämpft mehr für die Wahrheit. Alle haben sich aufeinander eingestellt. Man lebt nebeneinander her in der evangelikalen Softwelt der 90er.

Auch bei «Christens» sind es nicht die dogmatischen Bücher, die sich gut verkaufen. Es sind die Erzählungen und christlichen Romane, die heute hohe Auflagen erreichen. Literarische Werke über anspruchsvollere Geistesströmungen werden verramscht, kurz nachdem sie auf den Markt gekommen sind. Theologische Reihen der Verlage erreichen Minimalauflagen. Bibelzentrierte Zeitschriften verlieren Jahr um Jahr mehr Leser. Kontroverse Vorträge werden als schlimme Belastung empfunden.

Die neue Harmony-Welle hat auch einige Evangelisten erreicht. Man versucht nun, die Erlösungsbotschaft watteweich zu verpacken. Die Botschaft von Gottes Zorn und Gericht ist nur noch selten zu hören. Eine Hölle scheint es nicht mehr zu geben. Daß Gott einen Menschen für seine Sünden bestraft, ist nicht «en vogue», trifft nicht die Bedürfnisse des harmoniebewußten Zeitgenossen. Sünde wird nur noch selten aufgedeckt und angesprochen. Dafür hat man sanftere Wege der Verkündigung gefunden. Jesus ist vielerorts nur noch eine Art Weihnachtsmann, der meinem Leben Sinn und Ziel verleiht. «Komm zu Jesus, und du wirst glücklich» – dieser Slogan paßt gut in das Konzept der glücksuchenden Moderne.

Unmerklich hat sich unser Gottesbild gewandelt. Gott ist nicht mehr der strafende, gerechte Gott, sondern der liebe, zärtliche Vater, der alle meine Bedürfnisse stillt. Wir benutzen Gott für unsere Zwecke, statt ihm zu gehorchen. Gott hat sich gefälligst nach uns zu richten. Er soll mir helfen in der Not, mir ein glückliches Leben schenken, meine Sehnsüchte stillen. Gott ist ausschließlich der gütige Vater. Er ist immer nur für mich, nie gegen mich. Er tröstet mich in der Not, gibt mir Kraft und Zuversicht (hoffentlich) in der Tiefe. In einem christlichen Magazin war erst neulich zu lesen, daß Gott ein zärtlicher Gott ist, der uns küßt und umarmt. Wir sollen, so hieß es, unsere Beziehung zu Gott genießen. Gott habe Sehnsucht, Leidenschaft und Zärtlichkeit zu uns. Gott will uns alles schenken. «Gott nimmt Dich so an, wie Du bist, mit allen Deinen Fehlern und Schwächen. Du darfst schwach sein vor Gott.» Wer hört solche Sätze nicht gern? Ist es nicht ein großer Fehler gewesen, Gott immer nur als den gerechten, heiligen und zornigen Gott zu sehen, fragen heute viele Christen. Also wird Gott zum Freund umfunktioniert, der mir nie widerspricht und mich immer bestätigt.

Der neue Trend zur Sanftheit ist keine Randglosse in der Gemeindegeschichte, sondern hat viele Christen tief durchdrungen und infiziert. Kaum jemand wird sich hier ausschließen können.

7.3 Sanftmütige Kämpfer

Was ist von diesem Trend zur Kitsch- und Kuschelwelt und zur «Harmony-Church» zu halten? Woran liegt es, daß die Bereitschaft zur Kontroverse abgenommen hat? Wie sollen Christen darauf reagieren? Sollten sie wieder die Waffen aus dem Schrank holen und in Rambo-Manier drauflosschlagen?

Der postmoderne Mensch zieht sich zurück aus der kalten Welt des Leistungsdenkens, er wird zum innerlichen Aussteiger. Er sucht Geborgenheit und Schutz angesichts der rauhen Wirklichkeit der Moderne. Der Heimatlose sucht Heimat und findet sie in der neuen Harmonie. Die Hasimausi-Schnuckiputzi-Welt der angepaßten Zeitgenossen offenbart gleichzeitig die Harmoniesehnsucht des modernen Menschen. Der Zeitgenosse hat sich mit der schrecklichen Welt abgefunden, will sie nicht mehr verändern, sondern bläst zum Rückzug. Der Hang zur «political correctness» offenbart die Resignation an der Welt. Das fehlende Engagement in der Politik ist Ausdruck der Flucht in die Innerlichkeit und Bequemlichkeit. Man ist es leid, immer nur den Kopf hinzuhalten und Schläge einzustecken. Die moderne Welt mit ihren vielfältigen Belastungen zehrt stark an unseren Nerven. So halten wir uns alle Belastungen und Verantwortungen vom Leib.

Die damit zusammenhängende Verarbeitung unserer Welt ist neu: der Zynismus. Viele Menschen sind ironisch geworden. Die Spötter haben Hochkonjunktur. Der Trendspruch der Jugend in den 90er Jahren heißt: «Du hast keine Chance, nutze sie!» Zynismus ist Ausdruck von Resignation. Die Lage scheint hoffnungslos, wir können ja doch nichts mehr ändern. Man steckt in einer Verweigerungshaltung, man will in Ruhe gelassen werden, man ist voller Lethargie. Weitere Szenesprüche offenbaren die Ironie: «Ich geh kaputt – wer kommt mit?», «Gestern standen wir am Rande des Abgrundes – heute sind wir einen Schritt weiter».[173] Zyniker gießen ihren beißenden Spott über die Zustände der Welt aus, ohne konkret an der Veränderung mitwirken zu wollen. Der neue Zynismus ist deshalb Ausdruck der Enttäuschung über diese Welt.

Ein Großteil der Jugendszene ist offensichtlich «braver» geworden. Die Hooligans und Punks sind nur ein kleiner Ausschnitt der Wirklichkeit und geben keineswegs das Gesamtbild wieder. Die meisten Jugendlichen sind sensibel, meinen es ehrlich, leiden an dieser Welt. Sie beschäftigen sich viel mit sich selbst, tasten ihr Wohlbefinden ab, haben eine tiefe Sehnsucht nach Wärme und

---

[173] Zum Lebensgefühl der jungen Generation vgl. Tobias Faix, *Die wa(h)re Jugend: Jugendliche besser verstehen,* Neuhausen-Stuttgart: Hänssler, 1997.

Freundschaft. Ideologische Bauernfängerei kommt nicht mehr an. Gewalt gilt nicht mehr als legitimer Ausdruck zur Durchsetzung der Ziele. Aus der Protestgeneration wurde die Generation X der Angepaßten. Viele konservative Zeitgenossen freuen sich über diese Entwicklung. Aber das Ganze hat eine Kehrseite: Die Jugendlichen von heute leben keine Gesinnungen mehr. Man hat keine Ideale mehr, keine radikalen Überzeugungen. Die Idealisten fehlen. Man ist nicht mehr bereit, für eigene Vorstellungen alles zu opfern. Die Protestbereitschaft ist dem Zynismus gewichen. Bis in die Gemeinden hinein wirkt die einschläfernde Droge der Resignation: Kaum jemand hat noch Träume, kaum jemand riskiert noch etwas, man sichert sich nach allen Seiten ab.

Wir brauchen jedoch in Gesellschaft und Gemeinde heute Menschen, die bereit sind, Verantwortung zu übernehmen. Verantwortungsträger haben kein leichtes Leben. Wer Verantwortung übernimmt, macht Fehler, wird kritisiert, lebt unter Druck. Verantwortung ist aber in einer Stunde geboten, in der in Gesellschaft und Gemeinde niemand mehr für andere in den Riß treten möchte. So treiben heute Menschen führungslos und unmündig im Strom der Zeit. Begabte Menschen stehen dagegen gleichgültig am Ufer und schauen der Katastrophe seelenruhig zu. Soll doch jeder für sich selbst sorgen. Andere mißbrauchen ihre Verantwortung zur eigenen Karriere und zum rücksichtslosen Aufstieg über viele Leichen hinweg. Dabei hat jeder Verantwortungsträger auch seine eigene Verantwortung gegenüber Gott. Jeder Mensch muß sich einmal vor seinem Schöpfer verantworten. Diese letzte Verantwortung schützt mich vor dem Mißbrauch meiner Autorität in Gesellschaft und Gemeinde. Was wir also brauchen, sind verantwortungsvolle Menschen mit «Antworten», die nicht nur für sich denken und leben, sondern für andere. So wie Christus selber die Verantwortung für alle Menschen auf sich nahm, als er stellvertretend am Kreuz für alle Sünder starb, sollen auch wir Verantwortung für andere übernehmen.

Natürlich bietet die neue Softwelle auch manch positive Aspekte. Es wäre unsinnig, ihr eine Welle der Härte oder Strenge entgegenzusetzen. Sanftmut ist biblisch, eine Geistesgabe des Heiligen Geistes (Gal. 5,22). Paulus rühmt sich, daß er in Thessalonich «zart» aufgetreten sei (1.Thess. 2,7). Die Liebe soll das Leben der Christen bestimmen (1. Kor. 13,4-7). Sanftmut spiegelt auch das Wesen Gottes wider, der als unser liebender Vater nur das Beste für uns möchte. Die neue Sensibilität für die zwischenmenschlichen Beziehungen bietet gute Aspekte für das Zusammenleben in Gesellschaft und Kirche. Junge Leute sind heute wesentlich teamfähiger als so manche «alten Kämpfer» der Vergangenheit.

Prinzipiell ist jedoch der neue «Softismus» eine große Illusion. Unsere Welt ist selbst nach dem Ende des Kalten Krieges nicht sicherer geworden. Träume von einem universalen Frieden wurden schon öfter in unserem Jahrhundert geträumt und bitterlich enttäuscht. Der Krieg in Jugoslawien, der Aufstand in Albanien, der Terror in Nordirland, der islamische Fundamentalismus in Algerien und die Konflikte im Nahen Osten lehren uns etwas anderes. «In den fünf Jahren seit dem Fall der Berliner Mauer hat man das Wort ‹Genozid› weit öfter gehört als in irgendeiner Fünfjahresspanne des Kalten Krieges», sagt Huntington.[174] Der Westen baut sich seine sanften Luftschlösser, aber die Welt der Realitäten sieht anders aus. Die Konflikte im Kampf der Weltkulturen werden zunehmen – das behaupten alle außenpolitischen Experten. Dagegen helfen keine westlichen Harmonieillusionen, sondern besonnene Politik, die realistisch die Lage einschätzt.

Der neue Softismus übersieht die Sündhaftigkeit der Schöpfung. Der Mensch ist ein Sünder und dadurch zu allem fähig. Die neue Sanftheit hat den Menschen nicht besser gemacht. Die Idealisierung der Kinder ist selbst eine gefährliche Illusion. Wir leben noch nicht im Himmel. Es wird immer wieder Krieg, Mord und Unrecht in dieser Welt geben. Eine Friede-Freude-Eierkuchen-Mentalität ist pure Schwärmerei und Flucht in die Verantwortungslosigkeit. Der Wunsch nach totaler Harmonie ist verständlich, aber fatal. Wenn wir nicht lernen, mit Konflikten umzugehen, werden wir nicht lebensfähig sein. Wenn wir den Schwierigkeiten des Lebens immer nur aus dem Wege gehen, können wir nicht Friedensstifter werden. Echte Beziehungen leben von der Ehrlichkeit, auch unangenehme Dinge zu themati-

---

[174] Samuel P. Huntington, *Kampf der Kulturen: Die Neugestaltung der Weltpolitik im 21. Jahrhundert*, München: Europa, 1996, S. 35. Ähnlich negativ zur Weltsituation äußern sich Zbigniew Brzezinski, *Macht und Moral: Neue Werte für die Weltpolitik*, Hamburg 1994, und Daniel Patrick Moynihan, *Pandaemonium: Ethnicity in International Politics*, Oxford 1993.

sieren. Die Konfliktflucht verschärft den Konflikt, die Idealisierung des Menschen führt zu großen Enttäuschungen. Bis zur Wiederkunft Jesu Christi werden wir in einer konfliktbeladenen Welt leben müssen – ob wir wollen oder nicht.

Wir brauchen wieder klare Feindbilder. So unzeitgemäß es klingt: Wir müssen wieder wissen, gegen wen wir zu kämpfen haben und wer unsere Gegner sind. Jede Gruppe mit Überzeugungen, die unfähig oder unwillig ist, sich gegen ihre Feinde zu verteidigen, wird keinen Bestand haben. Nur Utopisten können meinen, daß in unserer Welt keine Feinde existieren. Sie wollen den Himmel vorwegnehmen und bringen die Erde dadurch in ein großes Dilemma. Die Ignoranz der 90er gegenüber Frontlinien ist das eigentliche Problem unserer Zeit. Die in der Bibel geforderte Feindesliebe darf nicht darüber hinwegtäuschen, daß der Feind immer noch der Feind bleibt. Durch meine Liebe werden Feinde nicht automatisch zu Freunden. Feindesliebe bedeutet nicht die Einebnung von Unterschieden, sondern die Kraft, selbst dem Feind noch Gutes zu tun. In unserer Zeit wollen wir jedoch nur noch Freunde haben. Auf diese Weise verschwimmen die Fronten und werden die Differenzen unklar.

In dieser Welt gibt es auch keine totale Sicherheit. Der Wunsch nach Absicherung zieht das Paradies auf die Erde, übersieht die sündigen Strukturen der gefallenen Schöpfung und ist utopisch. Natürlich ist es klug, sich abzusichern. Jeder Familienvater, der nicht Vorsorge für sein Haus treibt, ist unverantwortlich. Wir haben eine Verantwortung, uns, Gott und unserem Nächsten gegenüber. Wer aber nie etwas wagt, wird nie etwas verändern. Wer sich zurückkuschelt in seinen Bunker, genannt Privatsphäre, wird nichts zur Sicherheit der Welt beitragen können. Wer nicht im Glauben mutige Schritte im Vertrauen auf Gott geht, wird die Gemeinde Jesu nicht voranbringen können. Es gibt immer Dinge, gegen die wir uns nicht absichern können. Unser Leben liegt letzten Endes nicht in unserer Hand, sondern in der Hand Gottes. Es gibt Schicksalsschläge, auf die wir uns nicht vorbereiten können. Unsere Vorfahren lebten ganz natürlich damit. Wir haben es verlernt. Todsicher naht z.B. der Tod, und dagegen hilft nicht einmal die Lebensversicherung. Wer sich in Gottes Hand weiß, den kann das Leben nicht mehr erschrecken.

Christen wissen um eine letzte Sicherheit, weil sie Gott kennen. Sie beten um Bewahrung in einer gefährlichen Welt, können aber auch das Verbrechen einordnen. Sie wissen sich geborgen in der Hand Gottes, der sie hält und niemals fallenläßt, auch nicht in Zeiten der totalen Krise. Sie setzen sich (hoffentlich) gegen die Unsicherheiten der Welt zur Wehr, packen mit an, damit diese Welt nicht im Chaos versinkt. Aber ihnen ist klar, daß allein Gottes Eingreifen diese Welt sicher machen wird. Das Paradies kommt noch, Christen erwarten es in der Zukunft. Sie rechnen mit der Wiederkunft Jesu und sind deshalb nur «Fremdlinge» und «Pilger». Die Welt ist nicht die Heimat der Gläubigen – das müssen sich Christen dringend wieder sagen lassen. Gute Beziehungen zu Gott sind wichtiger als die harmonischen Beziehungen zu Menschen – so sehr wir daran auch arbeiten müssen. Die Evangeliumsverkündigung kann dazu führen, daß Menschen sich von uns abwenden, so betrüblich dies auch ist.

Dabei wollen die Leute heute ehrliche und klare Worte hören, auch von der Kirche. Unsere versteckten Versuche, ganz vorsichtig das in Watte verpackte Zeugnis anzubringen, entsprechen kaum dem Empfinden der Zeitgenossen. Jedes «Wort zum Sonntag», das nicht den klaren Willen Gottes verkündet, sondern nur ein sanftes «Alles-wird-gut-Gefühl» vermittelt, wird in Zukunft noch mehr Zuschauer verlieren. Es ist nicht so, daß wir bei der Predigt die Samthandschuhe anziehen müssen. Den Leuten imponiert es, wenn Menschen feste Standpunkte haben und diese klar äußern. Diese klaren Standpunkte sind uns jedoch abhanden gekommen. Weil wir sie heute nicht mehr vorfinden, idealisieren wir die Väter und Mütter der Vergangenheit. Das Hudson-Taylor- und Jim-Eliott-Syndrom greift um sich. Wir spüren alle: So wie sie sind wir nicht mehr. Der Grund liegt auf der Hand: Auch wir Christen leben keine Gesinnungen mehr. Wir sind nicht mehr bereit, für unseren Glauben alles hinzugeben, vielleicht sogar wie die alten Missionare zu sterben. Und so heben wir wieder Menschen auf den Thron und vergolden die Vergangenheit, statt in der Gegenwart unsere Verantwortung zu übernehmen und die radikale Hingabe zu leben.

Das Wichtigste ist jedoch, daß wir Gott wieder Gott sein lassen. Gott ist nicht eine Marionette des Menschen. Er steht mir nicht einfach zur Verfügung. Er entzieht sich meinen Wunschvorstellungen vom «lieben Gott», der als die Quelle aller Harmonie uns alles schenken will. Gott ist heilig, gerecht und souverän. Er handelt so, wie er es für richtig hält. Er ist ein Richter des Bösen. Er zürnt und straft. Gott ist kein Therapeut, der uns auf seiner Couch Platz anbietet und nur einige kluge Ratschläge erteilt. Gott ist der Herr und Gebieter des Universums, der Schöpfer der Welt, der alles in seiner Hand hält. Gott ist auch nicht in mir, wie oft behauptet wird, sondern existiert getrennt vom Menschen. Er ist transzendent, exklusiv vom Menschen. Wenn die Bibel davon spricht, daß «Christus in mir lebt» (Gal. 2,20), meint das nicht eine mystische Vereinigung des Menschen mit Gott. Gleich der nächste Vers sagt klar, daß unsere irdische Existenz «im Glauben» geführt wird, nicht in der Vereinigung mit Christus. Deshalb läßt sich Gott in uns nicht finden. Gott ist zudem kein Automat, der auf Knopfdruck meine Bedürfnisse befriedigt. Wir müssen Gott wieder Gott sein lassen!

Christsein ist Kampf, das haben wir vergessen. Paulus schreibt in 1. Tim. 6,12: «Kämpfe den guten Kampf des Glaubens.» Das Evangelium ist und bleibt ein Skandalon. Daran werden sich die Leute stoßen, so wie zu allen Zeiten. Das Evangelium ist eine gute Nachricht, nicht eine harmonische oder sanfte. Sanft sollen die Kämpfer sein, die unerschrocken und hingebungsvoll die Nachricht von der Erlösung in Christus verkündigen und leben.

8
Erlebe dein Leben
Glück und Erlebnisse

*Erlebnisorientierung
ist die unmittelbarste Form
der Suche nach Glück.*

GERHARD SCHULZE

*Die Suche nach Sinn
bezieht sich auf alle Bereiche des Lebens,
auf die dunklen ebenso wie auf die hellen.
Die heutige Suche nach Glück
konzentriert sich nur auf die hellen.
Es kann daher sein,
daß der, der nur das Glück sucht,
sein eigenes Leben halbiert.*

UWE BÖSCHEMEYER

8.1 Geschmack statt Sinn: Gesellschaftliche Trends

Ausdruck und Hintergrund der Softwelle der letzten Jahre ist auch der Trend zu Gefühlen und Erfahrungen. Die Deutschen bekennen sich wieder zu ihrer Emotionalität. Hier beginnt die eigentliche «Postmoderne», die Gegenbewegung zur rationalen Aufklärung. Gefühle dürfen frei ausgelebt werden. Der Verstand hat abgewirtschaftet. Logik und Ratio werden mißtrauisch beäugt. An ihre Stelle treten die Erlebnisse und Gefühle. Nicht die Vernunft steht heute im Mittelpunkt der Existenz, sondern die Erfahrung. Abgestoßen von der kalten Welt des Rationalismus, wollen wir ganzheitliche Tiefenerlebnisse. Der Sinn des Lebens liegt längst nicht mehr in der Übernahme von Traditionen oder Glaubenssätzen, sondern in der persönlichen Erfahrbarkeit der Realität. Leben wird zum «Erleben». Wahr ist nur das, was ich sehe, fühle und erlebe. Unsere Gesellschaft ist eine «Erlebnisgesellschaft» geworden.

Der Begriff «Erlebnisgesellschaft» wurde durch eine bahnbrechende Studie des Bamberger Soziologen Gerhard Schulze populär. In seinem in vielen Auflagen erschienenen Standardwerk *Die Erlebnisgesellschaft: Kultursoziologie der Gegenwart*[175] beschreibt er die Veränderungen der westlichen Gesellschaft durch den Erlebnismarkt der Postmoderne. Er sieht das Erlebnis als gemeinsame Klammer einer ungleichmäßigen und vielfältigen Gesellschaftsstruktur. Erlebnisse sind für ihn innengeleitete, subjektive Eindrücke, beispielsweise Gemütslagen wie: schön, spannend, gemütlich, lecker, harmonisch usw. Erlebnisgesellschaft meint eine breite Gesellschaftsströmung voller innerer Glückssehnsucht. Erlebnisorientierung korrespondiert dabei mit der Erfahrungswelt der Postmoderne und ist ihr elementarer Ausdruck.[176] Sie schafft im Menschen den Eindruck, daß die Wirklichkeit um ihn herum allein durch Erlebnisse greifbar sei. Man könne nur das wissen, was man auch erlebt.

---

[175] Gerhard Schulze, *Die Erlebnisgesellschaft: Kultursoziologie der Gegenwart*, 6. Aufl. Frankfurt: Campus, 1996 (1992).

[176] Eine gute Zusammenfassung des umfangreichen Buches von Schulze bietet Wolfgang Schneiß, «Erlebe dein Leben! – der kategorische Imperativ unserer Zeit», *Bibel und Gemeinde* 95(Nr. 3, 1995), S. 59-68. Beachtenswert ist auch Hans Joachim Schliep, «Kirche in der Erlebnisgesellschaft», *Pastoraltheologie* 85(Nr. 6, 1996), S. 211-224.

Tatsächlich: Der moderne Mensch möchte um jeden Preis ein schönes, interessantes, angenehmes und faszinierendes Leben führen. Nicht Arbeit, Mühe, Leiden, Sparsamkeit, Entbehrung und Pflichtbewußtsein sind Lebensinhalte, sondern Genuß, Zerstreuung, persönliches Glück, gutes Gefühl und Innenorientierung. Die Selbstentfaltungswerte haben die Werte des Pflichtbewußtseins abgelöst. In der Freizeitgesellschaft der Moderne haben wir mehr Zeit, das Leben zu erleben. Diese Erlebnisgesellschaft ist insbesondere bei Menschen bis zum 40. Lebensjahr zu beobachten. Ihr Lebensgefühl orientiert sich an den neuen Möglichkeiten des vergnügungsorientierten Freizeitmarktes.

Die Erlebnisorientierung der Gesellschaft zeigt sich natürlich in der Konsumszene. Die Zahl der Vergnügungsparks nimmt zu. «Disneyland» ist überall. Westernstädte sollen das Flair des Wilden Westens vermitteln. «Legoland», «Ford Fun», «Center-Park» und «Karl-May-Festspiele», Hell-Drivers oder Circus-Veranstaltungen – wir wollen möglichst viele Welten erleben, anfassen, genießen. Ob «Movie-World» oder «Universal Studios», Cyberspace oder Spielhöllen, wir sind so erlebnisarm, daß wir dringend Nachhilfe brauchen. Kaufhäuser werden heute zu Erlebnishäusern umfunktioniert. Die Kinos werden in Tempel des Amüsements verwandelt, mit Riesenleinwand und mit Bar. Unsere Stadtautos werden zu Geländewagen mit verchromter Stoßstange, mit der man bequem Nashörner jagen könnte. Schwimmbäder werden zu Erlebnisbädern samt Wasserrutsche, Whirlpool und Snackbar. Der Urlaub wird zur Vergnügungsreise. Aus der Butterfahrt wird die Erlebnisfahrt. Diskjockeys bestimmen die Szene, Animateure sind gesuchte Leute, Freizeitpädagogen und Entertainer sind in. Designer bestimmen das Marketing. All das ist Ausdruck einer fundamentalen Veränderung unserer Gesellschaft.

Ein Beispiel sei angeführt: Noch vor dreißig Jahren reinigte sich der Mitteleuropäer ausschließlich mit Seife. Heute steht ihm zur Körperreinigung und Pflege jedoch ein Heer von Waren zur Verfügung. Ganze Ladenketten leben von diesem Geschäft. Für jeden Körperbereich gibt es Spezialitäten. Von Kopf bis Fuß wird jeder Quadratzentimeter speziell gepflegt. Es gibt Hunderte von Shampoos, Festigern, Lotionen, Duschgels, Deos, Parfüms, Badezusätzen, Schminkutensilien, Rasierwässerchen usw. Die Ablagen biegen sich unter der Last unserer Pflegesachen. Der eigentliche Wert dieser Dinge liegt dabei weniger in ihrer Effizienz, sondern in der Vermittlung des eigenen Wohlbefindens. Über ihre Nützlichkeit läßt sich trefflich streiten. Die Hauptsache ist: Man fühlt sich wohl in seiner Haut, riecht gut und freut sich über den perfekten Teint.

Zum Gefühl kommen die Erfahrung und das Erlebnis. Man will echte Erlebnisse machen, alles bis in die Tiefe genießen. Die moderne Erlebnisgesellschaft fragt nach Grenzerfahrungen. Vor Monaten prangte an vielen Litfaßsäulen eine Zigarettenwerbung mit dem Slogan: «Suchen Sie keinen Sinn, sondern Geschmack» – ein typischer Ausdruck dieser Erlebnisorientierung. Ware zum Anfassen ist geplant. In Oberhausen wurde das größte Kaufcenter Europas eingeweiht – samt einem dazugehörigen Erlebnispark. Das Motto lautet: Das Einkaufen soll ein Erlebnis werden, das man so schnell nicht vergißt. Auf der Cebit-Home gab es drei verschiedene Eintrittskarten: das normale Tagesticket für die Ausstellung, ein «Event-Ticket» für die zusätzlichen Entertainmenthallen und ein «Super-Ticket» für die begleitenden Superkonzerte mit DJ BoBo und der Kelly-Family samt Cyberdance Night. Damit der Einzelhandel an Kunden, die sowieso schon alles besitzen, etwas verkaufen kann, wird das Einkaufen zum Erlebnis umfunktioniert.

Ein Blick in die moderne Tankstelle beweist es: Auch hier ist die Erlebnisorientierung des modernen Kommerz eingedrungen. Der Weg zur Kasse gleicht einem Hindernisparcours voller Reizüberflutung. Wer es schafft, ohne Mickeymausheft, Magnum, Heiße Hexe und frische Brötchen bis zur Kasse vorzudringen, gilt schon als asketischer Mönch. Die Tankstelle wird zum Supermarkt. An alles ist gedacht: Blumen, Getränke, Faxgerät und Teddybär stehen bereit. Das Tanken, ein in der Regel wenig gefühlsmäßiger Vorgang, wird doch noch zum Erlebnis. Die Erlebnistankstelle ist unser größter Genuß. Gleiches droht uns die Post an. Die Postämter legen ihr altes institutionelles Image ab. In der Posthalle von morgen gibt es vorne rechts den Bäcker, dann den Zeitungskiosk und den Schnellimbiß, den Ansichtskartenständer, eine Vitrine mit Devotionalien der Post, dazu Reiseangebote usw. Dann den Postshop mit allem, was man so braucht: Kartons, Kleber, Schnüre, Schere, Ordner, Briefmarken, Poster der Backstreet Boys. Am Ende dann endlich der gute alte Postschalter.

Erlebnisse, überall. In Berlin gibt es die Gaststätte «Zum Klo».

Hier sitzen die Gäste nicht auf Stühlen, sondern auf Klobrillen. Was für ein irrer Event – sagt man sich. Das hat uns gerade noch gefehlt! Dennoch, das Unternehmen findet seine Gäste, denn der Erlebnishunger ist riesig. Seien es Schaumparties in den Discos, eine künstliche Schneewelt auf dem Münchner Flughafen, ein Erlebniskino mit Bar, das Bungee-Springen oder das Fassadenklettern, das Free-Climbing oder House-Running – wir brauchen immer neue, ausgeflipptere Reize, um unseren Adrenalinstoß zu erreichen. Wir leben am «edge», an der Bruchkante des Lebens. Wir lieben den Reiz, den Thrill, die Herausforderung.[177] Ohne sie macht das Leben einfach keinen Spaß.

Wir fahren gerne in Urlaub. Die Deutschen sind darin Weltmeister. In den mittleren Einkommensebenen haben sich die Ausgaben für Freizeitgüter und Urlaub zwischen 1965 und 1992 um 679% erhöht.[178] Milliarden werden dafür jedes Jahr gespart und ausgegeben. Leben spielt sich für viele erst am Strand von Mallorca ab. Warum fahren wir so gerne in den Urlaub? Ist es die Flucht aus dem Alltag, wie viele behaupten? Christoph Hennig sieht in der «Reiselust» den Ausdruck einer Sehnsucht nach einer neuen Welt, die jeder Mensch sich selbst zusammenstecken kann. Urlaub ist wie ein Fest, ein Ritual. Der Urlauber konstruiert sich seine neue Welt. Ferien bekommen einen ästhetischen Charakter. Der Wunsch nach sinnlicher Erfahrung ist stärker als der Erkenntnisgewinn fremder Länder. Und auch hier steht der «Erlebniswert» an oberster Stelle.

Wie schon erwähnt sind wir innenorientierte Menschen geworden. Der moderne Mensch denkt viel über sich selber nach. Äußere Effekte begünstigen die inneren Glückserlebnisse. Ein schönes Fahrgefühl im Auto wird nur z.T. durch außengeleitete Eindrücke vermittelt; wichtiger ist die innere Einstellung. Alles wird vor die subjektive Grundfrage gestellt: Ist es *für mich* schön? Der Mensch wird damit zum Manager seiner eigenen Subjekti-

---

[177] Gerken und Konitzer sprechen vom «New Edge»: Gerd Gerken/Michael-A. Konitzer, *Trends 2015: Ideen, Fakten, Perspektiven*, München: Deutscher Taschenbuch Verlag, 1996 (1995), S. 27f.
[178] *Datenreport 1994: Zahlen und Fakten über die Bundesrepublik Deutschland*, Hg. Statistisches Bundesamt, Bonn: Bundeszentrale für politische Bildung, 1994, S. 120.

vität, zum Manipulator seines Innenlebens. Die Freude am Erlebnis muß in sich selbst hergestellt werden. Glücksgefühle produziert der Konsument in seinem Inneren. Erlebnisse sind nie allein durch äußere Umstände bedingt, sondern Ausdruck meiner inneren Einstellung und Bedingtheit. Die Subjektivität von Erlebnissen zeigt sich alltäglich darin, daß andere Menschen die gleichen Dinge anders empfinden können als ich. Erlebnisse sind Ausdruck innerer Reflektion. Sie werden von Menschen gemacht und als solche empfunden. Was von außen kommt, wird durch die subjektive Verarbeitung erst zu einem «echten Erlebnis». Man könnte extrem formulieren: Wir haben nicht Erlebnisse, sondern wir machen Erlebnisse. Oder: Wir *sind* Erlebnisse.

Selbst schreckliche Katastrophen werden heute unterhaltsam als Erlebnis präsentiert, damit noch ein schönes Gefühl entsteht. Die Hungersnot in Afrika wird zum Innenerlebnis: Wir waren dabei, wenn auch nur am Bildschirm. Der Golfkrieg war ein Medienereignis ersten Ranges. Aus der sicheren Distanz des Fernsehsessels meinten wir, doch dabeigewesen zu sein. Der Krieg, ein schreckliches Ereignis, wird umgemünzt zum spannenden Erlebnis.

Schulze nennt diese Verdrehung von Negativereignissen in positive Sinneseindrücke eine «Ästhetisierung» des Alltagslebens. Überhaupt müssen alle Erfahrungen «schön» sein. Negative Erlebnisse werden verdrängt, weil sie unser Glücksbedürfnis stören. Noch vor wenigen Jahrzehnten kämpften die Menschen auch in Mitteleuropa gegen Armut und Hunger. Hauptthema des Lebens war das Überleben. In einer Gesellschaft, in der keiner mehr hungern muß und viele mit dreißig schon alles haben, was sie brauchen, entsteht heute ein verändertes Problembewußtsein. Nicht der alltägliche Kampf ums Überleben steht im Mittelpunkt, sondern das Recht auf Vergnügen. Die Hausfrau am Küchenherd fragt heute nicht mehr: «Werden wir heute etwas zu essen haben?», sondern: «Ach, was kochen wir denn bloß heute?» Wir haben mehr, als wir brauchen.

Erleben wird deshalb zur neuen Lebensaufgabe. Der Wandel von der Armuts- zur Wohlstandsgesellschaft brachte ein völlig neues Lebenskonzept mit sich. Die außengeleitete Überlebensorientierung wird von der innengeleiteten Erlebnisorientierung abgelöst. Wir wissen heute nicht mehr, was Hunger heißt, weil wir alles haben. Deshalb müssen wir andere Bedürfnisse stillen, die in unserer Seele liegen. Obwohl wir alles haben, fühlen wir uns leer und unbefriedigt.

Durch den neuen Wohlstand verschiebt sich die Wertebene von den Gebrauchs- hin zu den Genußwerten. Die Masse des Brauchbaren macht das Nützliche zur Nebensache. Wir geben heute nur noch 20% unseres Einkommens für Grundnahrungsmittel aus. Genießen ist angesagt. In einer neuen Umfrage unter Jugendlichen mit der Fragestellung, was sie besonders mögen, gaben 99% an: «Spaß haben.» Warum fahren Hunderttausende nach Berlin zur Love-Parade, um eine Wochenend-Techno-Party zu feiern? Das Motto des Ganzen hieß: Friede, Freude, Eierkuchen. Es ging nicht um Atomkraft, Bosnien oder Mittelstreckenraketen. Einfach «fun» haben, heißt die Devise. Die Post muß abgehen. Leichtigkeit ist angesagt. 43% aller Jugendlichen bezeichnen sich als völlig unpolitisch. Man ist weder rechts noch links, sondern lustig. Das Motto der «Raver»: Wir wollen nur Spaß haben. Raven heißt «toben», und so tobt man sich aus. Man will nichts mehr bewegen – außer seinem eigenen Körper.

Die Erlebnissehnsucht der Moderne spiegelte sich auch in dem Kultbuch der späten 80er und frühen 90er Jahre wider, dem Werk von Douglas Coupland, *Generation X: Geschichten für eine immer schneller werdende Kultur*.[179] Andy, Dag und Claire, drei Vertreter der «Nach-Baby-Boomer-Generation», die zwischen 1960 und 1970 geboren wurden, wohnen als Aussteiger in Palm Springs.[180] Sie verdienen ihren Lebensunterhalt mit «McJobs», d. h. mit kurzzeitigen und schlechtbezahlten Arbeitsverhältnissen. Sie erzählen sich gegenseitig Fantasygeschichten, um der Wirklichkeit zu entfliehen. In phantasievollen Träumereien sehnen sie sich nach einer besseren Zukunft. Alle drei reflektieren ständig ihre Situation, sie fühlen sich dauernd betroffen. Sensibel fragen sie ihre Befindlichkeiten ab. Ihre Sensibilität gipfelt in einem

---

[179] Douglas Coupland, *Generation X: Geschichten für eine immer schneller werdende Kultur*, München: Goldmann, 1991. Eine Antwort aus christlicher Sicht bieten William P. Mahedy/Janet Lea Bernardi, *Generation X – Erben einer kalten Welt: Hoffnung in einer Generation ohne Hoffnung*, Wiesbaden: Projektion J, 1996.
[180] Man unterscheidet in der Jugendsoziologie drei Generationen voneinander: die «Vorkriegsgeneration, die «Baby-Boomer-Generation» (geboren zwischen 1945 und 1960) und die «Generation X» oder «Baby-Buster-Generation» (geboren zwischen 1961 und 1981).

«Mid-20-breakdown», einer Art seelischer Depression zwischen 20 und 30. Ihr größtes Lebensziel heißt jedoch: «Ich möchte bloß glücklich sein.»[181] Wir wollen Spaß haben, ist das Lebensmotto der «Gen X». Die Jugendstudie 1997 der Deutschen Shell faßt zusammen: «Die jungen Leute bevorzugen Gruppenstile, die Spaß machen, Zerstreuung und Unterhaltung bieten, die unkomplizierten Umgang mit Gleichgesinnten ermöglichen, ohne daß man dabei längerfristige Verpflichtungen eingehen muß.»[182]

«Erlebnisorientierung ist die unmittelbarste Form der Suche nach Glück», schreibt Schulze.[183] Die Glückssehnsucht ist unstillbar. Wir wollen glücklich sein, wir haben ein Recht darauf. Die Werbung macht mit und präsentiert nur glückliche Menschen, die durch die Marke XY ihre totale Zufriedenheit erlangt haben – bitte lächeln. Ich bin glücklich durch das ultraneue Feinwaschmittel. Der kleine Snack zwischendurch erhöht mein Glücksgefühl. Und das passende Auto verhilft erst recht zur Glückserfüllung. Diese Geisteshaltung nennt man «Eudämonismus», den Hang zur totalen Glückseligkeit. Das höchste Ziel des Lebens ist mein persönliches Glück. Wir alle sind Hans im Glück. Glück bedeutet, ein Leben nach seinen tiefsten Wünschen und Vorstellungen erleben zu können. Gesucht wird das Schlaraffenland auf Erden. Niemand soll mich auf dem Weg dorthin aufhalten.

Und viele haben es schon geschafft. Nach einer Umfrage aus dem Jahre 1993 bezeichnen sich 94% aller Westdeutschen als «ziemlich» oder «sehr glücklich», nur 6% beschrieben ihre Seelenlage als «unglücklich».[184] Trotzdem gaben ca. 40% der Befragten an, sie seien öfter erschöpft oder zerschlagen, 17% gaben an, sie hätten immer wieder mit Ängsten und Sorgen zu kämpfen.[185] Obwohl es also den Menschen materiell immer bessergeht und

---

[181] Coupland, S. 79. Vgl. zur Jugendszene auch das Buch von Tobias Faix, *Die wa(h)re Jugend: Jugendliche besser verstehen*, Neuhausen-Stuttgart: Hänssler, 1997.

[182] *Jugend '97: Zukunftsperspektiven, Gesellschaftliches Engagement, Politische Orientierungen*, Hg. Jugendwerk der Deutschen Shell, Opladen: Leske und Budrich, 1997, S. 21.

[183] Schulze, S. 14.

[184] *Datenreport*, S. 419. In Ostdeutschland lag die Zahl der «Unglücklichen» etwas höher.

[185] Ebd., S. 421.

sie äußerlich glücklich sind, fühlen sie sich verunsicherter denn je. Die Sinnfrage bleibt offen. Wo Erlebnisse zum obersten Lebensziel werden, bricht unweigerlich die Sinnfrage auf. «Was macht mich glücklich?» ist die Frage aller Fragen. Wieder Schulze: «Menschen, die nach oben wollen, haben Mittelkrisen. Menschen, die oben sind, haben Sinnkrisen».[186]

Schulzes Gesamtbild der westlichen Gesellschaft lehrt einen das Fürchten. Der moderne Mensch ist wie ein offener Kanal, durch den alle Neuigkeiten hindurchfließen müssen. Obwohl ruhelos pulsierend, kommt doch nie die Befriedigung. Wir sind abhängig geworden von pausenlosen Erlebnissen. Totale Innenorientierung führt zu sozialen Abkapselungen und zu einer gefährlichen Passivität. Der moderne Mensch meint, nichts sei ihm unmöglich, er müsse seine Träume nur noch in die Wirklichkeit umsetzen. Er sucht nach Sinn und erlebt doch nur dauernde Sinndefizite.

Zur Erlebnisgesellschaft tritt verstärkt der Schritt in die Innenwelt, hin zu den Gefühlen. Die Gefühlswelle findet sich in Musik und Kultur. Softrock ist in, auch bei Christen. Urschreitherapien wollen bewußt die Emotionen der geburtlichen Seelenerfahrung freilegen. Körpertherapien arbeiten mit ganzheitlichen Effekten. Encountergroups samt Gruppendynamik regen die Tiefenschichten der Seele an. Der Psychotherapeut wird zum Guru und bestimmt durch sanfte Meditation, Autogenes Training, Yoga und Tai Chi die Stimmung der Hilfesuchenden. Waldorfschulen mit Tanztheater und Eurythmie passen in den sanften Trend.

Welches sind die beliebtesten deutschen Fernsehserien? Platz eins hält die «Lindenstraße» mit durchschnittlich acht Millionen Zuschauern. Gefolgt von «Unser Lehrer Doktor Specht», «Der Bergdoktor», «Dr. Stefan Frank – der Arzt, dem die Frauen vertrauen». Auf Platz sechs folgt dann eine typische Zeitgeistsendung, «Freunde fürs Leben». Alles Sendungen mit viel Gefühl und Schmalz. Natürlich sehen noch mehr Menschen die Tagesschau und die Lottozahlen. Aber kurz dahinter liegen diese modernen Seifenopern, die längst nicht mehr nur aus Amerika importiert werden.

---

[186] Schulze, S. 61.

Parallel mit der Erlebnisorientierung wächst der Wunsch nach dem «Echten». In der Spielzeugbranche kommen wieder die alten Brettspiele auf. Holzpuppen contra Gameboy. Das Echte ist das Wahre in uns, das Substantielle, Unwandelbare, Glaubwürdige. Aus diesem Grund sind die alten Hausrezepte wieder in. Werte wie «handgemacht», «aus eigenem Anbau» usw. geben dem verlorenen Menschen wieder scheinbaren Halt und Sicherheit. Der Kronleuchter feiert sein Comeback, der Plüschsessel ist in, der goldene Barockspiegel hängt wieder an der Wand. Wir kommen aus der Überfluß- in die Überdrußgesellschaft, wo andere Werte zählen.

8.2 Glaube als Erlebnis: Gemeindliche Trends

Ist die Erlebniszentrierung der modernen Gesellschaft auch in den christlichen Kreisen zu finden? Es drängt sich geradezu auf, die neueren soziologischen Studien zur Erlebnisgesellschaft auf religiöse Kreise anzuwenden. Dabei treten klare Parallelen zutage.

Zunächst wieder ein Blick nach Amerika. Douglas Webster berichtet von einer Tournee christlicher Bodybuilder, dem «Power Team», die durch eine spektakuläre Kraft-Show auf die geistliche Kraft Jesu Christi hinweisen möchten. Mit der Stirn werden hier Eisblöcke zerschmettert, mit der Hand Steine zerschlagen und Stahl verbogen. Am Ende kommt die Einladung zu Jesus und seiner Kraft.[187] Tausende von interessierten Zuschauern wurden von dieser Tournee angezogen. Unterhaltsam und eindrucksvoll verband man die eigene sportliche Leistung mit der Vermittlung von geistlichen Wahrheiten. Der Erlebniswert dieser Evangelisation war riesengroß und dementsprechend auch die Zahl der Bekehrungen. Die Show wurde perfekt in Szene gesetzt. Die Kraft Gottes war plötzlich für jeden sichtbar geworden in der Kraft der Muskelmänner.

Nun mag man über die Kuriositäten Amerikas lächeln – der

---

[187] Douglas D. Webster, *Selling Jesus: What's Wrong with Marketing the Church*, Downers Grove: InterVarsity, 1992, S. 27f.

Trend zur Erlebnisreligiosität hat jedoch längst auch Europa er-
griffen. Wir haben gelernt, daß auch Glauben Spaß machen kann.
Das alte Image der verstaubten konservativen Gemeinden wird
ad acta gelegt. Große christliche Veranstaltungen erinnern mehr
an erlebnisorientierte Happenings als an bibelzentrierte Glau-
benskonferenzen. Mit der Begründung, man müsse doch Leib,
Seele und Geist ansprechen, werden «Lord's-Partys» gefeiert.
Überhaupt ist das Feiern angesagt. «Laßt uns Gott feiern, wie er
uns feiert», lautet das Motto. Wer wollte da abseits stehen und als
Miesmacher gelten? Der christliche Glaube steckt doch voller
Erlebnisse, die wir bis in die Tiefe auskosten sollen!

Der religiöse Erlebnismarkt zeigt sich auf dem christlichen
Büchermarkt: Titel mit Erlebnisgeschichten fungieren als Spit-
zenreiter der Bestsellerlisten. Erfahrungen mit Gott werden als
beglückende Erlebnisse dargeboten. Auch die Christen wollen
unterhalten werden, und so steigen die Prozentzahlen der christlichen Unterhaltungsliteratur stetig an. Alles muß immer toller
und größer werden, auch in christlichen Kreisen. Man muß den
Leuten etwas bieten, damit sie noch in die Gemeinde kommen,
heißt die Devise. «Spring» ist ein neues, aus England kommendes
«Gemeinde-Ferien-Festival» in einem Erlebnispark («Gran Do-
rado»), wo Christen bei Musik, Sport, Spiel, «Südseeparadies»
und Theater entspannen und feiern können. Dabei ist für jeden
Geschmack etwas vorhanden: Von traditionell bis charismatisch
können die passenden Gottesdienste ausgesucht werden. Der
Glaube wird hier bewußt mit dem Erlebnis verbunden.

In naher Zukunft soll auch in Deutschland ein christlicher Frei-
zeitpark entstehen, samt Arche Noah in Originalgröße. Berühmte
Sportler, wenn auch nur christlich angetoucht, müssen in
Großveranstaltungen als Vorzeigechristen herhalten. Christsein
ist cool, ist auf Plakaten zu lesen.[188] «Christus macht Dich glücklich», heißt die neue Parole. «Komm zu Jesus, und du bist happy.»

---

[188] Gleiches läßt sich natürlich auch in den Landeskirchen katholischer und evangelischer Richtung nachweisen. Nicht umsonst ist die Theologie Eugen Drewer-
manns von der Erfahrung und dem Gefühl bestimmt. Auf evangelischer Seite
könnte man die christliche Meditationsbewegung oder die Renaissance der Kon-
templation anführen. Wir wollen uns jedoch auf die evangelikalen Kreise be-
schränken.

Es klingt so, als ob alle Probleme und Schwierigkeiten nach der Bekehrung wie weggewischt wären. Jesus ist der große Glücklichmacher.

Auch die Predigten haben sich der Erlebnisorientierung angepaßt. Was heute hängenbleibt, sind die Stories, emotional aufgemachte Illustrationen, die Gefühle im Zuhörer wachrufen. Wir müssen es uns von einem säkularen Soziologen wie Peter Gross sagen lassen, der über die modernen Evangelisten klagt: «Geschichtenerzähler und Wissensproduzenten haben die Evangelisten von früher, die die eine und wahre Erzählung verkündet haben, abgelöst.»[189] Die Auslegung des Gotteswortes empfinden viele Zuhörer so langweilig, und sie wird von Pastoren und Predigern oft so trocken serviert, daß der Drang zum Entertainment fast verständlich wird. Um alles in der Welt müssen sich Prediger heute um Illustrationen bemühen, damit überhaupt noch jemand zuhört. Der Glaube kommt heute nicht mehr aus der Verkündigung des Wortes Gottes (Röm. 10,17), sondern aus der Darbietung der Anekdotensammler, so scheint es.

Eine Umfrage in evangelikalen Gemeinden in den USA kam zu dem Ergebnis, daß 90% aller Predigten sich um die menschlichen Bedürfnisse der Evangelikalen drehen.[190] Wann haben wir die letzte Predigt über Dreieinigkeit oder Prädestination, Rechtfertigung aus dem Glauben oder Heiligkeit Gottes gehört? Die Hauptsache ist, daß die Predigt mich angesprochen hat. Aber was bedeutet dieses Angesprochensein? Ist es nur eine gefühlsmäßige Beeinflussung, oder meint es, daß die äußerliche Präsentation ansprechend war? Das Kriterium für ansprechende Predigten liegt heute mehr in der Verpackung als im Inhalt.

Unter dem Druck der Erlebnisorientierung haben sich die Gottesdienste verändert. Die Vorprogramme werden immer länger, die Predigten immer kürzer. Da man dem modernen Menschen etwas bieten muß, ist natürlich Abwechslung angesagt. Manchmal ist die Grenze zur Showeinlage fließend. Auch wir haben am Abend vorher Thomas Gottschalk gesehen. Er hat die

---

[189] Gross, S. 67.

[190] So David F. Wells in seiner hervorragenden und erschreckenden Situationsanalyse des amerikanischen Evangelikalismus in *No Place for Truth, or: Whatever Happened to Evangelical Theology*, Grand Rapids: Eerdmans, 1993.

Standards für Unterhaltung gesetzt. Perfekt inszenieren wir unsere Gottesdienste nach den Methoden der Erlebnismedien. Der Besucher ist es ja gewohnt, passiv in seiner Zuschauerhaltung zu verharren. Er will Gottesdienst erleben, mit Leib, Seele und Geist. Und so bieten wir alles auf, was wir zu bieten haben: Band, Theatergruppe, Interviewgäste, Tanzgruppe, Clowneinlage.

Die Erlebnispotenzierung der Moderne korrespondiert im religiösen Bereich mit einer zunehmenden gefühlsmäßigen Frömmigkeit. Sie findet sich nicht nur in den klassischen Pfingstkirchen und charismatischen Kreisen, sondern kann auch in nichtcharismatischen Gemeinden vorkommen. Selbst Siegfried Großmann, einer der Väter der deutschen charismatischen Bewegung, hat auf den Zusammenhang zwischen Zeitgeist und charismatischer Frömmigkeit in seinem Buch *Weht der Geist, wo wir wollen?*[191] selbstkritisch hingewiesen. Gotteserlebnisse werden hier als Ware angeboten, die schnelle Befriedigung der religiösen Bedürfnisse versprechen. Auch eine übermäßige Ichzentrierung ist zu beobachten: Ich will die Heilung, den Segen, das Zungenreden, und zwar sofort. Im charismatischen Gottesdienst tritt oft die Lehre hinter der Erfahrung zurück. Predigten werden zu Show-Veranstaltungen ohne Tiefgang oder Bibelauslegung. Musik peitscht die Emotionen hoch, die Liedtexte sind ichzentriert. Überhöhte Erwartungen an eine kurz bevorstehende Erweckung oder Salbung des Geistes werden propagiert.

Die subjektive religiöse Erfahrung wird zur Selbstlegitimation. Wer heilt, hat recht, heißt die Devise. Ich habe Christus erfahren – wer kann mir da widersprechen? Wenn Gott mir diese Gabe gibt, kann sie doch nicht unbiblisch sein. So wird das Wort Gottes gegen die Erfahrung ausgespielt. Auch hier werden wieder nur schöne Erfahrungen ersehnt und angeboten. Von den Enttäuschungen im religiösen Leben erfährt man nur hinter vorgehaltener Hand. Die Steigerungssehnsucht ist unüberbietbar: Zum normalen Segen gesellt sich der doppelte und der dreifache Segen. Es geht immer noch besser, größer, gesalbter.

Erlebnisse führen nie zu einer letzten Befriedigung. Gleiches

---

[191] Siegfried Großmann, *Weht der Geist, wo wir wollen?* Wuppertal: Oncken, 1995, S. 65-75.

entdecken wir auch bei der Erfahrungsfrömmigkeit der Evangelikalen. Wir haben Angst vor den Enttäuschungen. Wir haben
Angst davor, Gott einmal nicht zu erleben. Glücklicher sind wir
nicht geworden. Die Sehnsucht nach Gotteserfahrungen ist unstillbar. So steigen mittlerweile viele wieder aus, enttäuscht von
der Forderung nach dem dauernden Siegesleben und dem Gerede von der kommenden Erweckung. Erfahrungsorientierte
Christen wollen Gott um jeden Preis hier und jetzt erfahren und
sind doch weit entfernt von ihm. Man flieht in die Stille der Klöster und findet doch keinen Halt. «Was bringt mir der Glaube?»
Eine typisch moderne Frage, auf die nicht nur viele junge Leute
heute keine Antwort mehr haben.

8.3 Christusorientierung statt Erlebnisorientierung

Die Plastikwelt der Moderne, in der wir uns alle mit Computer
und Chipkarten fortbewegen, führt auf ihrer Rückseite zu einer
Sehnsucht nach Echtheit und tiefen Erfahrungen des Seins. Wir
zweifeln angesichts der künstlichen Welten an der Wirklichkeit.
Wer sind wir eigentlich? Was sind unsere wirklichen Bedürfnisse?
Man verliert in einer zeitlosen Gegenwart das Gefühl für die Zeit
und die Gegenwart. Die Künstlichkeit unserer Wahrnehmung
macht unsicher. So flieht man in den «Authentic-Mythos», das
«große Heimweh» ist angesagt. Laßt uns Nostalgiepartys feiern,
wo wir unseren Gefühlen freien Lauf lassen können.

Heute bemerken viele der vergnügungssüchtigen Erlebnismen-
schen, daß ihr Durst nie gelöscht wird und das Enttäuschungsri-
siko bei jedem Erlebnis mitschwingt. Macht mich das Erlebnis
wirklich glücklich? Die dauernde Steigerungssucht führt unweigerlich zu einem ständigen Sinndefizit. Erlebnisse geben nur
punktuelle Befriedigung. Unsicherheit und Angst vor Enttäuschung sind die beiden klassischen Phänomene eines erlebnisori-
entierten Lebens und finden sich überall in unserer Gesellschaft.
Mit einem Ceylonurlaub kann man nicht seine Ehe reparieren,
Langnese Eiskrem gibt keinen Lebenssinn. Levis Jeans sind kein
Garant für tiefe Freundschaft. Wir wollen erleben und leben doch
immer weniger. Erlebnisse führen nie zu einer letzten Befriedigung. Jeder neue Designwandel muß mitgemacht werden, Pro-
grammänderungen sind unaufhaltsam. Innovationen werden auf-

gezwungen. Die Gier nach neuen Erlebnissen ist unstillbar. Ein Schlußverkauf jagt den nächsten. Ich darf nichts verpassen. Der Zapper am Fernsehen, der mit der Fernbedienung hin und her schaltet, ist Ausdruck der ständigen Angst, etwas zu verpassen.

Woher kommt die Erlebnisreligiosität der Moderne? Die religiöse Erlebnisorientierung hat ihre Wurzeln – das mag überraschen – im Protestantismus. Die persönliche Erfahrbarkeit Gottes jenseits des Priesters und der Kirche war ein wichtiges Ziel der Reformation Martin Luthers. Die persönliche Gottesbeziehung des einzelnen war eine der Grunderkenntnisse des Protestantismus. Auch der Pietismus des frühen 18. und die Erweckungsbewegungen des 19. Jahrhunderts haben auf die Erfahrbarkeit Gottes hingewiesen. Sie wandten sich gegen die tote Orthodoxie oder die rationale Aufklärung, die den Glauben allein in verstandesmäßigen Kategorien einmauerten. Die Betonung lag auf dem praktischen Christentum, der «praxis pietatis». Gott ist erfahrbar, das war schon die Botschaft von August Hermann Francke, der selbst ein «Bekehrungserlebnis» vorzuweisen hatte. Das Eingreifen Gottes in die alltäglichen Abläufe des Lebens wurde zur Botschaft der erwecklichen Verkündigung.

Aber das persönliche Gotteserlebnis wurde nie, und das ist der entscheidende Unterschied zu heute, zur Mitte des Christenlebens. Pietismus und Erweckung sahen die Mitte des Christseins im Werk Jesu auf Golgatha, nicht in den eigenen subjektiven Erfahrungen und Erlebnissen. Der moderne Glaube lebt dagegen von der Erfahrung. Wenn ich Gott nicht erlebe, dann kann er nicht existieren, lautet die unausgesprochene Überzeugung. Der Existenzbeweis des Heiligen Geistes liegt darin, daß ich ihn fühle und spüre. Gottes Vaterliebe verbindet man nicht mehr mit der Sendung seines Sohnes, sondern mit seiner Hilfe in meinem persönlichen Leben.

Diese Entwicklung ist keineswegs neu. Der Vater des modernen Liberalismus, Friedrich Schleiermacher, bezeichnete schon Anfang des 19. Jahrhunderts den Glauben als eine menschliche religiöse Erfahrung. Die Infragestellung des Glaubens und seiner Wunder durch den Rationalismus führte Schleiermacher dazu, den Glauben jenseits der Wissenschaft und Realität in der Mystik und im persönlichen Gotteserlebnis festzumachen. Die Sicherheit des Glaubens wurde nun verlegt: weg von den objektiven Realitäten der Heilsgeschichte hin zu den subjektiven Erfahrungen des religiösen Menschen. Schleiermacher war ein Schüler des

Herrnhuter Pietismus und lebte zur Zeit der Romantik. Seine Erlebnisfrömmigkeit prägte die gesamte Theologiegeschichte, weshalb er nicht umsonst als der Kirchenvater des 19. und 20. Jahrhunderts bezeichnet wird.

Schleiermacher gilt als Vater des protestantischen Liberalismus. Die liberale Theologie erschöpfte sich nicht nur in der Sachkritik an der Bibel. Liberalismus war und ist mehr als nur Bibelkritik. Er ist – und das wird häufig übersehen – seit Schleiermacher auch subjektive Erfahrungsreligiosität. Diese Theologie verlegt das Heilsgeschehen von Golgatha hinein in die subjektive Religionserfahrung des Menschen. Diese Art des alten Liberalismus, wie sie sich später in der existentialen Interpretation bei Rudolf Bultmann wiederfindet, unterwandert im Augenblick selbst konservative Gemeinden.

Gotteserlebnisse sind zudem kein Sondergut der Evangelikalen, sondern finden sich in vielen Sekten und Religionen der Welt. Religiöse Erlebnisse kennt der Muslim genauso wie der Hindu, der Okkultist ebenso wie der New-Age-Therapeut. Deshalb ist eine Differenzierung und Relativierung von religiösen Erlebnissen eine Hauptaufgabe unserer Zeit. Die Erfahrung allein genügt nicht. Im Strudel der Erlebnisgesellschaft wird es immer schwieriger, persönliche Erfahrungen überhaupt auf ihre Wahrhaftigkeit hin zu prüfen. Wie schnell werden persönliche Erlebnisse zu Gotteserfahrungen hochgespielt, die ganz andere Ursachen haben. Vor allem müssen sich alle Erfahrungen an einer festen Konstante orientieren, dem Wort Gottes. Wenn religiöse Erfahrungen dem Wort Gottes widersprechen, haben sie den Wahrheitstest nicht bestanden.

Der christliche Glaube gründet auf geschichtlichen Heilstatsachen, nicht auf Gefühlen und Emotionen. C. S. Lewis warnte schon vor Jahren: «Wenn es einem nicht gelingt, seine Emotionen an ihren Platz zu verweisen, kann man kein richtiger Christ, nicht einmal ein richtiger Atheist sein, sondern man bleibt ein hin- und hergerissenes Geschöpf, dessen Glaube vom Wetter und von der Verdauung abhängig ist.»[192] Der christliche Glaube konnte sich

---

[192] C. S. Lewis, *Pardon, ich bin Christ: Meine Argumente für den Glauben*, 3. Aufl. Basel: Brunnen, 1978, S. 112.

nur deshalb in der Antike durchsetzen, weil er nicht an Erlebnissen und Gefühlen hing. Gotteserlebnisse kannten die antiken Religionen sehr wohl. Der Apostel Paulus machte dagegen deutlich, daß die leibliche Auferstehung Jesu in Raum und Zeit die Basis und Mitte seines Glaubens war (1. Kor. 15,4-20). Ohne die Historizität der Auferstehung gibt es keinen Glauben, keine Hoffnung und keine Sündenvergebung. Das Grab Jesu war tatsächlich leer; dieser Tatbestand konnte von Zeugen überprüft werden. Gleiches gilt für den Tod Jesu am Kreuz, der kein Phantasieprodukt der Jünger, sondern reale Geschichte war. Die Grundlagen des christlichen Glaubens sind daher geschichtliche Heilstatsachen, nicht Gefühle oder Erfahrungen der Gläubigen.

Natürlich macht jeder Christ in seinem Glauben Erfahrungen mit Gott. Es wäre eine Katastrophe, wenn der Glaube sich nur in geistigen oder geschichtlichen Kategorien der Vergangenheit abspielen würde. Erlebnisse gehören zum religiösen Leben. Keine Religion kann ohne sie existieren, auch nicht der christliche Glaube. Es gibt wahrscheinlich in der ganzen Religionsgeschichte keine Religion ohne die Dimension der Erfahrbarkeit. Wir finden auch in der Bibel überall Menschen, die Erlebnisse mit Gott machten. Gott handelt in der Geschichte. Er spricht zu Menschen, führt sie auf rechtem Weg, bewahrt sie vor Schaden, gibt ihnen Aufträge, heilt sie von Krankheiten. Gerade die Offenbarung Gottes ist ja eine reale Erfahrung in Raum und Zeit.

Und doch lesen wir in der Bibel nur selten Einzelheiten über diese persönlichen Gotteserfahrungen der Menschen. Es heißt nur: «Und Gott sprach zu ihm», «und Gott kam zu...». Keine Einzelheiten über das Wie und Wo. Keine Show-Veranstaltung vor großer Masse. Die biblischen Erlebnisse bleiben im persönlichen Intimbereich. Sie werden nicht sehnsüchtig herbeigezwungen. Gott ist und bleibt in solchen Situationen immer souverän. Er offenbart sich dort, wo *er* es will. Wir erfahren fast nichts über die emotionale Ebene dieser Gotteserfahrungen. Natürlich sind viele Menschen in diesen Situationen überwältigt, fallen auf den Boden, ziehen ihre Schuhe aus usw. Aber ihre Innenwelt bleibt uns erstaunlicherweise verschlossen. Es geht ihnen nicht um sich selbst, sondern um Christus. Paulus erzählt sein Bekehrungserlebnis in der Apostelgeschichte zweimal, aber nur um zu zeigen, wie groß und barmherzig Christus ist, nicht um sich selbst in den Mittelpunkt zu stellen.

Wir müssen deshalb zwischen Erfahrungen und Erlebnissen unterscheiden. Erfahrungen kommen von außen an den Menschen heran. Man kann sich ihnen in der Regel nicht entziehen. Darunter fallen positive wie negative Erfahrungen. Wir erfahren Situationen der Freude, des Trostes, der Geborgenheit, aber auch des Leides, der Krankheit und Schmerzen. Erlebnisse sind dagegen «innenorientiert», um die Terminologie von Schulze aufzunehmen. Sie sind ichgebundene, innengeleitete Ausdrücke der gemachten Erfahrung. Diese Unterscheidung aufnehmend, meine ich, daß Christen Erfahrungen mit Gott machen. Gott spricht zu uns durch sein Wort, durch die Gemeinde, durch die Alltagserfahrung. Wir erfahren täglich seine Güte und Liebe. Gott wendet sich dem Menschen zu, er schweigt nicht. In diesem Sinne haben die Menschen in der Bibel Gott erfahren – in seiner Souveränität. Erfahrungen mit Gott sind nicht erzwingbar, nicht manipulierbar, sondern seiner Güte überlassen. Ob die Erfahrung für mich ein Erlebnis wird, ist völlig sekundär. Die innere Emotionalität der geistlichen Erfahrungen wird in der Bibel nur nebensächlich erwähnt. Von daher wage ich zu behaupten: Christen erfahren Gott nach seiner Souveränität in ihrem Leben, weil Gott zum Menschen spricht und an ihm handelt. Die Erlebnisdimension, die vom Menschen ausgeht, ist jedoch nachgeordnet und für das Christenleben sekundär. Wir dagegen wollen heute das unmittelbare ichzentrierte Erlebnis um jeden Preis, verschieben damit die Ebenen und werden schuldig vor Gott.

So ist es nötig, der Erfahrungstheologie in allen Bereichen der Gemeindearbeit eine Christustheologie entgegenzusetzen. Unsere Predigten müssen sich verändern, weg von der einseitigen Show-Einlage, hin zur zentralen Verkündigung der biblischen Wahrheiten. Die Apostel haben es uns vorgemacht: «Biblische Predigt war gottzentriert, sündenaufdeckend, selbstüberführend und lebensverändernd – das direkte Gegenteil der heutigen leichten, informellen Botschaften einer christianisierten Selbsthilfe, die erfolgreicher unterhalten als überführen.»[193] Wenn heutige Predigten dazu führen, daß ich am Ende den Pastor besser kenne als Jesus, dann stimmt etwas nicht. Wenn ich darin mehr interes-

---

[193] Webster, S. 83. Übersetzung vom Verfasser.

sante Stories gehört habe, als in der Sonntagszeitung zu lesen waren, dann ging sie an der Hauptsache vorbei. Wenn sie mich nur bestätigt und getröstet hat und der Höhepunkt darin lag, daß ich mehrmals gelacht oder geweint habe, dann sollten die Pastoren lieber ganz damit aufhören und neu in die Predigtschule Jesu gehen.

Gleiches gilt für den Gottesdienst. Das neue Interesse an Anbetung in unseren Gemeinden ist im Prinzip zu begrüßen. Gott soll tatsächlich im Mittelpunkt unserer Anbetung stehen. Aber es gibt auch eine ichzentrierte und erlebnisorientierte Anbetung. Wenn es am Ende nur wieder um mich und meine Empfindungen geht und ich mich durch die gemeinsame Anbetungszeit «wohlfühle» und «high» werde, habe ich den eigentlichen Sinn nicht verstanden. Anbetung wird in der Bibel immer mit Opfer verbunden. Als Abraham auf Befehl Gottes seinen Sohn Isaak opfern sollte, sprach er den Knechten gegenüber von «Anbetung» (1. Mose 22,5). Es gibt keine Anbetung ohne Opfer und ganze Hingabe. Anbetung ist deshalb mehr, als ein paar fromme, eingängig komponierte Liebeslieder an Gott zu singen. Anbetung ist ein knallharter, radikaler Lebensstil. Es geht darum, sein ganzes Leben auf den Opferaltar zu legen. Wahre Anbetung geschieht im Geist und in der Wahrheit (Joh. 4,23), nicht in Gefühlsduselei und Sentimentalität.

Die neue Erlebnisfrömmigkeit zeigt sich auch in der evangelikalen Bibelauslegung. Hauptkriterium der Textauslegung ist mittlerweile der Satz geworden: «Was sagt der Text *mir*?» Diese Existentialisierung des Bibeltextes ist an sich nicht falsch. Problematisch wird sie jedoch, wenn der Existentialbezug am Anfang des Auslegungsprozesses steht. Zunächst muß gefragt werden, was der Bibeltext in der damaligen Zeit in seinem spezifischen Zusammenhang meint. Erst nach diesem manchmal mühevollen Auslegen darf nach dem existentiellen Bezug gefragt werden. Wir machen uns diese Mühe jedoch nicht mehr. Bibellektüre wird zur direkten Meditation über den Text. Der Heilige Geist wird mir schon etwas eingeben. Die Kommentare verstauben in der Ecke. Wie oft höre ich neuerdings im Bibelgespräch eine Formulierung, die ich bisher nur aus liberalen Kreisen kannte: «Der Bibeltext bedeutet *für mich* das und das.» Wieso nur für dich? Gibt es eine individuelle Aussage der Bibel, die nur für einen einzelnen gilt und nicht für alle?

In der Gemeindewachstumsbewegung wurde in den vergangenen Jahren viel über effektive Evangelisation nachgedacht. Wir haben gelernt, unsere Veranstaltungen bedürfnisorientiert zu gestalten. Dagegen ist nichts einzuwenden. Der Köder muß dem Fisch schmecken, nicht dem Angler. Aber auch hier muß die Gefahr gesehen werden: Es gibt eine Bedürfnisorientierung, die biblische Wahrheiten ausgrenzt und das Wort vom Kreuz an den Rand drängt. Die Botschaft von Sünde, Hölle und Gericht befriedigt kaum die Bedürfnisse moderner Zeitgenossen, aber sie ist heilsnotwendig. Wir müssen den Menschen das sagen, was sie brauchen, nicht unbedingt das, was sie wollen. Natürlich in der Art und Weise, daß sie die christliche Botschaft verstehen. Aber diese Bedürfnisorientierung darf nie in Konkurrenz zur Christus- und Bibelorientierung treten. Gerade das Evangelisationskonzept der Willow-Creek-Gemeinde zeigt, wieviel Nachdenken gefordert ist, um nicht durch übergroßes Spektakel die Menschen vom Kern des Evangeliums abzulenken. Wo Jonglagen und Sporteinlagen die Evangeliumsverkündigung überlagern, ist Protest angesagt.[194] Wo man sich nach der Marktorientierung und dem Populismus der Masse ausrichtet, lösen sich Glaube und Wahrheit auf.

Eine weitere Gefahr der Bedürfnisorientierung liegt darin, daß wir kaum zwischen Bedürfnissen und Begierden unterscheiden. Auf echte Bedürfnisse der Menschen können und sollen wir eingehen. Sie sind Fingerzeige Gottes, die wir nicht übersehen dürfen. Das Bedürfnis nach Sinn und Sicherheit im Leben ist ein elementarer Anknüpfungspunkt für die Evangelisation. Begierden sind davon jedoch zu unterscheiden, denn sie haben von vornherein eine gottlose Absicht. Sie rufen nach Befriedigung der eigenen Lüste. Eine unstillbare Gier nach Selbstverwirklichung liegt jeder Begierde zugrunde. Begierden sind ichzentrierte Lustbefriedigungen ohne moralische Fundamente. Für das missionarische Zeugnis der Christen ist es deshalb grundlegend, zwischen sündigen Begierden und echten Bedürfnissen zu unterscheiden.

---

[194] Vgl. den vehementen Protest von Os Guinness gegen einige Konzepte der Gemeindewachstumsbewegung in *Dining with the Devil: The Megachurch Movement Flirts with Modernity*, 3. Aufl. Grand Rapids: Baker, 1994.

Ich meine diese Unterscheidung schon im Neuen Testament zu finden. Die Botschaft vom Kreuz war kulturell relevant und verständlich. Die Apostel gingen auf die Menschen ein, waren sensibel und kreativ. Aber sie schoben die oberflächlichen Wünsche und Begierden der Menschen (teilweise sehr barsch) beiseite, um auf die tieferliegenden geistlichen Nöte und Bedürfnisse einzugehen.

Wir brauchen eine neue Hinwendung zur christuszentrierten Gemeindearbeit, wo die Wahrheit des Evangeliums betont wird. Damit darf nicht gemeint sein, daß unsere Gottesdienste steif, kalt und unpersönlich ablaufen sollen. Jeder soll sich in unseren Gemeinden wohlfühlen, angenommen werden, glücklich sein. Aber Glück darf nicht in Sachen oder Prozessen gesucht werden, sondern allein in Gott. Auch Hitler wollte die Deutschen glücklich machen. Glück allein folgt noch keiner Moral. Glück kann manipuliert werden, wirkt wie eine Droge. Glücksgefühle bleiben trügerisch – man weiß nie, ob man am Endpunkt angekommen ist. Ein Paar Schuhe für die Millionärsfrau haben eine andere Glücksdimension als für das Straßenkind in São Paulo. Christen wissen, daß wahres Glück erst im Himmel Wirklichkeit wird. Alles irdische Glück ist reine Gnade. Das Schönste kommt noch. Die Sehnsucht nach dem Himmel ist und bleibt die Sehnsucht nach dem Jenseits, nicht nach dem Diesseits. Das Leben auf der Erde ist immer das Vorletzte, nie das Letzte. Christen sind Pilger in der Welt, Fremdlinge, geistliche Asylanten und Ausländer. Ihre wahre Heimat liegt im Jenseits. Sie sehnen sich nach dem «nicht mit Händen gemachten, ewigen Haus in den Himmeln» (2. Kor. 5,1).

9
Freie Spiritualität
Privatreligion und Synkretismus

*Eine säkular gewordene Gesellschaft
wird rasch zur Beute von Furcht, Aberglauben
und den in diesem Milieu
aufblühenden neuen Heilslehren;
ohne feste Verwurzelung
ist sie dem Wind jeder Tagesparole ausgeliefert.*

KLAUS BOCKMÜHL

*Die Zweiteilung in eine private
und eine öffentliche Welt
ist der zentrale Schlüssel zur Ideologie,
die unsere Kultur beherrscht.*

LESLIE NEWBIGIN

9.1 Glaube plural: Gesellschaftliche Trends

Seit den 80er und 90er Jahren erlebt die westliche Welt eine ungeahnte Renaissance der Religion. Wir leben nicht im von Theologen prophezeiten religionslosen Zeitalter. Im Gegenteil, der moderne Mensch ist wieder religiös geworden. Peter Berger spricht über die Gegenwart von einer «Zeit der Leichtgläubigkeit».[195] John Naisbitt prophezeit «das Wiederaufleben der Religionen».[196] Samuel Huntington spricht von der «Revitalisierung der Religion».[197] «La revanche de Dieu», die Rache Gottes, wird die Rückkehr der Religion genannt. Überall ist Religion – nur anders verpackt, als man gewohnt war. Obwohl 80% aller Jugendlichen keinen Kontakt mehr zur Institution Kirche haben, betet die Hälfte aller Jugendlichen und glaubt an ein Leben nach dem Tod.[198] Musik der Benediktiner erklettert die obersten Ränge der Charts. Hildegard von Bingen ist im Kommen. In Kneipen hängt man Heiligenbilder auf, Jugendliche tragen wieder überdimensionale Kreuze auf der Brust. Vor allen Dingen: Man muß von Religion im Plural reden. Der religiöse Angebotsmarkt ist vielfältig und breit. Verschiedene Glaubenssysteme konkurrieren miteinander. Es gibt kein Monopol der christlichen Großkirchen mehr. Der religiöse Wettbewerb ist los.[199]

Der moderne Mensch ist enttäuscht von der Aufklärung. Ihr Rationalismus hat unsere seelischen Bedürfnisse nicht stillen können. Der Atheismus war nicht die Lösung unserer Probleme. Der Kommunismus hat nicht vermocht, die religiösen Bedürfnisse zu zerstören. Im Gegenteil: Er bot sich selbst als Pseudoreligion an. Die kalte Welt der Technik versuchte vergeblich, die

---

[195] So im Titel seines Buches *Sehnsucht nach Sinn: Glauben in einer Zeit der Leichtgläubigkeit*, 2. Aufl. Frankfurt: Campus, 1995.

[196] John Naisbitt/Patricia Aburdene, *Megatrends 2000: Zehn Perspektiven für den Weg ins nächste Jahrtausend*, 2. Aufl. Düsseldorf: Econ, 1992, S. 343.

[197] Samuel P. Huntington, *Kampf der Kulturen: Die Neugestaltung der Weltpolitik im 21. Jahrhundert*, München: Europa, 1996, S. 25.

[198] Heiner Barz, *Postmoderne Religion: Die junge Generation in den Alten Bundesländern*, Jugend und Religion 2, Opladen: Leske und Budrich, 1992, S. 102.

[199] Über die Veränderungen der Religionen durch den Wettbewerb informieren Peter Berger/Thomas Luckmann, «Secularization and Pluralism», *Internationales Jahrbuch für Religionssoziologie* (1966), S. 73-86.

Religion an die Wand zu drängen. Der Fortschrittsglaube war nicht in der Lage, die Sehnsucht nach Gott zu verdrängen. Heute reißt erneut die Gottesfrage auf. Man fragt wieder nach dem Glauben der Väter. Peter Berger hat es auf den Punkt gebracht: «Unsere Vorfahren wußten nichts von Teilchenphysik, sprachen aber mit Engeln. Nehmen wir an, daß wir durch unsere Kenntnis der Kernphysik tatsächlich eine neue Dimension von Wahrheit hinzugewonnen haben. Könnte es nicht sein, daß uns auch eine Wahrheit verlorenging, als unser Gespräch mit Engeln sein Ende fand?»[200] Genau diese Erkenntnis treibt viele Menschen heute zurück in religiöse Riten und Kulte.

Die Modefarbe der 90er heißt nicht umsonst: schwarz. Die Endzeitgefühle steigen – nicht nur bei Christen. Wie geht es weiter? Was kommt im Jahr 2000? Ist die Apokalypse noch aufzuhalten? Viele Menschen glauben wieder an Wunder. Engel sind in – viele Bestsellerbücher des vergangenen Jahres waren Bücher über Engel. Die heutigen Renner auf dem religiösen Markt sind: Esoterisches, Gregorianisches, Händels Messias und Fitneß-Kult. T-Shirts zeigen Marienbilder und den leidenden Jesus am Kreuz. Der Aufschrei beim Kruzifixurteil in Bayern war typisch – selbst Nichtgläubige warfen sich in die Front der Protestierer. In der Werbung hört man immer mehr Erlösungsparolen. Selbst hartnäckige Agnostiker schwören auf UFO-Erscheinungen am Nachthimmel.

Religion ist los, wo man auch hinschaut. Der Religionssoziologe Thomas Luckmann prophezeite schon Anfang der 60er Jahre, daß die Religion nicht verschwinden, sondern in veränderter Form zurückkommen wird.[201] Diese Veränderung sah er in erster Linie in einer zunehmenden Privatisierung der Religion – sie rutsche von der öffentlichen Funktion in die Privatsphäre des einzelnen ab. Die großen religiösen Institutionen verlören an Einfluß und Macht. Religion in der Moderne sei synkretistisch, diesseitig und privatistisch. Sie sei nicht mehr kirchliche oder

---

[200] Berger, Sehnsucht nach Sinn, S. 19.
[201] Thomas Luckmann, *The Invisible Religion: The Problem of Religion in Modern Society*, New York: Macmillan, 1967; eine deutsche Vorarbeit erschien unter dem Titel *Zum Problem der Religion in der modernen Gesellschaft*, Freiburg: Rombach, 1963.

dogmenbezogene Religiosität, sondern individualistische dogmenlose Frömmigkeit. Wer Gott ist, bestimmt der Mensch.

Luckmann hat recht behalten. Religion ist heute reine Privatsache geworden. Führte das christliche Zeugnis vor Jahren noch zu heftigen Debatten um die Wahrhaftigkeit der Religion, wird heute die Glaubensbezeugung des einzelnen «stehengelassen». Religion ist gut für den einzelnen, sie darf jedoch keinen allgemeinen Anspruch auf alle erheben. Der Glaube hat keine öffentliche Dimension mehr. Nach einer Umfrage der Kirchlichen Hochschule Berlin geht es heute bei den Christen nicht mehr um die Frage der Rechtfertigung des Sünders durch Gott, sondern um die Frage der konkreten Lebenshilfe durch Religion.[202] Der Glaube «muß mir etwas bringen», sonst habe ich kein Interesse daran. Das Leben in der Moderne ist so belastend geworden, daß der Mensch sich in der Religion nur noch eine möglichst vollkommene Entlastung des Diesseits sucht. Ihm geht es nicht mehr um die Frage nach dem Jenseits, nach dem Paradies im Himmel. Nein, sein persönliches Diesseits ist ihm wichtiger. Davon will er erlöst werden.

Ausdruck dieser Privatisierung der Religion ist die veränderte Einstellung zur Kirche.[203] Religion findet nicht mehr in Kirchenmauern statt, sondern zu Hause. Die «Fernsehkirche» steht für den Trend zur Religion ohne Gemeinde. Kirche wird nicht mehr als Gemeinschaft der Gläubigen verstanden, sondern als Dienstangebot zur Unterstützung der eigenen Frömmigkeit. Die Unterstützung für die Kirche hängt wiederum ab von der Effizienz ihrer Angebote. Bringt sie mir etwas, unterstütze ich sie auch. Die Autorität der Kirche ist damit von ihren Mitgliedern abhängig, nicht mehr von ihrem göttlichen Status. Religiöse Überzeugungen legt der einzelne selbst fest, er läßt sie sich nicht mehr von außen vorgeben. Die Zukunft der Religion wird in einer Art «freien Spiritualität» gelebt. Spirit statt Konfession, Spiritualisierung statt Religion.[204] Zu religiösen Institutionen geht man auf Distanz.

---

[202] Klaus-Peter Jörns, *Die neuen Gesichter Gottes: Was die Menschen heute wirklich glauben*, München: C.H. Beck, 1997, S. 7.

[203] Vgl. zum Folgenden: Stephan Hart, «Privatization in American Religion and Society», *Sociological Analysis* 47(1987), S. 319-334. Harts Beobachtungen lassen sich mit Abstrichen auch auf die deutsche Situation anwenden.

[204] Gerd Gerken, «Freie Spiritualität: Die Zukunft der Religion.» *Wiener* (Dez., 1992), S. 77.

So beobachtet man das Ende der Konfessionalisierung des Glaubens. Die eigene Konfessionszugehörigkeit spielt keine Rolle mehr, ist in der Regel nicht mehr bekannt. Wen interessieren schon die Unterschiede zwischen lutherisch, reformiert, baptistisch oder methodistisch? Jeder hat doch seinen Glauben, so heißt es. Der religiöse Subjektivismus führt zur Überzeugung, jeder Glaube sei richtig, wenn er nur vorbildlich gelebt würde. Glaubensüberzeugungen werden zur Geschmackssache degradiert. Vom Rückzug in die Innerlichkeit sprachen wir schon. Religion hat nur noch etwas mit meinem inneren Leben zu tun, nicht mehr mit der Veränderung der Gesellschaft, höchstens noch mit meiner Beziehung zum anderen. «Ich und mein Gott», in der richtigen Reihenfolge, und alles andere ist mir egal.

Religion kommt heute nicht nur privat daher, sondern auch plural. Durch die Medien und die Mobilität haben wir längst einen religiösen Supermarkt. Der Ferne Osten ist uns so nah. Taoismus, Tantra, Zen – noch vor fünfzig Jahren wußte keiner, was sich dahinter verbirgt. Heute bietet jede Volkshochschule entsprechende Kurse an. Ob Yoga, Tai-Chi oder Akupunktur: Der Westen sucht überall nach Erfahrungen des Heils. Hauptsache, es hilft und heilt. Der Osten soll uns dabei helfen. Der Dalai Lama ist populär. Die Philosophie der östlichen Religionen kommt dem Postmodernismus nahe. Objektive Wahrheiten werden auch im Hinduismus und Buddhismus verneint. Der Buddhismus lehrt, daß die sichtbare Welt nur eine Illusion sei, die aus dem menschlichen Geist entstammt. Das Lebensgefühl mancher Zeitgenossen geht in ähnliche Richtung. Die Suche nach Stille und Ruhe wird im hinduistischen Ashram oder im buddhistischen Kloster gestillt. Die indische Philosophie des Yoga dient zur Entspannung westlicher Industriemanager.

Vielleicht der auffälligste Beleg für die Revitalisierung der Religion ist der Erfolg des Islam. Durch seinen hohen Geburtenüberschuß ist er die am schnellsten wachsende Religion der Erde. Dank vieler Gastarbeiter und dem neuen Selbstbewußtsein der Muslime stehen heute Moscheen in allen großen Städten der westlichen Welt, diskutiert man über den Muezzinruf, treten sogar vermehrt Christen zum Islam über. Das Ziel mancher islamischer Kreise lautet nicht «Modernisierung des Islam», sondern «Islamisierung des Modernismus». Besonders in Zentralasien werden große Anstrengungen unternommen, um nach dem Zusammenbruch des Kommunismus das Sinnvakuum der Menschen mit dem Islam zu füllen. «1989 gab es in Zentralasien 160 funktionierende Moscheen und eine einzige Medrese (islamische Hochschule); Anfang 1993 gab es etwa 10 000 Moscheen und zehn Hochschulen.»[205]

Aber nicht nur der Islam, auch die russische Orthodoxie erlebt ihre Wiedergeburt. Nach dem Zusammenbruch des Kommunismus laufen die Russen wieder in die Kathedralen. Selbst hochrangige russische Politiker bekennen sich offen zur Orthodoxen Kirche. Kirchen, die noch vor Jahren in Trümmern lagen, sind längst aufwendig repariert und restauriert worden. Auf der Suche nach einer neuen Identität scheint allein die Kirche die Brücke zur tausendjährigen Kulturgeschichte Rußlands zu schlagen.

Neben den klassischen Kirchen und Religionen staunt man über eine zunehmende Vagabundisierung der Religion. In den 80er Jahren gewann die New-Age-Bewegung mit ihrer bunten Mischung aus Esoterik, östlichen Religionen und christlichen Teilwahrheiten eine Menge Anhänger. Viele Überzeugungen der New-Age-Bewegung korrespondierten mit den Denk- und Verhaltensmustern der Postmoderne.[206] Die Welt wird hier als beseelt verstanden, voll geistlicher Potenzen. Der Mensch trägt in sich einen göttlichen Funken, seine Potentiale sind grenzenlos, er ist ein kleiner Gott, der die Welt geschaffen habe. Evolution und Reinkarnation werden ebenso betont wie die Transformation und damit die Vereinigung mit Gott. Die religiöse Ganzheitlichkeit wird dabei im persönlichen Leben erfahren, nicht durch abstrakte Dogmen erklärt und akzeptiert.

Auch der alte Okkultismus ist nicht totzukriegen. Schwarze T-Shirts mit Totenköpfen sind der Schlager bei vielen Jugendlichen, die in der Pause mal eben die Karten befragen oder die Gläser rücken lassen. Black Metal heißt die dazugehörige Okkultmusik. Schwarze Messen werden gefeiert, Aleister Crowleys Schriften wieder aufgelegt. Die Astrologie ist nicht ausgestorben. Sie erstreckt sich längst nicht mehr auf die Boulevardblätter mit ihren schnellen Tips für jeden Tag, sondern bietet sich als schein-

---

[205] Huntington, S. 145.
[206] Vgl. dazu Ted Peters, «Post-Modern Religion», *Up-date* 8(1984), S. 16-30.

bar seriöse Wissenschaft an. Der Gesamtjahresumsatz wird in Deutschland auf ca. 300 bis 500 Millionen Mark geschätzt.[207] Jeder zweite Deutsche hat schon einmal gute Erfahrungen mit dem Horoskop gemacht. 64% aller Deutschen lesen regelmäßig oder manchmal ihr Horoskop. Obwohl ernsthafte Studien immer wieder auf die Unhaltbarkeit der Astrologie hinweisen, wollen sich viele Menschen nicht überzeugen lassen. Irgend etwas wird schon dran sein. Die Faszination, durch die Sterne sein Leben voraussehen zu können, siegt über alle rationalen Argumente. Horoskope geben die Möglichkeit, sich mit sich selbst und seinen Problemen auseinanderzusetzen. Sie vermitteln Erklärungsmuster für Konflikte in der Vergangenheit, auch wenn diese niemals überprüft werden können oder so allgemein gehalten sind, daß sie immer und für jeden zutreffen. Horoskope vermitteln die Macht, über die eigene Erdverbundenheit hinauszugreifen. Der Weltraum wird zur Projektionsfläche meiner Ängste und Wünsche.[208]

Religionsexperten sprechen seit einiger Zeit von einer «Rückkehr des Animismus» in der westlichen Welt. Animismus ist der Glaube an die Beseelung der Materie. Wir sind auf dem Weg zurück zu unseren heidnischen Vorfahren. Esoteriker glauben an Geister in Bäumen, Sträuchern, Tieren und Häusern. Runen sind wieder im Kommen. Magische Waffen werden gehortet. Medizinmänner und Indianer leben unter uns – wochentags versteckt in Nadelstreifenanzügen, am Wochenende jedoch geoutet in Bärenfellen und Lendenschürzen. Die neuen Hexen sind los und feiern auf ihrem Berg, dem Brocken, alte Rituale. New-Age-Jünger sprechen von der Vergeistigung des Universums. In jedem Teilchen der Materie steckt ein Teil der Gottheit, lautet die Parole. Unser Planet lebt, er ist ein Lebewesen, faseln die Anhänger der «Gaia-Hypothese». Animismus ist die Spiritualisierung der Materie und der Ausweg aus dem Rationalismus der Moderne. Der alte Naturalismus ist wieder da: Es lebe die Göttin Natur.

Religion explodiert. Sie zeigt sich nicht nur in den religiösen Systemen der klassischen Religionen, sondern im nackten Alltagsleben. Religiöse Züge beobachten Forscher längst in der Pop-

---

[207] «Streitfall Astrologie», *Focus* (21. Juli, 1997), S. 102-114.
[208] So Siegfried Böhringer, «Menschheit und Kosmos: Über die wahren Herausforderungen der Astrologie», *EZW-Texte* Nr. 138, 1997, S. 7.

kultur. Rockstars werden angebetet. Sie tun das Ihrige dazu, indem sie ihre Konzerte als überdimensionale Gottesdienste zelebrieren. Dank der CD-Industrie sind sie überall präsent. Die Lieder der Rock-Größen spiegeln die Sehnsucht nach Erlösung und die Suche nach dem Heiligen wider. Madonna gilt vielen Rockfans als Göttin, Kurt Cobain als Hoherpriester, Michael Jackson als Außerirdischer. Noel Gallagher von der Gruppe «Oasis» sagte nach der Veröffentlichung eines neuen Labels: «Nun sind wir bedeutender als Gott.» Prince bezeichnete sich selbst als neuen Messias. Anhänger der «Backstreet Boys» und der Gruppe «Caught In The Act» stilisieren ihre Heroen zu Kultobjekten. Michael Jacksons Bühnenshow ähnelt einem Gottesdienst. Die Stars haben ihre Gemeinde, abhängige Jünger, die nicht mehr denken und sich alles gefallen lassen. In der freien Spiritualität finden sich viele Formen der Religion. «So ist Popmusik – vor allem, wenn sie live inszeniert wird – gelebte Spiritualität. Nicht als Verkünder höherer Weisheiten, sondern als Zeremonienmeister eines augenblicklichen Spirits.»[209]

Die postmoderne Gesellschaft sehnt sich nach Heiligen. Die kollektive Trauer um Lady Diana, die Prinzessin von Wales, offenbarte 1997 die Identifikation der Masse mit einer populären «Königin der Herzen». Ihr Mythos enthielt religiöse Symbole höchster Potenz. Diana wurde über Nacht zur Heiligen erhoben. Ihre Kombination aus Märchenprinzessin, guter Fee für die Armen und Märtyrerin der Paparazzi traf auf die brodelnden religiösen Bedürfnisse der Menschen. Für Diana zündete man Kerzen an, legte Blumen an Plätzen nieder, wo sie gewohnt hatte, betete für ihre Seele. Diana als «Heilige der Popkultur» war eine Prinzessin, mit der sich viele identifizieren konnten: nicht frei von Fehlern und Schuld, doch selbstlos auf die Menschen zugehend. Sie wurde zum Opfer einer eiskalten Mediengesellschaft. «In der nachträglichen Verehrung zeigt sich das schlechte Gewissen der Voyeursgesellschaft.»[210]

Auch der Sport wird zunehmend zur Religion. Fußballer sind

---

[209] Gerd Gerken/Michael-A. Konitzer, *Trends 2015: Ideen, Fakten, Perspektiven*, München: Deutscher Taschenbuch Verlag, 1996 (1995), S. 229.
[210] Michael Nüchtern, «Die Heilige Diana», *Materialdienst der EZW*, 60(Nr. 10, 1997), S. 290.

die Idole der Moderne. Im Unterschied zu früheren Jahren werden sie heute gnadenlos vermarktet. Sie treten in Werbespots auf, geben ihren Namen für Markenartikel her, grüßen von Postern, offenbaren ihr Intimleben in diversen Fußballmagazinen für Teenies. Die großen Fußballvereine setzen durch Fanartikel Millionen um. Michael Schumacher und Boris Becker verkörpern die Ideale der Moderne. Jung, erfolgreich, reich und beliebt. Wir liegen ihnen zu Füßen. Das Stadion wird zur Arena der Ekstase. Sportveranstaltungen werden längst zelebriert, sind perfekte Shows der Manipulation geworden. Stars werden gemacht, aufgebaut, in Szene gesetzt. Würde sich Michael Schumacher für die Wahl zum Bundeskanzler aufstellen lassen, er hätte wohl gute Karten.

Religiöse Ausdrucksformen finden sich mittlerweile auch in ganz säkularen Bereichen, z.B. im Body-Kult. Workshops zur Körpererfahrung wie Aerobic, Yoga, Stretching, Rolfing und Gymnastik verbinden sich heute mit mentalen Techniken, die religiöse Dimension besitzen. Häufig geht es um die Befreiung der Seele vom Körper, eine zutiefst magisch-religiöse Überzeugung. Der Körper wird spiritualisiert. Die Erlösung geschieht durch das Gipfelerlebnis, die Erleuchtung durch die körperliche Beherrschung. Der Körper muß gepflegt werden, um jeden Preis.

Religion überspringt die klassischen Glaubenssysteme und blüht im alltäglichen Verhalten auf. Die Wiederkehr ritueller Praktiken und Symbole ist erstaunlich. Studentische Verbindungen, ein Relikt des vereinsbewegten 19. Jahrhunderts, können sich über Zulauf nicht beklagen. Hochzeiten werden wieder feierlich im weißen Rüschenkleid zelebriert. Die kirchliche Zeremonie ist unbedingte Pflicht – möglichst in einem alten Dom. Beerdigungen werden rituell umrahmt, Todesanzeigen gebrauchen zunehmend religiöse Formulierungen.[211] Zu Ostern und Weihnachten laufen auch die hartnäckigsten Säkularisierten in die Kirche. Wie in den archaischen Riten des Urwalds wird das «Piercing», das Durchstechen von allen möglichen und unmöglichen Körperteilen, im modernen Europa gefeiert. Zeremonien sind

---

[211] Jürgen Gerhards/Astrid Melzer, «Die Veränderung der Semantik von Todesanzeigen als Indikator für Säkularisierungsprozesse?» *Zeitschrift für Soziologie*, 25(Nr. 4, 1996).

gefragt. Geheimbünde sind in. Selbst die Produktpalette der Wirtschaft zeigt den Hang zum Ritual. Waren mit symbolischer Tendenz werden als kleine Fetische gehandelt und empfangen dadurch religiöse Werte.

Das neue religiöse Interesse kam für viele überraschend. Auch der Erfolg des Buches *Sofies Welt* von Jostein Gaarder[212] hatte meines Wissens diesen Grund: Die Menschen stellen wieder letzte, große Fragen. Wer bin ich? Woher komme ich? Wozu lebe ich? Ein kleines Mädchen erhält geheimnisvolle Briefe von ihrem Vater und lernt einen alten, schrulligen Mann kennen, der ihr eine Einführung in die Philosophiegeschichte gibt. Nach und nach erfährt das kleine Mädchen von den Antworten großer Männer auf die großen Fragen des Lebens.

Die Sehnsucht nach Religion zeigt sich auch im Science-fiction-Fieber. Man glaubt an das Leben im All. Es soll unsere Wirklichkeit erleuchten. Seit dreißig Jahren flimmert «Raumschiff Enterprise» über den Bildschirm, nun schon in der vierten Generation. Die Klingonen sind für viele Realität. Als neulich Wissenschaftler scheinbare Indizien für Leben auf dem Mars entdeckten, fühlten sich Millionen bestätigt. Die grünen Männchen, die UFOs, die E.T.'s, sie alle müssen für unsere Sinnsuche herhalten.

Die säkularisierte Welt der Moderne steht vor einem Umbruch. Verunsichert durch die Moderne mit ihren wechselhaften Situationen, sucht der Mensch nach seiner Identität, nach stabiler Gemeinschaft und moralischen Normen. Nur die Religion befriedigt diese Bedürfnisse und ist deshalb im Aufwind begriffen. Ihre Formen sind jedoch ungewohnt neu. Der Mensch stellt sich seine Religion wie in einem Supermarkt selbst zusammen. Jeder hat seine eigene, individuelle Religion. Die neuen Religionsformen sind «synkretistisch», d.h. religionsvermischend. Wie bei einem Eintopf wirft man die verschiedenen Zutaten in den Topf: eine Prise Esoterik, ein Pfund Christentum, eine Messerspitze Buddhismus, ein Teelöffel Hinduismus usw. Jeder kreiert so sein spezielles Menü im religiösen Pluralismus der Moderne.

---

[212] Jostein Gaarder, *Sofies Welt: Ein Roman über die Geschichte der Philosophie*, München: Carl Hanser, 1993 (norweg. 1991).

9.2 Glaube privat: Gemeindliche Trends

Die diagnostizierte Privatreligiosität der westlichen Gesellschaft findet ihre Parallele in christlichen Kirchen und Gemeinden.[213] Der moderne Evangelikalismus und Pietismus ist ebenfalls zur Privatreligion geworden. Der Glaube des einzelnen ist auch hier wichtiger als der Glaube der Kirche oder Gemeinde. Öffentliches Engagement ist selten geworden. Man zieht sich zurück in die eigene Kuschelwelt. Dort kann man ungestört nach biblischen Normen leben. Man ruft bei Evangelisationen Menschen in die Entscheidung für Jesus, vergißt jedoch, sie aufzuklären, daß Gott auch Herr der ganzen Welt ist. Glaube hat keine öffentliche Relevanz mehr, denn er wird nur noch in unseren Gemeinschaftszirkeln gepflegt. Es ist ein Glaube ohne Konsequenzen und ohne Einfluß. Bei Kaffee und Kuchen feiern wir unsere Jahresfeste, freuen uns am Posaunenchor und haben den Blick für die ganze Welt vergessen. Wir beten für einen Parkplatz in der belebten, überfüllten City – wahrlich muß hier ein Wunder geschehen! –, aber wir sind nicht bereit, uns für die verfolgten Christen im Sudan oder für die Erdbebenopfer im Iran einzusetzen. Wir wissen theoretisch, daß Gott im Regiment sitzt und alles übersieht, aber diese Erkenntnis hat absolut keine Relevanz für unseren Glauben. Der Absolutheitsanspruch Jesu, Herr aller Herren zu sein, verhallt in den Winkeln der Privatfrömmigkeit des Evangelikalen.

Der christliche Glaube verkommt damit zur Lebenshilfe. Gott ist nur noch derjenige, der meinem irdischen Dasein Sinn und Ziel verleiht. Die Frage nach der Lebenshilfe ersetzt die Frage nach der Rechtfertigung. Wir brauchen nicht mehr mit Gott versöhnt zu werden – so meint man. Es geht nicht mehr um die Verehrung einer Gottheit, sondern um ein besseres Leben auf dieser Erde. Der Himmel interessiert nicht mehr, auch nicht die Christen. Wir wollen den Himmel auf Erden, jetzt, sofort, nicht erst im Jenseits. Und auch die Hölle ist längst lokalisiert: Sie ist nicht Wohnort des Teufels, sondern die böse Wirklichkeit der Schicksalsschläge im Diesseits. Nur noch ein Bruchteil aller Protestan-

---

[213] Auf diesen Zusammenhang hat hingewiesen: Leslie Newbigin, *Foolishness to the Greek: The Gospel and Western Culture*, Grand Rapids: Eerdmans, 1986, S. 19.

ten in Deutschland glaubt an die reale Existenz einer Hölle.[214] Himmel und Hölle haben ihre Ewigkeitsdimension verloren, werden auf die Erde geholt und damit um ihren Wert und ihren Ernst gebracht.

In der neuen, modernen Religiosität geht es nicht mehr um Realitäten und Fakten, sondern um Dimensionen der Ästhetik. Man nimmt das für wahre Religion, was seinen Wünschen und Vorstellungen entspricht. Die moderne Religiosität hat die Dimension der Transzendenz verloren. Gott geht auf in innerweltlichen Erfahrungen und personalen Beziehungen. Er schafft mir ein angenehmes Leben, gute christliche Freunde, stabile Werte, ein gutes Selbstwertgefühl. Er erfüllt alle meine Wünsche, ist jeden Tag für mich da. Auch die evangelikale Frömmigkeit spricht viel über die Segnungen Gottes für uns Menschen, vom Zorn Gottes wagt niemand mehr zu reden.

Die neuen Gesichter Gottes sind eigentlich die Gesichter des Menschen, der über Gott bestimmen möchte. Der Mensch schafft sich seinen eigenen Gott und seine eigene Religion gemäß seinen Wünschen. Ludwig Feuerbach erhält späte Genugtuung. Er hatte schon 1841 in seinem Buch «Das Wesen des Christentums» die Religion auf den menschlichen Erfahrungsbereich reduziert.[215] Der Mensch schafft sich den Gott, den er haben will. Feuerbachs Überzeugungen feiern heute späte Urstände: Erst der Mensch des späten 20. Jahrhunderts projiziert seine persönlichen Wünsche in den Himmel und benennt sie mit dem Namen «Gott». Der neue Glaube ist ein Wunschglaube, ein von Menschen konstruierter Glaube an einen selbstgeschaffenen Gott. Wir legen fest, wer und wie Gott für uns zu sein hat.

Ebenso verschwimmen die Erlösungsvorstellungen der Christen. Weil man an der Rechtfertigung des Sünders vor Gott nicht mehr interessiert ist, muß auch die Erlösungsvorstellung auf andere Bereiche übertragen werden. Selbst Pfarrer und Theologiestudenten halten heute die Erlösung von unserem sündigen Wesen nicht mehr für notwendig. Laut Jörns glauben nur noch fünf Prozent aller «Gottgläubigen» in Deutschland an die christ-

[214] Jörns, S. 85.
[215] Ludwig Feuerbach, *Das Wesen des Christentums*, Stuttgart: Philipp Reclam, 1980 (1841).

liche Zentrallehre von der Erlösung von der Sünde durch Jesus Christus![216] Für die anderen bedeutet Erlösung «Befreiung» von den Leiden dieser Welt. Es geht bei dieser Erlösung nicht mehr um das Verhältnis von Gott zu Mensch, denn Gott ist ja immer auf unserer Seite. Es geht heute vielmehr um ein besseres Leben und damit um die Befreiung von Krankheiten, Kriegen und Ängsten. Die neue Erlösungsreligion weiß nichts mehr vom Kreuz und dem stellvertretenden Sterben Christi! Sie bietet statt dessen ein schöneres Leben im Diesseits an. Christus ist also nicht gestorben, damit wir in den Himmel kommen, sondern damit wir hier auf der Erde ein angenehmes Leben führen können. Die Zielrichtung der Heilslehre hat sich diametral gewandelt.

Die Kirche hat in unserer pluralistischen Gesellschaft längst kein Monopol mehr. Das war noch bis in unser Jahrhundert hinein anders. Ein Übertritt zu anderen Religionen war bis vor wenigen Jahrzehnten völlig undenkbar, weil es nicht zu den sozialen Gegebenheiten paßte. Die Kirche gehörte zur Gesellschaft, war untrennbar mit ihr verbunden. Das hat sich heute grundlegend geändert. Auf dem Markt der religiösen Möglichkeiten stellt der Protestantismus nur noch eine von vielen möglichen Optionen dar. Er hat nur noch in eingeschränktem Maße einen Vertrauensvorschuß. Längst stehen in unseren Großstädten die Moscheen und Minarette. Durch die große Zahl von Ausländern sind uns andere Religionen zum Greifen nah geworden. Das Christentum hat Konkurrenz bekommen, und die Konkurrenz schläft nicht.

Angesichts dieser Situation sind viele Christen heute der Ansicht, daß auch in anderen Religionen Wahrheit vertreten wird und auch Muslime und Hindus in den Himmel kommen können. Angesichts des gesellschaftlichen Pluralismus und der allgemeinen Toleranz ist die Einstellung zu anderen Religionen von Unsicherheit geprägt. Hat sich Gott nicht auch in anderen Religionen offenbart? Enthält nicht auch der Koran viele biblische Anweisungen? Lebt nicht auch der Buddhist ein vorbildliches Leben? Wir sprachen schon von einer zunehmenden Zahl von Theologen, die in anderen Religionen die Spuren der Offenbarung

---

[216] Jörns, S. 180.

Gottes entdecken möchten. Aus dem Dialog ist längst Sympathie und Akzeptanz geworden. Führende Kirchenvertreter in Deutschland fordern die Abschaffung des Absolutheitsanspruches und öffnen die Kirchen für religiöse Feste anderer Religionen.

Auch der neue Trend zum Animismus geht nicht spurlos an den Christen vorüber. Liberale Christen praktizieren die Stammesreligionen der Schamanen und Indianer mit, denn wir glauben ja doch alle an den gleichen Gott. Evangelikale Christen huldigen einer «Geistlichen Kampfführung», die mehr mit magischen Praktiken des Animismus als mit biblischer Dämonenbekämpfung zu tun hat. Man geht so weit zu behaupten, daß vor jeder Evangelisation eine Stadt von Dämonen freigebetet werden müßte, sonst könne niemand zum Glauben kommen. Gebetsmärsche werden zu Proklamationen der Herrschaft Christi umfunktioniert. Territoriale Geister müssen aktiv und intensiv bekämpft werden, bevor das Evangelium verkündigt werden kann. Alle diese Vorstellungen entstammen nicht der biblischen Botschaft von Dämonen, sondern einer magischen Wirklichkeitssicht, die mehr auf Erfahrungen als auf biblischer Exegese beruht.[217]

9.3 Glaube zentral

Die Freude über den neuen Religionstrend der Moderne hält sich also in Grenzen. Obwohl weltweit immer mehr Menschen religiös sind und auch viele christliche Kirchen leichte Zuwächse zu verzeichnen haben, stimmt etwas nicht mit der Religion der westlichen Welt. Sie hat sich verändert. Sie individualisiert, privatisiert, pluralisiert und bleibt im Diesseits stecken.

Thomas Luckmann, der die Privatisierung der Religion schon Ende der 60er Jahre deutlich gesehen hat, formulierte in einem

---

[217] Zur Geistlichen Kampfführung vgl. die hilfreichen Bücher von Wolfram Kopfermann, *Macht ohne Auftrag: Warum ich mich nicht an der «geistlichen Kriegsführung» beteilige*, Emmelsbüll: C&P, 1994, und Peter Kierner, *Engel des Lichts im 20. Jahrhundert: Gedanken zu biblischem Befreiungsdienst und geistlicher Kriegsführung*, Hamburg: C.M. Fliß, 1991.

Nachwort der Neuauflage seines Buches 1991 die Schwäche der neuen Religion: «Jedenfalls läßt sich Privatisierung als die vorherrschende moderne Sozialform der Religion eher durch etwas charakterisieren, was sie nicht ist, als durch das, was sie ist: Sie zeichnet sich durch das Fehlen allgemein glaubwürdiger und verbindlicher gesellschaftlicher Modelle für dauerhafte, allgemein menschliche Erfahrungen der Transzendenz aus.»[218] Gleiches sieht der Trendforscher Gerd Gerken: «Das Problem der neuen Religionen ist, daß es keine Wertauslese und keinen Wertmaßstab gibt.»[219] In der Privatreligion der Moderne macht jeder individuelle Erfahrungen, legt selbst fest, welche Normen und Werte Religion ausmachen und welche nicht. Die neue Religion ist eine Religion der Beliebigkeit. Solche Religionen haben keine missionarische Kraft und keinerlei Attraktivität für andere. Sie reduzieren sich auf menschliche Gefühlsebenen, haben für das praktische Leben kaum noch Auswirkungen. Gesellschaftliche Veränderungen im großen Stile sind von ihnen nicht zu erwarten. Große christliche Sozialreformen wie die Abschaffung der Sklaverei oder die Entstehung des Diakoniewesens können heutige Religionsformen nicht mehr hervorbringen.

Die Privatisierung der Religion, wie sie sich auch im Evangelikalismus und Pietismus wiederfindet, steht überhaupt im Widerspruch zu den großen Erweckungen der Kirchengeschichte. Diese erwecklichen Aufbrüche hatten immer Auswirkungen auf die Gesellschaft. Die Reformation veränderte ganze Landstriche. Der Pietismus führte zu einer Revision des Schulsystems. Die Erweckungen im England des 18. Jahrhunderts führten zur Abschaffung der Sklaverei. Die Aufbrüche in Deutschland im 19. Jahrhundert hatten das Diakoniewesen zu Folge. Erweckungen begannen zwar im Herzen der einzelnen Menschen, bahnten sich jedoch immer ihren Weg in die Umgebung. Das Reden Gottes zu den Menschen führte zur Tat der Nächstenliebe. Der erweckte Mensch schaute weg von sich, hin auf den Nächsten. Religion hatte hier immer eine Öffentlichkeitsdimension.

Wir müssen es wieder lernen: Es gibt auch eine öffentliche

---

[218] Luckmann, *Die unsichtbare Religion*, S. 182.
[219] Gerd Gerken, «Die neuen Religionen: Eine Zukunfts-Prognose.» *Wiener* (Dez., 1992), S. 76.

Dimension des Glaubens. Kritiker der neuen Religiosität charakterisieren sie mit dem Schlagwort: «Privat engagiert, sozial bedeutungslos.» Wir haben übersehen, daß die Botschaft vom Heilshandeln Christi eine Botschaft für die ganze Welt ist. Christus predigte das Reich Gottes und steckte damit die Grenzen ins Unermeßliche. Gott ist nicht nur ein Gott für meine kleine Welt, sondern der Herrscher des Universums. Er ist das Licht, in dem allein die Realität erfaßt werden kann. Für Christen darf es nie das Motto geben: «Ich und mein Gott», sondern: «Gott und die Welt.» Der christliche Glaube muß auch heute mutig und engagiert nach außen geführt werden, sonst haben wir Christen nichts mehr zu sagen und zu melden. Private Frömmigkeit ist Lieblosigkeit der Welt gegenüber. Wer das Heil nur für sich behält, wird schuldig an einer sterbenden Welt.

Viele der religiösen Alternativkonzepte der Moderne führen in verhängnisvolle Irrwege. Okkulte Praktiken zerstören die Seele des Menschen. Trotz der Toleranz in unserer Gesellschaft müssen Christen deutlich ihre Stimme gegen die Gefahren des Okkultismus erheben. Die Bibel weiß von der Macht des Gegenspielers Gottes, der Menschen in seine Abhängigkeit bringen möchte und sie zerstört. Wir müssen wieder in den Blick bekommen, daß es okkulte Belastung und Besessenheit gibt. Hier sind Seelsorger ganz neu gefragt, ihre Hilfen anzubieten und die Befreiung in Jesus Christus zu predigen. Okkulte Praktiken wie Pendeln, Kartenlegen, Gläserrücken, Schwarze Messen oder magische Rituale sind keine Spiele, sondern tödlicher Ernst. Es gibt auch die finstere Seite der Macht, genannt Satan. Die aufklärerische Abschaffung des Teufels hat sich selbst als Ammenmärchen entpuppt. Christen wissen: «Dazu ist der Sohn Gottes geoffenbart worden, damit er die Werke des Teufels vernichte» (1. Joh. 3,8). Es gibt Befreiung der Gebundenen durch Jesus Christus.

Das Christentum hat Konkurrenz bekommen. Diese Situation ist für die Kirchen und Christen neu. In ihr liegt nicht nur eine Bedrohung, sondern auch eine Chance. Zum einen wird in einer Konkurrenzsituation das eigene Profil geschärft. Christen müssen sich auf die Stärken ihres Glaubens besinnen, um auf dem religiösen Markt mithalten zu können. Wenn christliche Werte nicht mehr selbstverständlich sind, müssen Christen anfangen, sie neu zu formulieren und argumentativ zu verteidigen. Die Konzentration auf das Wesentliche des kirchlichen Auftrages wird helfen, das Profil zu schärfen. Die Apologetik, d.h. die Verteidigung des Glaubens, wird eine erhöhte Bedeutung bekommen. Wir müssen wieder lernen, unsere christlichen Überzeugungen zu verteidigen, Rechenschaft abzulegen über die Hoffnung, die in uns ist (1. Petr. 3,15).

Zum anderen wird in der Konkurrenzsituation Ballast abgeworfen. Die Kirchen müssen sich von lästigen Gewohnheiten befreien, um Kraft für die Auseinandersetzung zu gewinnen. In den Kirchen muß sich die Spreu vom Weizen trennen. Reine Mitläufer werden sich lösen, der harte Kern der Gläubigen wird sich sammeln. Diese Beschneidung wird den Kirchen guttun, wenn sie auch schmerzhaft sein wird. Zum Ballast gehören vielleicht manch unnütze Aktionen, die wir aus Tradition seit Jahrzehnten durchführen, die sich jedoch längst überlebt haben. Zum Ballast gehört manche finanzielle Aufgabe, die zum Selbstläufer geworden ist, aber mit den Zielen der Gemeinde nicht mehr übereinstimmt. Jede Gemeinde sollte sich fragen, wo Lasten über Bord geworfen werden müssen, damit das Schiff wieder flottgemacht werden kann.

In der religiösen Sprache müssen wir radikal umdenken. Der Glaube an Gott ist nicht mehr automatisch mit dem Glauben an den biblischen Gott gleichzustellen. Hier muß nachgefragt werden. Was versteht mein Zeitgenosse wirklich unter der Vokabel «Gott»? Die Wiedergeburt wird häufig als Reinkarnation mißverstanden. Gotteserlebnisse haben heute viele Menschen, auch außerhalb des Christentums. Und auch der Name «Jesus» ist suspekt geworden: Ist es der Jesus in Indien oder Jesus, der soziale Befreier, oder der biblische Christus? Deshalb sollten Christen nicht nur von «Jesus», sondern von «Jesus Christus» sprechen. Manchmal wird es nötig sein, auf liebgewordene fromme Begriffe zu verzichten, um keine Mißverständnisse aufkommen zu lassen. Vor allem muß klar sein, was wir unter bestimmten religiösen Vokabeln verstehen, sonst werden wir aneinander vorbeireden. Dieser Tatbestand gilt insbesondere für die Dialogprogramme mit anderen Religionen, die häufig die gleichen Begriffe für ganz unterschiedliche Vorstellungen gebrauchen.

Am verhängnisvollsten erscheint mir der religiöse Pluralismus zu sein, denn hier geht es um die Heils- und die Wahrheitsfrage. Wir müssen wieder begreifen, daß der christliche Glaube keine Philosophie für ein besseres Leben ist, sondern die Erlösung von der ewigen Verdammnis. Es geht nicht um ein besseres Leben auf der Erde, es geht um ewiges Leben oder ewigen Tod! Bei aller Diskussion mit Vertretern anderer Religionen wird der Ernst der Fragestellung an den Rand gedrängt: Andere Religionen führen nicht zum Heil und nicht zu Gott, soviel Gutes sie auch mitbringen. Es gibt nur ein Entweder-Oder. Die Wahrheit ist unteilbar. Es geht kein Weg an der biblischen Wahrheit vorbei: «In keinem anderen Namen liegt das Heil», das wußten schon die Apostel (Apg. 4,12). Wer diese Wahrheit relativiert, nimmt der christlichen Botschaft ihre Substanz und Relevanz. Der Absolutheitsanspruch des Christentums ist nicht Lieblosigkeit, sondern Wahrhaftigkeit. Christus ist nicht «ein» Weg, sondern «der» Weg zum Vater (Joh. 14,6). Eine Kirche, die diese Wahrheit zur Disposition stellt, relativiert sich selbst und verliert an Glaubwürdigkeit.

Für einen Christen ist die Lektüre des Buches «Sofies Welt» interessant und enttäuschend zugleich. Interessant zu sehen, welche Antworten die Philosophiegeschichte auf die Sinnfragen des Lebens gegeben hat. Interessant auch der Erfolg eines Buches, das als anspruchsvoll gelten darf. Enttäuschend, weil die Antworten gleichberechtigt nebeneinandergestellt werden. Das Christentum ist eine Antwort unter vielen, ein Angebot neben anderen. Das Aufregende dieses Bestsellers soll die Tatsache sein, daß keine fertigen Antworten gegeben werden. Jeder darf sich seine eigene Antwort herauspicken oder frei zusammenstellen. Der Pluralismus der Weltanschauungen führt in den Relativismus der vielen Antworten.

Trotz des Religionsbooms lebt der Mensch im Westen weiter als «praktizierender» Atheist. Obwohl er sich seine eigene Instant-Religion zusammengestellt hat, gibt ihm die Religion keine Vorgaben, die seinen eigenen Interessen widersprechen würden. Dieser gelebte praktische Atheismus, so religiös er sich auch gibt, ist keineswegs besser als der theoretische Atheismus jener Gottesleugner der Vergangenheit. Man möchte sogar sagen: Lieber ein offen ausgesprochener Atheismus als ein religiös verkleideter Atheismus. So ist es auch nötig, hinter die Schale der neuen religiösen Welle zu sehen. Die Gottlosigkeit der westlichen Gesellschaft hat sich trotz der neuen Spiritualität erhöht.

Die Renaissance des Religiösen ist zugleich Chance und Bedrohung für Christen. Eine Chance deshalb, weil wir die beste Nachricht aller Zeiten dem religiös offenen Menschen von heute verkündigen können. Wir haben es mit suchenden Menschen zu tun, die offen sind für Gott. Eine Bedrohung, weil viele Menschen mit der Kirche nichts mehr am Hut haben wollen und das Heil in außerchristlichen oder innermenschlichen Religionen suchen. Eine Bedrohung auch, weil immer mehr christliche Kirchen sich mit anderen Konfessionen und Religionen zu arrangieren suchen und die Patchwork-Religiosität in ihre Kirchen hineinziehen.

Epilog
Aufruf zur Gegenkultur

Wer mit dem Zeitgeist verheiratet ist,
wird schnell zum Strohwitwer.

SÖREN KIERKEGAARD

Sich in die Moderne einzukaufen
ist eine risikoreiche Investition.

THOMAS C. ODEN

Das Evangelium
stellt alle Kulturen in Frage.

LESLIE NEWBIGIN

In welcher Welt leben wir eigentlich? – so lautete unsere Ausgangsfrage. Die Analyse unserer Gesellschaft brachte ein buntes Bild an den Tag. Pluralismus, Toleranz, Egozentrik, Materialismus, Technisierung und neue Softwelle bilden das verwirrende Puzzle der Moderne. Viele Trends stehen nebeneinander, widersprechen sich teilweise, ergänzen sich aber auch. Die Wirklichkeit um uns ist disparat geworden. Kaum jemand kann voraussagen, wohin sich die Welt entwickeln wird. Globalisierung und Tribalisierung bedingen sich gegenseitig. Privatreligion hat die Religion als Institution abgelöst. Erlebnisse und Genüsse stehen über Wahrheit und Überzeugungen. Die sanften Werte wollen die Konfliktfelder minimieren. Der Mensch nimmt sich selbst wichtiger als früher, er sieht sich als Norm aller Dinge. Die Vielfalt der Erscheinungen und Angebote führt dagegen zur Orientierungslosigkeit.

Man könnte die Moderne mit dem Oberbegriff «Verunsicherung» charakterisieren. Folge der Verunsicherung ist Angst, ausgelöst durch Kontrollverlust. Wir kommen mit unserer Welt und unseren Mitmenschen nicht mehr zurecht. Innere Aussteiger haben ebenso Hochkonjunktur wie lautstarke Nationalisten und Seelenfänger. Die geistige Orientierungskrise ist mit Händen zu greifen. Mittlerweile wächst der Markt der Angebote an Sinnfüllern und -vermittlern. Sekten haben großen Zulauf, Nationalisten versuchen das Sinndefizit zu füllen, radikale Fundamentalisten bieten feste Burgen mit einfachen Antworten. Es ist nicht zu übersehen: Die westliche Gesellschaft stößt an ihre Grenzen. Die Dialektik der Aufklärung schlägt zurück. Das Fundament ist brüchig geworden. Krampfhaft suchen wir nach Sicherheiten. Die Widersprüchlichkeit der Welt muß noch einmal betont werden: Es gibt keine einheitlichen Trends und Erklärungsmuster mehr. Die Gegenwart ist vielfältig und komplex. Selbst diese Erkenntnis macht vielen Menschen wieder Angst und verstärkt die Verunsicherung.

Der Mensch ruft nach Orientierung in orientierungsloser Zeit. Er probiert verschiedene Heilslehren aus, ohne sich festlegen zu wollen. Er bleibt hoffnungslos religiös, aber die Funktion von Religion hat sich verändert. Sie verflüchtigt sich ins Unverbindliche, verliert ihren normativen Charakter. Die alten Götter hat man ausgetrieben, aber der Tempel steht noch. Die neuen Götter wandeln sich täglich. «Gott ist in der Neuzeit vom Thron gestoßen worden. Aber der Thron blieb ... unbeschädigt. Er funkelt unwiderstehlich und wirkt nicht nur für Visionäre und Abenteurer, sondern auch auf an Aufgebote und Marschbefehle gewohnte Welten hypnotisch. Der Thron ist nicht besetzt, aber *alle* wollen ihn besetzen.»[220] Die Suche nach Sinn ist die Suche nach den neuen Göttern für die moderne Welt.

Die Gemeinde Jesu ist in den deutschsprachigen Ländern längst ein Spiegelbild der Gesellschaft. Die «Plausibilitätsstrukturen» der Moderne formen unsere Frömmigkeit, nicht die biblischen Tugendkataloge. Nützlichkeitserwägungen bestimmen die Theologie. Wir geben uns mit einfachen Antworten auf komplexe Fragen zufrieden. Populistische Slogans siegen über abgewogene Detailantworten. Es sind nicht nur die lehrmäßigen Gefahren, die auf uns lauern. Auch der Lebensstil kann sich anpassen und von Christus wegführen. Hier sind Kurskorrekturen in der Gemeindearbeit vonnöten. Der schnöde Mammon steckt in uns allen, die Softwelle hat uns längst überschwappt. Der Individualismus zeigt sich in der Unverbindlichkeit der Gemeindeglieder. Längst hat auch der Pluralismus Religion und Auswahlmentalität der Gemeindeglieder infiziert. Die Faszination der Technik und Medien ist da. Peter L. Berger brachte es klar zur Sprache: «Im Unterschied dazu ist die evangelikale Bewegung nur partiell antimodernistisch, denn es sind nur ihre Zielvorstellungen, die mit der Moderne konfligieren, nicht aber ihr praktisches Verhalten, mit dem sie ihrerseits zur Modernisierung beiträgt.»[221]

Was tun?

Antworten auf die Herausforderungen der Moderne sind nicht einfach. Simple Schnellrezepte sind zwar in, aber nicht angemessen. Die Krise der westlichen Gesellschaftsformen ist nicht mit Hau-Ruck-Parolen zu heilen. Unsere Wirklichkeit ist zu komplex, als daß einfache Antworten helfen könnten. Christen müssen sich hüten, vorschnell mit religiösen Platitüden aufzutauchen, die niemandem weiterhelfen und nur Gleichgültigkeit gegenüber der Welt offenbaren.

Wichtig erscheint mir zunächst, daß eine genaue, detaillierte

---

[220] Peter Gross, *Die Multioptionsgesellschaft*, Frankfurt: Suhrkamp, 1994, S. 409.
[221] Peter L. Berger, *Sehnsucht nach Sinn: Glauben in einer Zeit der Leichtgläubigkeit*, 2. Aufl. Frankfurt: Campus, 1995, S. 40.

Analyse der eigenen Kultur vorgenommen wird. Schon an diesem Punkt haben Christen lange Zeit versagt. Man war zwar bereit, dicke Bücher über afrikanische und asiatische Kulturen zu schreiben, um den Missionaren Hilfestellungen zu geben. Man versäumte jedoch, ähnliche Studien über die eigene westliche Kultur zu verfassen. Den eigenen Entwicklungen gegenüber herrschte Blindheit. Von einer wie auch immer gearteten christlichen Kultur kann in großen Teilen Westeuropas keine Rede mehr sein. Unsere Kultur ist höchstens eine «postchristliche» Kultur. Ob sie auch eine «prächristliche» ist, muß die Zukunft erweisen.

Erst nach einer genauen Diagnose der Moderne können wir über Therapien nachdenken. Hier sind wir alle gefordert. Ein einzelner ist heute unmöglich in der Lage, auf diese schwierigen Probleme konstruktive Antworten zu geben. Deshalb brauchen wir viele «Runde Tische», an denen sich Experten aus verschiedenen Gebieten zusammenfinden, um gemeinsame Lösungen zu formulieren. In unseren Gemeinden brauchen wir Foren, in denen sich alle an der Problemlösung beteiligen. Reden wir als Christen miteinander über Technik, Erlebnisse und Medien. Sprechen wir in den Predigten offen diese Sachverhalte an. Diskutieren wir in Hauskreisen über Medienpädagogik, Erziehung, Ehe, Verbindlichkeit und Politik. Kümmern wir uns um eine tiefe, lehrmäßige Verkündigung in unserer Gemeinde. Achten wir auf Seelsorge, Tiefgang und Gemeinschaft. Wieweit kann ich auf die Bedürfnisse der modernen Menschen eingehen, wo muß ich mich dagegen wehren? Große Fragen, keine Patentrezepte. Aber dringend notwendige Herausforderungen für uns alle, die uns ins Gebet und in die Buße treiben, um von Gott Hilfen zu erbitten.

Welche Antworten haben Christen auf die Orientierungslosigkeit der Moderne? Man mag verzweifeln angesichts der Situation unserer Gesellschaft. Läßt sich überhaupt noch etwas ausrichten angesichts der fundamentalen Säkularisierung? Selbst bei überzeugten Gläubigen höre ich Zeichen der Resignation. Ist diese Welt noch zu retten? Sollen wir sie nicht lieber ihrem gottgegebenen Schicksal überlassen? Verzetteln wir uns nicht in den öffentlichen Initiativen?

Alle diese Einwände haben ihre Berechtigung. Diese Welt bleibt die gefallene Schöpfung Gottes, die der Herr der Welt eines Tages durch eine neue Welt ersetzen wird. Es wäre eine Utopie zu denken, daß wir eine vollkommen christliche Gesellschaft schaffen könnten. Viele Aktivisten haben in der Geschichte versucht, das «Neue Jerusalem» auf Erden zu errichten. Alle diese Experimente scheiterten an der Sündhaftigkeit der Menschen und der Gefallenheit der Schöpfung. Wir können und sollen nicht den Himmel auf der Erde schaffen. Das Paradies kommt noch, und zwar vom Himmel her. Irdische Heilslehren müssen scheitern. Ob Marxismus oder Faschismus: Innerweltliche Paradiesversprechen bleiben Ideologien und damit Utopien.

Und doch ist Resignation nicht die Antwort des Christen auf die Herausforderungen der Moderne. Christen sind und waren zu allen Zeiten die Hoffnungsträger in einer dunklen Welt. Sie sind «Salz» und «Licht» und damit Verantwortungsträger in der Gesellschaft. Christen freuen sich (hoffentlich) nicht über die Situation unserer Welt, sondern packen an, um die Situation zu verändern. Christen sind zwar nicht von der Welt, aber immer noch in der Welt (Joh. 17,11 und 14). Aber gerade Letzteres macht uns Probleme. Die Spannung zwischen verhängnisvoller Weltanpassung und notwendigem Weltzugewandtsein hält uns in Atem. Weltverneinung führt in ein fatales Ghettodasein, Weltbejahung in die Umklammerung des Zeitgeistes. In dieser Spannung leben wir Christen, ob wir das wollen oder nicht.

Wie können wir aber konkret in dieser Welt leben? Wie verhalten wir uns angesichts der Moderne? Drei Reaktionen sind denkbar: Absonderung, Anpassung oder Auseinandersetzung.

Viele konservative Christen lehnen die Moderne rigoros ab, obwohl auch sie im praktischen Verhalten moderner sind, als sie denken. Sie verwerfen lautstark jeden Pluralismus und Individualismus, betonen die Tradition und stehen allen Veränderungen kritisch gegenüber. Zunächst scheint dieser Ansatz verlockend. Angesichts der aufgezeigten Gefahren der Moderne scheint der Rückzug in die Festungen angebracht. Die separatistischen Ablehner ziehen sich ja völlig aus der Gesellschaft zurück. Man resigniert vor der Situation und sieht keine Möglichkeit der Veränderung. Um die Mitglieder der Gruppe vor dem Modernismus zu schützen, geht man in die Separation. Strenge Verhaltensvorschriften sollen den sicheren Rahmen schaffen. Man kreiert sich seine eigene Infrastruktur. Religionssoziologisch spricht man hier von einer Sektenstruktur. Dabei kann es sich um kleine, in sich geschlossene Lebensgemeinschaften handeln, wie die Hutterer oder die Amish People, aber auch um große Kirchengebilde.

Diese Form der Ablehnung ist unter konservativen Christen stark vertreten. Man hat sich innerlich längst von der Moderne verabschiedet, sieht die Welt rein pessimistisch unter apokalyptischen Sichtweisen, versucht die eigene Jugend vor der Welt zu beschützen, igelt sich in den eigenen Gemeinderäumen ein, schafft sich eigene Verlage, eigene Musik, eigene Mode, eigene Sprache, um nur ja nicht mit der bösen Welt in Berührung zu kommen.

Radikale Separation von der Gesellschaft hat eine lange Geschichte. Die jüdischen Ghettos waren z.B. aufgezwungene Subkulturen. In der Frühen Kirche sammelten die Montanisten ihre abgesonderten Anhänger in Kleinasien, um dort auf die Wiederkunft Jesu zu warten. Auch die Täufergemeinden haben manche solcher «Alternativgesellschaften» gegründet, weil sie das politische Engagement als unbiblisch betrachteten. Gleiches gilt für die Kommunen des «Radikalen Pietismus», in denen eine mystische Frömmigkeit entstand und in denen eine eigenständige Sozialstruktur gelebt wurde. Konservative Freikirchen wie die exklusive Brüderbewegung betonen ebenfalls die totale «Absonderung von der Welt». Weitere Beispiele finden sich im amerikanischen Fundamentalismus seit den 40er Jahren, als die Absonderungsfrage zum entscheidenden Kriterium für Rechtgläubigkeit wurde. Eine Verweltlichung sah man dabei nicht nur durch falsche Heilslehren gegeben, sondern auch durch bestimmte Formen des Lebensstils wie Tanzen, Kartenspielen, Kunst, Musik und Literatur. Den Mitgliedern des Separatismus galten derlei Dinge als «weltlich», sie mußten gemieden werden.

Es ist allerdings die Frage, ob dieser Weg der totalen Separation von der Welt wirklich gottgewollt ist. In der radikalen Scheidung von Welt und Gemeinde übersieht man, daß die Schöpfung trotz aller sündigen Strukturen immer noch Schöpfung *Gottes* geblieben ist. Die Unterscheidung von Sünde und Gerechtigkeit, so richtig sie im geistlichen Bereich ist, läßt sich auf der Ebene der Schöpfung nicht immer klar erkennen. Auch Nichtchristen können als Ebenbilder Gottes richtige Einsichten haben. Naturwissenschaftliche Experimente, musikalische Gesangseinlagen, delikates Essen, philosophische Erkenntnisse und Analysen sind ja nicht nur dann wahr und richtig, wenn sie von Christen vorgeführt werden. Das Gegenteil scheint oft der Fall zu sein. Die besten Analysen unserer zeitgeschichtlichen Situation stammen aus den Federn von Menschen, die sich nicht oder nur in abgeschwächter

Form zum christlichen Glauben bekennen. Die größten Wissenschaftler der Moderne stehen dem christlichen Glauben oft gleichgültig gegenüber. Daß ihre Erkenntnisse zweifelsfrei auch Wahrheit enthalten, ist nicht zu leugnen. Damit bestätigt sich eine alte Überzeugung: «Gott wirkt auch in und durch die sündige Welt.» Da die Menschen trotz des Sündenfalls immer noch Ebenbilder Gottes sind, sind sie zu großen Leistungen fähig. Das entläßt sie nicht aus der Notwendigkeit, Buße zu tun, um das ewige Heil zu erlangen. Aber es erschwert die klare Zuordnung von «geistlich» und «weltlich» in unserer Zeit.

Zudem bleibt fraglich, ob der Weg der Separation überhaupt erfolgreich sein kann. Spätestens dann, wenn die abgesonderten Menschen durch irgendwelche Gründe doch mit der Moderne konfrontiert werden, gerät die heile Welt aus den Fugen. Jugendliche brechen aus und gehen in das andere Extrem. Es ist immer gefährlich, wenn ein geschlossenes System die Fenster öffnet und nicht vorher die Mitglieder auf den Umgang mit der Welt vorbereitet hat. Heutzutage ist es unmöglich, die Fenster luftdicht verschlossen zu halten. Irgendwann dringt die Moderne hinein, und dann mit fatalen Folgen. Deshalb ist es nötig, daß wir uns mit der Welt um uns herum auseinandersetzen, unsere Kinder darauf vorbereiten und gemeinsam Lösungen für unseren eigenen Lebensstil entwickeln.

Der Rückzug in die sicheren Burgen ist zudem modern, nicht altmodisch. Er ist ein religiöses «Cocooning», ein Rückzug in die eigene heile Kuschelwelt. Aussteiger sind in, passen zum augenblicklichen Trend. Das heißt, der Rückzug ist nicht die Antwort auf die Moderne, sondern eine Ausprägung von ihr. Sie führt nur zu einer weiteren Subkultur neben unzähligen anderen. Schon deshalb kann diese Art der Lebensführung keine überzeugende Antwort auf die Herausforderungen unserer Zeit sein.

Der zweite Weg im Umgang mit der Gesellschaft ist der Weg der Anpassung. Große Teile des Protestantismus haben mittlerweile diese Richtung eingeschlagen. Man paßt sich an die augenblicklichen gesellschaftlichen Verhältnisse an. Auch die Theologie wird nach der Tagesmode ausgerichtet. Ist die Gesellschaft auf dem Psychotrip, kommt die Psychotheologie. Wird nach New Age gerufen, taucht das Wassermannevangelium auf. Plötzlich meint man, schon in der Bibel die Grundlage für den Pluralismus zu finden. Gleiches gilt für den Feminismus. Und spricht nicht schon der Schöpfungsbericht von Umweltschutz und Ökologie? Man hängt das Fähnchen in den Wind und gibt sich der Beliebigkeit preis. Man macht die Konzessionen, die die Gesellschaft verlangt. In dem Zwang, marktfähig bleiben zu müssen, sind Kompromisse unausweichlich.

Schon die Theologie Rudolf Bultmanns läßt sich hier einordnen. Bultmann wollte keineswegs den christlichen Glauben auslöschen. Sein Hauptziel hieß: Wie können wir angesichts der Moderne mit ihrem technischen Fortschritt überhaupt noch von Glauben sprechen? Seine Antwort lag in der sogenannten existentialen Interpretation. In der Engführung auf den Menschen der modernen Zeit seien alle neutestamentlichen Texte zu interpretieren. Diese Reduktion des Glaubens war zwar eine kategorische Aktualisierung, aber gleichzeitig eine Auslieferung an die gottlosen Überzeugungen der Moderne. Bultmann wollte den Glauben retten und opferte ihn auf dem Altar des Zeitgeistes.

Problematisch an diesem zweiten Weg ist die Tatsache, daß der christliche Glaube sich hier mit der Zeit selbst auflöst. Da es keine unhinterfragbaren biblischen Normen mehr geben kann, stellt sich die Frage, warum nicht der ganze christliche Glaube irgendwann von den gesellschaftlichen Entwicklungen überrollt werden kann. Gibt es in einer pluralistischen und relativistischen Gesellschaft überhaupt noch einen Grund, der dagegen spricht, den Glauben an Gott als unwichtige Option über Bord zu werfen? Außerdem muß man die klaren Gebote der Bibel uminterpretieren. So sieht man in ihnen kultur- und zeitgebundene Vorstellungen der Autoren, die für unsere Zeit keine Relevanz mehr hätten. Parallel mit der Anpassung an den Zeitgeist kommt es daher zu einer Relativierung der biblischen Gebote.

Die Anpassung der Gemeinde Jesu an den Zeitgeist geschieht in einer Zeit, in der das Experiment des Liberalismus als gescheitert gelten kann. Weltweit wenden sich viele Theologen und Laien von den destruktiven Ergebnissen der liberalen Theologie ab. Gerade dieser Liberalismus hat von Anfang an die Anpassung an die gesellschaftlichen Trends auf seine Fahnen geschrieben. Um den Glauben an Gott den Menschen schmackhaft zu machen, war man bereit, fundamentale Glaubenswahrheiten an die gegebene Situation anzupassen. Dieses Experiment ist gescheitert. Der Liberalismus hat die Kirchen nicht gefüllt, sondern geleert. Resignation macht sich breit. Deshalb kann man es nur als Anachronismus bezeichnen, daß in einer Zeit des Niedergangs des Liberalismus evangelikale Gemeinden unbewußt auf die Strategie ihrer Gegner überschwenken.

Ein weiterer Anachronismus der Anpassung an den Zeitgeist liegt darin, daß dieser Zeitgeist selbst in eine Krise geraten ist. Es ist nicht so, daß die Moderne oder die Postmoderne die besseren Antworten auf die Lebensfragen der Menschen bereithalten würden. Das Gegenteil ist der Fall: Die Fundamente der Moderne bröckeln an allen Ecken und Enden. Der moderne Mensch findet keine letztgültigen Antworten mehr. Der Pluralismus hat zu einer Orientierungslosigkeit ohnegleichen geführt. Das ethische Dilemma ist mit Händen zu greifen. Angst gilt als Grundgefühl der westlichen Gesellschaft. Trendforscher beklagen die fundamentale Sinnkrise der Moderne. Wie eigentümlich erscheint es in einer solchen Situation, wenn Kirchen sich diesem Zeitgeist in die Arme werfen und meinen, auf diese Weise wieder ihre Gottesdienste füllen zu können.

Ich persönlich halte es mit der dritten Variante, die der ersten näbersteht als der zweiten, sie aber erheblich modifiziert. Sie übersieht nicht die großen Gefahren der Moderne. Sie paßt sich nicht den augenblicklichen Trends an. Aber im Gegensatz zum ersten Modell beschäftigt sie sich intensiv mit den Grundlagen der Moderne. Es ist nicht die Haltung der totalen Separation. Im Gegensatz zum Exklusivismus setzt man sich hier mit der Moderne auseinander. Man liest die Bücher der «Welt», reflektiert über ihre Grundlagen, um aus missionarischen Gründen den modernen Menschen zu verstehen. Diesen Ansatz möchte ich als «konstruktive Ablehnung» bezeichnen. Sie arbeitet konkret an einer Veränderung der Welt, wohl in dem Bewußtsein, daß das Chaos nicht aufgehalten werden kann. Diese Einstellung wehrt sich gegen Fatalismus und Passivität, um nicht schuldig zu werden. Man zieht sich nicht in die eigene Subkultur zurück, sondern geht offensiv auf den Zeitgeist zu.

Dieser Weg der konstruktiven Ablehnung ist gefährlicher als der Weg der destruktiven Ablehnung. Vielleicht wird dieser Weg auch einige Opfer kosten. Er muß auf jeden Fall in den Gemeinden sehr behutsam beschritten werden. Nicht jeder wird die Kraft haben, ihn zu gehen. Er kostet vor allen Dingen wesentlich mehr Kraft und Energie. Aber vom Ende her gesehen ist dieser Einsatz nicht vergeblich. Dieser Weg ist eine Pflicht für Menschen in Verantwortungspositionen in der Gemeinde Jesu, für Pastoren, Älteste, Diakone und Mitarbeiter. Gerade sie haben eine Verantwortung für die Menschen, die Gott ihnen anvertraut hat. Gerade sie müssen sich in dieser Welt auskennen, um zu wissen, was die Gemeinde Jesu zu tun hat. Die konstruktive Ablehnung der Grundlagen der modernen westlichen Kultur ist für diese Menschen eine geistliche Notwendigkeit, um ihrer Verantwortung vor Gott gerecht zu werden.

Eine wichtige Grundüberzeugung dieses dritten Weges ist die Einsicht, daß Gott der Herr aller Lebensbereiche ist. In einer Zeit, wo der Glaube kaum noch Konsequenzen fordert und nur meinen eigenen Lebensstil unterstützen soll, revolutioniert ein solcher Ansatz die Vorstellungen von Religion. Durch die Hinwendung zu Gott werden hier alle Bereiche des menschlichen Seins vollkommen neu gestaltet. Buße wird hier im biblischen Sinne als konsequentes «Umdenken» verstanden, eine radikale Wandlung des gesamten menschlichen Seins. Keine Interessenlage des Lebens ist hier ausgenommen. Denken und Handeln werden von Christus her bestimmt, nicht mehr von meinem autonomen Wollen. Denken heißt nun: Denken von Gott her. Handeln meint: Ich halte mich an die Gebote Gottes als Leitplanken des Lebens. Der Glaube ist in diesem Konzept keine Zugabe, sondern Grundlage des Lebens. Alle Bereiche des Profanen werden vom Heiligen durchdrungen. Auch alle Wissenschaftsgebiete wie Medizin, Jura, Ökonomie, Geschichte und die klassischen Naturwissenschaften sind in diesem Gesamtkonzept betroffen. Der christliche Glaube hat einen Universalanspruch. Jede Wirklichkeitsschau findet ihre Mitte in Gott und seiner Offenbarung. Die Hinwendung zum Glauben eröffnet dem Menschen eine neue Sicht des Lebens und der Wirklichkeit. Wie in alter Zeit hat diese Form der Religion fundamentale Auswirkungen auf das menschliche Sein.

Neben dieser grundlegenden Revision unserer Vorstellung von Glaube und Religion wird es in unserer orientierungslosen Welt nötig sein, daß wir wieder Verhaltensweisen einüben. Die Monotonie des Alltags und die hohen Anforderungen von Beruf und Familie führen dazu, daß wir keine Zeit und Kraft für Verhaltensänderungen mehr aufbringen. Wenn wir jedoch einen radikalen Lebenswandel vollziehen wollen, müssen wir konsequent daran arbeiten. Auch hier wird es gut sein, mit einer Gruppe von

Gleichgesinnten gemeinsam Projekte anzugehen, um das eigene Verhalten zu überprüfen und nach den Maßstäben Gottes zu korrigieren. Dazu können hier nur einige grundlegende Hinweise gegeben werden.

Ruhe und Geduld sind heute fehlende Charaktereigenschaften. Der Mensch ist unruhig, weil er auf der ständigen Suche nach seiner Identität ist. Wir werden laufend durch die Medien bombardiert. Unsere Städte brodeln vor Unruhe. Die Hektik nimmt uns alle gefangen. Geduld ist nicht unsere Stärke, weil alles sofort erledigt werden muß und wir nichts verpassen wollen. Da wir die Ewigkeit verloren haben, wird die Zeit zur Frist. An diesem Punkt sind Christen gefragt, aus der gefundenen Identität ihrer Gottesbeziehung heraus ruhende Pole in der Brandung zu sein. Weil Christen wissen, daß sie unter Gottes Vorsehung leben, müssen sie nur das in der Welt wirken, was Gott ihnen aufgetragen hat. Gott sitzt im Regiment – diese Überzeugung läßt den Christen ruhig schlafen. Er hat Geduld, weil er weiß, daß Gott zu seinem Ziel kommt. Er muß im Hier und Jetzt nicht alles erreichen, denn das Schönste kommt ja noch. Und Gott ist auf uns sowieso nicht angewiesen; er hat viele Möglichkeiten, mit seinem Plan ans Ende zu kommen.

Gelassenheit ist ein weiteres Desiderat in unserer Gesellschaft. Matthias Horx, beileibe kein Evangelikaler, bringt es auf den Punkt. Er schreibt: «Gelassenheit, diesen Mega-Wert in einer Zeit der Unruhe, des Lebens-Stresses und der Verunsicherung, hat man eben, wenn man seinen Jesus hat – und er ist auch im spirituellen Supermarkt ringsherum kaum zu haben… Gottvertrauen nannte man das früher – eine heute, um im Marketing-Jargon zu bleiben, enorm begehrte Ware, um die diesen komischen, riesigen, alten Verein [gemeint ist die Kirche] jeder Marketing-Manager brennend beneiden würde.»[222] Menschen, die Gott vertrauen, dürfen gelassen sein. Sie entlasten sich von dem Druck, alles selber schaffen zu müssen. Sie rechnen mit den Möglichkeiten Gottes in den Unmöglichkeiten der Welt. Gottvertrauen ist nur ein anderes Wort für «Glauben». In dieser wirren Zeit von

[222] Matthias Horx, Trendbüro, *Trendbuch 2: Megatrends für die späten neunziger Jahre*, Düsseldorf: Econ, 1995, S. 129.

heute sind Christen herausgefordert, nicht Glauben an sich selbst, sondern an einen großen Gott zu leben.

Der moderne Mensch hat, obwohl ihm scheinbar alle Möglichkeiten offenstehen, Angst. Angst vor dem Alleinsein, dem Versagen und der Zukunft. Zu Recht hat der umstrittene Theologe Eugen Drewermann die Angst als Grundproblem der modernen Gesellschaft bezeichnet. Auch an diesem Punkt haben Christen etwas zu sagen. Sie wissen um die Zukunft der Welt und brauchen sich nicht zu fürchten, weil Gott im Regiment sitzt. Sie brauchen keine Angst vor dem Versagen zu haben, weil sie eine realistische Selbsteinschätzung haben und sich nicht profilieren müssen. Gelebte christliche Liebe ist immer ein Angriff auf die Angst.

Alle diese Eigenschaften hängen eng mit dem Gebet zusammen. Wir beten so wenig, weil wir alles selber schaffen wollen. Wir wollen nicht abhängig sein, auch nicht von Gott. Der Beter kommt immer mit leeren Händen, er ist ohnmächtig, er bittet um Hilfe. All das widerspricht unseren autonomen Begierden. Wir wollen es selber packen, brauchen keine Hilfe, wollen keine Schwäche zeigen. Das Gebet wird noch den Alten und Kranken zugestanden. «Da hilft nur noch beten», das sagen wir erst, wenn wirklich alles Menschliche ausgeschöpft ist, statt zu sehen, daß wir alles nur durch Gottes Hilfe schaffen können und jeder kleine Handgriff nur möglich ist, weil Gott uns die Kraft dazu verleiht. Wir haben die Wirklichkeit gespalten, meinen, wir könnten bis zu einem bestimmten Grad ohne Gott leben. Dabei haben wir die Worte Jesu nicht begriffen: «Ohne mich könnt ihr gar nichts tun» (Joh. 15,5). Ohne Gottes Gnade könnte niemand auf dieser Welt morgens auch nur einen Schritt vor die Türe tun.

Wir müssen wieder das Beten lernen. Beter verändern die Welt weit mehr als alle Aktivisten. Beten ordnet meine Gedanken, richtet mich aus, weg von mir, hin zu Gott. Beter sind Menschen mit der richtigen Grundeinstellung, sind Verneiner des Individualismus. Die Endzeit ist ein Dieb der Gebetszeit. Wenn wir nicht zur Ruhe vor Gott kommen, werden wir auch keine Ruhe für uns selbst finden. Wir müssen aber auch richtig beten: nicht nur für mich und meine Bedürfnisse, nicht nur für meine Gemeinde und meinen Hauskreis, sondern für alle Menschen. Auch für Politiker, Richter, Manager und Funktionäre. Wahre Beter nehmen die Welt mit in ihre Gebete und weiten damit ihren Blick für das Ganze.

Wir müssen auch wieder lernen, mit unserem Erbe und unseren Traditionen richtig umzugehen. Jeder Mensch ist von Gott in einen bestimmten Traditionszusammenhang hineingestellt worden. Die Familie verwaltet ein angestammtes Erbe, das viele Generationen alt ist und Stabilität und Sicherheit bietet. Unsere Heimat ist ein weiteres Erbe, das dem Menschen Orientierung bietet. Christen wissen um das Erbe ihrer Väter und Mütter des Glaubens, die unter erheblichen Leiden und Verfolgungen den Glauben treu bewahrt haben. Unserer Nation hat Gott viel Segen geschenkt. Auch dieses Erbe darf nicht der Beliebigkeit preisgegeben werden. Wir stehen auf den Schultern unserer Väter, trinken aus ihren Bechern, leben von ihren mühsam errungenen Schätzen. Wehe uns, wenn wir in nur einer Generation diese Schätze verprassen. Dann haben wir unseren Kindern nichts mehr mitzugeben als eine wertlose Lumpensammlung traditionsloser Vergnügen.

Deshalb ist es nötig, daß wir uns der Geschichte erinnern. Wer die Geschichte nicht kennt, ist dazu verdammt, sie zu wiederholen und die gleichen Fehler zu machen wie unsere Vorfahren. Die systematische Reduktion des Geschichtsunterrichtes in der Schule hat sich längst als Fehler herausgestellt. Aber nicht nur dort: Auch in der Gemeinde ist es dringend nötig, daß wir an Gottes Werke in der Geschichte erinnern. Die Geschichte beginnt nicht erst mit uns! Durch die Geschichte können wir Entwicklungen in der Moderne erst richtig verstehen. Wer die Geschichte kennt, der kann auch die Zukunft gestalten. Trotz aller Fehlentwicklungen können wir durch den Blick in die Vergangenheit viel für die Gegenwart lernen. So werden wir auch die Traditionen wieder schätzen lernen, ohne daß wir sie in allen Einzelheiten übernehmen müßten. Auch für Christen gilt, daß sie das Erbe ihrer geistlichen Väter und Mütter festhalten sollen.

Aber in erster Linie gibt uns das Neue Testament, geschrieben auf dem Hintergrund des pluralistischen Synkretismus des römischen Reiches, Antworten auf unsere bedrängenden Fragen. Die Situation des ersten Jahrhunderts ist vergleichbar mit unserer Situation am Ende des 20. Jahrhunderts. Paulus schreibt z.B. an die Philipper: «Kämpft für den Glauben des Evangeliums, laßt euch in nichts von den Widersachern erschrecken … Denn euch ist es im Blick auf Christus geschenkt worden, nicht allein an ihn zu glauben, sondern auch für ihn zu leiden, da ihr denselben

Kampf habt, wie ihr ihn an mir gesehen habt und jetzt von mir hört» (Phil. 2,27-30). Dieser Text enthält drei Glaubensregeln, die für unsere Situation grundlegend wichtig sind: Kampfbereitschaft, Leidensbereitschaft und Vorbildfunktion.

Wir haben das Kämpfen verlernt. In einer Welt der Harmonie und des Ausgleichs sind Kämpfer unbeliebt geworden. Besonders wir Deutsche haben ja auch mit dem Kampf und der Auseinandersetzung schlechte Erfahrungen gemacht. Bis in unsere Entscheidungsgremien in Politik und Gesellschaft hinein suchen wir den Konsens, den Kompromiß. So richtig und gut eine solche Ausgleichspolitik in manchen Fragen des Zusammenlebens sein mag: Es gibt jedoch Werte und moralische Kategorien, die nicht zur Debatte stehen. Ehrlichkeit, Wahrheit, Liebe und Gott stehen nicht zur Disposition. Hier geht es nicht um Konsens oder um den Mittelweg. Es gibt unhinterfragbare Werte, für die wir wieder kämpfen müssen. Wir sind aber feige geworden, ziehen uns zurück in unsere Kokons, statt ins Gefecht zu ziehen. Wir haben Angst, Verletzungen davonzutragen, Nachteile in Kauf nehmen zu müssen, Beziehungen zu belasten. Dabei gibt es in dieser Welt keinen Sieg ohne Kampf.

Ivan Illich hat einmal bedauernd von der «Zerstörung der Kunst des Leidens und des Sterbens» gesprochen. Wir können nicht mehr leiden, sind leidensscheu geworden. Wir wollen auch nicht mehr leiden. Woher sollten wir es auch können? Hunger, Krieg, Entbehrung und Elend hat nur noch die ältere Generation erlebt. Christenverfolgung kennt man nur aus der Literatur. Unsere Leidenskategorien haben andere Dimensionen: keine Karten mehr bekommen für das Fußball-Länderspiel, der Urlaub an der Costa Brava war verregnet, mein Antrag auf einen neuen Klingelbeutel wurde in der Gemeindeversammlung niedergeschlagen. Banalitäten werden zu Katastrophen hochstilisiert. Fassungslos stehen wir dagegen vor dem Bett eines Schwerkranken und finden die Worte nicht, sind unfähig, mit Leiden umzugehen. Die kleinste Erkältung läßt bei uns wehleidigen Europäern die Welt einstürzen. Die Proportionen haben sich ganz offensichtlich verschoben.

So müssen wir wieder lernen zu leiden, auch für unseren Glauben. Obwohl die Gottlosigkeit unserer Gesellschaft überall zu spüren ist, leiden wir Christen nicht. In einer toleranten, säkularisierten Gesellschaft gibt es keine Christenverfolgung. Damit wiegt man die Christen in der Illusion, alles sei nicht so schlimm, man habe ja noch alle Freiheiten. Aber muß es denn erst zu körperlichen Leiden kommen, bis wir aufwachen? Christen können und müssen heute schon anfangen, unter der Situation unserer westlichen Welt zu leiden – sonst haben sie von unserer Welt nichts verstanden. Nur der Leidende kann wirklich Mit-Leid haben mit der sterbenden Welt. Von Christus heißt es mehrfach, daß er «innerlich bis ins Tiefste bewegt war» angesichts der geistlich verschmachteten Volksmenge. Und wir müssen wieder lernen, für die wichtigste Sache in unserem Leben Entbehrungen und Opfer auf uns zu nehmen, für den Glauben an Christus. Damit rede ich keiner Leidenssehnsucht das Wort, sondern rufe auf zur konsequenten Bereitschaft, alles hinzugeben für den, der auch alles hingab für uns.

Was der moderne Mensch besonders braucht und schätzt, sind echte Vorbilder.[223] Wir benötigen mehr Menschen, nach denen wir uns ausrichten können. Helmut Kohl sagt zurecht: «Ein Land ohne Eliten, ohne Vorbilder, hat keine Zukunft.»[224] Wir haben keine Gesinnungstäter mehr. Uns fehlen Menschen mit tiefen Überzeugungen, die auch andere für ihre Überzeugungen begeistern können. Die Moderne kreiert Meinungen, aber keine Überzeugungen. Was uns fehlt, sind Menschen mit Charakter, die fest und unerschrocken für ihre Ziele einstehen. Wir brauchen wieder Persönlichkeiten, nach denen sich andere ausrichten können. Charakter formt sich aus festen Prinzipien, die durch eine Weltanschauung gebildet werden. Dazu gehören Tugenden wie Sparsamkeit, Fleiß, Ordnung, Gehorsam und Selbstdisziplin. Die postmoderne Bodenlosigkeit hat uns den Charakter gestohlen. Wir wägen alles ab, bleiben in unserer Antwort schwammig, wechseln dauernd unsere Meinung, haben keine Standpunkte mehr.

Was uns fehlt, sind geistliche Persönlichkeiten, Männer und Frauen Gottes, die ihr Fähnchen nicht nach dem Wind drehen, sondern die unerschrocken dem Zeitgeist und der Mehrheitsmeinung entgegenstehen, weil sie von ihren persönlichen Tugenden

---

[223] Nach der EMNID-Umfrage geben 44 Prozent der Jugendlichen an, daß sie keine Vorbilder hätten.
[224] Kai Diekmann/Ralf Georg Reuth, *Helmut Kohl: Ich wollte Deutschlands Einheit*, Berlin: Ullstein, 1996, S. 179.

und Werten überzeugt sind. Wir brauchen Persönlichkeiten mit Rückgrat, auf die man sich verlassen kann und die berechenbar sind, weil sie eine feste Basis für ihr Leben gefunden haben. Christen sollten eigentlich solche Menschen sein, weil sie die Konstante des Glaubens in Christus haben. Der Wunsch nach Tiefgang und ganzheitlichen Konzepten sollte uns Christen anspornen, durch die praktische Tat der Nächstenliebe und durch sichtbare Beispiele in Familie und Beruf auf den Glauben an Christus hinzuweisen. Eine ruhige, ausgeglichene Art in der Hektik und im Streß des Alltags kann mehr bewirken als jedes Traktat. Ein bewußter Verzicht auf unnötige Konsumgüter, ein rechter Umgang mit Medien, ein gesundes Familienleben, eine stabile Ehe oder ein mutiges Nein zu Homosexualität und Abtreibung sind auffallende Positionen, die für sich selbst sprechen. Der moderne Mensch wird hellhörig, wenn er Leute mit einem festen Standpunkt trifft. Wir brauchen Persönlichkeiten, die sich von Gott gebrauchen lassen und bereit sind, anzupacken.

Auch in evangelikalen Kreisen interessiert sich heute kaum noch jemand für Theologie und Dogmatik. Schon die Nennung dieser Stichworte ruft bei vielen Gemeindegliedern Horrorvisionen und Proteste hervor. Man denkt an langweilige Orthodoxie, lehrmäßige Streitereien und gesetzliche Enge. Was reicht, sind ein paar Jüngerschaftskurse. Für Anspruchsvolleres hat man keine Zeit. Slogans ersetzen die Theologie. Schnellmethoden verdrängen die Bibelstudien. Für manche ist es einfach zu anstrengend, sich intellektuell mit z.T. abstrakten Wahrheiten auseinanderzusetzen. Man ist der Reflektion müde, die Praxis siegt über die Theorie, das Denken wird abgeschaltet. Peter Berger sah diese Entwicklung schon Anfang der 60er Jahre voraus und warnte: «Wenn Kirchen die Theologie aufgeben oder mißachten, dann geben sie die intellektuellen Werkzeuge preis, mit denen der christliche Glaube ausgedrückt und verteidigt werden kann.»[225] Der freundliche, nette Evangelikale hat ein fröhliches Herz, aber einen leeren Verstand.[226]

---

[225] Peter Berger, *The Noise of Solemn Assemblies*, Garden City: Doubleday, 1961, S. 124. Übersetzung vom Verfasser.
[226] Vgl. die harte Anklage von Os Guinness, *Fit Bodies, Fat Minds: Why Evangelicals Don't Think and What to Do About It*, London: Hodder & Stoughton, 1995.

Was wir brauchen, ist eine bibeltreue, evangelikale Theologie, die auch von der Kultur des Westens wahrgenommen und ernstgenommen wird. Die Beachtung von elementaren dogmatischen Wahrheiten war Jahrhunderte die Mitte des christlichen Glaubens. Der christliche Glaube ist nicht Glaube an irgend etwas, sondern Glaube an bestimmte Wahrheiten. Es gibt keine Erneuerung der Gemeinde Jesu ohne eine Erneuerung der Theologie. Es ist ein verhängnisvoller Trugschluß zu glauben, wir könnten langfristig Gemeinde Jesu bauen ohne ein theologisches Fundament. In den Stürmen der Zeit wird sich keine Kirche längerfristig halten können, die kein theologisches Profil hat. Pastoren, Predigern und Laien steht die große Aufgabe bevor, der Gemeinde die biblische Lehre ansprechend und interessant in ihrer ganzen Fülle darzulegen. Die Predigt muß wieder Predigt des Wortes Gottes werden, sonst verliert sie ihre Vollmacht. Mehrfach fordert uns das Neue Testament auf, zu lehren und in der Lehre zu bleiben (Mt. 28,20; Apg. 5,28; Kol. 3,16; Tit. 2,1; 2. Joh. 9). Schon in der ersten Gemeinde stand die «gesunde» Lehre an vorderster Stelle und war eng mit der Schriftauslegung verbunden. Von den ersten Christen hieß es: «Und sie hörten nicht auf, jeden Tag im Tempel und in den Häusern zu lehren und Jesus als den Christus zu verkündigen» (Apg. 5,42). Bei den Gottesdiensten hatte jeder «eine Lehre» (1. Kor. 14,26). Timotheus sollte achthaben auf die Lehre (1.Tim. 4,16) usw.

Was wir zudem wieder lernen müssen, ist das Denken. Wir haben es verlernt nachzudenken. In einer Medien- und Informationsgesellschaft lassen wir andere für uns denken. Wir werden gelebt, statt selbst zu leben. Wann nehmen wir uns endlich eine Stunde Zeit, um über unser Leben nachzudenken? Wann benutzen wir endlich unseren von Gott gegebenen und erneuerten Verstand, um Entscheidungen zu treffen? Paulus spricht davon, daß wir durch die Hinwendung zu Gott einen «erneuerten Sinn» bekommen haben (Röm. 12,2). Aber er liegt bei vielen Christen völlig brach. Den Verstand haben Christen tatsächlich manchmal an der Garderobe abgegeben, aber nicht zwangsweise, sondern unnötigerweise und freiwillig. Denken ist anstrengend, aber notwendig. Unser Denken muß sich in einem ständigen Prozeß von den Vorgaben der säkularisierten Kultur lösen und zu den Prinzipien Gottes zurückfinden. Deshalb ist der Kampf um die Moderne auch ein intellektueller Kampf. In einer Zeit, wo die

Maßstäbe des Denkens verschwinden, der Irrtum zur Wahrheit und die Wahrheit zum Irrtum umfunktioniert werden, brauchen wir wieder Menschen, die richtig denken. Richtig denken heißt, alle Gedanken «unter den Gehorsam Christi zu stellen» (2. Kor. 10,5). Es wäre zu wünschen, daß mehr Christen sich an diesem Punkt der Auseinandersetzung einsetzen würden.[227]

In der Moderne ist das Menschenbild aus den Fugen geraten. Der Mensch hat sich auf den Thron Gottes gesetzt, er spielt Weltherrscher. Die Technik spiegelt ihm vor, daß ihm alle Dinge möglich seien. Die Psychotherapie bestätigt die gute Grundanlage des Menschen. Der homo religiosus schafft sich seinen eigenen Glauben. Das erlebnishungrige Geschöpf tastet täglich seine eigenen Befindlichkeiten ab. Die Ego-Ethik findet ihre Maßstäbe im Individuum. Was wir deshalb wieder brauchen, ist die richtige Anthropologie, das richtige Menschenbild. Wir müssen die Sündhaftigkeit des Menschen wieder in unser Weltbild einbauen. Der Mensch, auch der evangelikale, ist ein Sünder. Er läuft nicht als kleiner Gott über diesen Planeten. Ihm ist nicht alles möglich. Der Mensch ist begrenzt. Er steht unter der Vorsehung Gottes. Der Mensch hat sich durch den Sündenfall von Gott entfernt und damit von der Quelle des Lebens und des Guten. Die Erlösung schafft er nicht aus eigener Kraft – im Gegenteil: Sie muß ihm von Gott geschenkt werden.

Innerhalb dieser Grundwahrheiten müssen Evangelikale lernen, sich mit anderen Meinungen auseinanderzusetzen. Die Zurückstellung aller theologischen Arbeit innerhalb der Kirchen und Gemeinden führte dazu, daß über trennende Lehrfragen nicht mehr gesprochen und damit die Theologie vollends an den Rand gedrängt wurde. Damit hat man sich keinen Gefallen getan. Unterschiedliche Lehrüberzeugungen können langfristig nicht unter den Teppich gekehrt werden, ohne daß großer Schaden entsteht. So gilt es heute, in Liebe und Sanftmut, aber auch in aller Deutlichkeit und Klarheit über Lehren zu sprechen, in denen sich auch gläubige Christen unterscheiden. Was wir brauchen, ist eine neue Streitkultur der Evangelikalen, wo wir in Ernsthaftigkeit

---

[227] Ein erster Anfang wurde durch die «Studiengemeinschaft Wort und Wissen» Ende der 70er Jahre gemacht, wo sich Wissenschaftler und interessierte Laien um eine Durchdringung aller akademischen Fachdisziplinen bemühen.

und Respekt um die Wahrheit ringen. Auch in den Ortsgemeinden müssen wir wieder lernen, in Sanftmut, aber auch in Deutlichkeit kontroverse Themen anzusprechen. Wenn wir es nicht lernen, mit Spannungen umzugehen, werden wir nie wahre Gemeinschaft miteinander haben können. Die Friedhofsruhe in unseren Gemeinden ist faul und überdeckt nur unsere Unfähigkeit, Konflikte anzusprechen und zu lösen.

Dieses Buch analysiert nur die Entwicklungen der sogenannten westlichen Welt. Auf andere Kulturkreise ist es nicht ohne weiteres anwendbar, denn die Verwestlichung ist noch nicht überall durchgedrungen.[228] Andere Kontinente haben z.T. ganz andere Probleme, aber auch ganz andere Stärken. Für Christen des Westens kann es deshalb hilfreich sein, auf Christen anderer Kulturkreise zu hören. Es ist immer wieder eine Hauptgefahr des Westens gewesen, sich selbst und seine eigenen Erfahrungen zu verabsolutieren. Die Erfahrungen von Gläubigen anderer Erdteile öffnen dagegen den Blick für die eigene Kulturverhaftung. Das westliche Christentum ist ein Produkt von verschiedenen geschichtlichen Einflüssen: Griechische Philosophie, römisches Recht, lateinische Sprache, humanistische Anthropologie und deutsche Reformation haben ihre Spuren hinterlassen. Selbstkritik ist angesagt. Die Infragestellung durch Vertreter anderer Kulturen kann uns helfen, die Unterscheidung zwischen Evangelium und Kultur schärfer zu erfassen, damit nicht beides miteinander verwechselt wird. Christen aus der sogenannten Dritten Welt sind sensibler für unseren materialistischen Lebensstil oder unsere rationalistischen Dogmenkonzepte als wir selber. Gläubige aus afrikanischen Kulturen können uns wieder etwas über den Wert der Großfamilie und die Schönheiten der Natur berichten. Südkoreanische Christen beklagen zu Recht das mangelnde Gebetsleben der gestreßten Europäer. Deshalb dürfen diese Kulturen nicht glorifiziert werden. Langfristig werden wir jedoch von den Gläubigen der Zweiten und Dritten Welt mehr lernen können als sie von uns.

Die derzeitige westliche Gesellschaft ist eine der wenigen Gesellschaften überhaupt, die sich nicht auf religiösen Grundlagen

---

[228] Auf den Unterschied zwischen Verwestlichung und Modernisierung hat Samuel P. Huntington zu Recht hingewiesen: *Kampf der Kulturen: Die Neugestaltung der Weltpolitik im 21. Jahrhundert,* München: Europa, 1996, S. 76-114.

aufbaut. Die meisten anderen Kulturen und Ideologien fußen auf religiösen oder quasi-religiösen Fundamenten. Bei uns ist das mittlerweile anders. Die Inhalte der Religion haben sich weg von Gott, hin zum Menschen verschoben. Die natürliche Frage bleibt: Kann eine solche Kultur bestehen? Und wie können die Kirchen hier helfen? Angesichts des Kampfes der Kulturen an der Jahrtausendwende, von dem wir in der Einleitung sprachen, brauchen die Kirchen ein klares Profil. Huntington hat sehr deutlich gemacht, daß am Ende des Kalten Krieges viele Völker ihre eigene Identität in Kultur und Volkstum suchen werden. Die großen Kulturen jenseits des Westens erstarken. Die Sinnfragen brechen auf: Wer sind wir? Wozu gehören wir? Was ist der Sinn?

Was ist aber aus dem Christentum geworden? Es geht nicht darum, überall mitreden zu können. Es war ein großer Fehler, mit der modernen Kultur ein Friedensabkommen zu schließen. Heute sehen wir, daß die Kirchen leerer sind als je zuvor und die Gemeinden keine Widerstandskraft mehr haben. Die Konzentration auf das Eigentliche ist gefragt. Die Mitte muß wieder in den Blick kommen. Die Hauptsache ist, daß die Hauptsache die Hauptsache bleibt. Wir können nur dann in eine Auseinandersetzung mit den geistigen Grundlagen der säkularen Kultur treten, wenn wir selbst unser Fundament kennen und Profil zeigen. Wir können nur dann überzeugen, wenn wir selbst überzeugt sind. Es geht nicht darum, angesichts der neuen Herausforderungen das Angebot zu verändern oder den Kurs nach dem Wind zu drehen, sondern darum, der Welt von heute die Botschaft von gestern für das Heil von morgen zu bringen. Dazu ist gelebte Theologie nötig, die sich in allen Seinsbereichen unseres Lebens realisieren muß. Nur dann hat der christliche Glaube in unserer westlichen Kultur eine Überlebenschance, wenn wir kompromißlos unsere Überzeugungen leben. Dann wird die alte Prophetie des Propheten Jeremia wahr: «So spricht der Herr: Tretet auf die Wege, seht und fragt nach den Pfaden der Vorzeit, wo denn der Weg zum Guten sei, und geht ihn! So werdet ihr Ruhe finden für eure Seelen» (Jer. 6,16).

Wie erreichen wir die modernen Menschen überhaupt noch mit dem Evangelium?[229] Gibt es die Möglichkeit, den Säkularis-

---

[229] Zur Frage der Kontextualisierung vgl. *Down to Earth: Studies in Christianity and Culture,* Hg. John R.W. Stott, Robert Coote, Grand Rapids: Eerdmans, 1980.

mus aufzuhalten? Schon die Frage zu stellen ist ja eigentlich ein Ausdruck unserer Gottlosigkeit. Kann es denn jemals eine Zeit geben, in der Gott sich ohnmächtig der Gottvergessenheit seiner Geschöpfe beugen müßte? Die evangelistische Resignation vieler Christen offenbart eher ihre eigene Trägheit und Mutlosigkeit als die Möglichkeiten Gottes. «Nichts ist unmöglich» ist eine Aussage über Gott (Jer. 32,17). In ausweglosen gesellschaftlichen Situationen hat Gott oftmals eingegriffen und der Welt noch einmal Gnade geschenkt. Die Kassandrarufe der Kirchen sind völlig fehl am Platz. Es gibt noch Hoffnung für die Welt, solange Gott sie noch nicht aufgegeben hat. Pessimismus war nie ein guter Ratgeber für Gläubige. Auch hier würde ein Blick in die Bibel klarmachen, daß es für Gott keine Weltsituation gibt, in die hinein er nicht Erneuerung und Erweckung schenken kann.

Die Soziologen sagen uns, daß es heute nur einen Weg zum Herzen der Menschen in der westlichen Kultur gibt: Das persönliche Vertrauen. Das muß heute gewonnen werden und kann nicht eingefordert werden. Die klassischen Institutionen wie Staat und Kirche können nicht mehr einfach Vertrauen fordern oder gar befehlen. Man kann nicht mehr vom hohen Roß herab den Glauben an Gott befehlen. Der moderne Mensch will vertrauensvoll gewonnen werden. Das erste Missionsprinzip heißt deshalb: Zuwendung. Täuschen wir uns nicht: Der Pfarrer ist längst nicht mehr automatisch der respektierte Freund und Helfer. Er muß heute um Vertrauen kämpfen, sagen wir besser: Er muß Vertrauen gewinnen. Das bedeutet: einen langen Atem haben, für den anderen Zeit opfern, vertrauenswürdig leben.

Der moderne Mensch schätzt echte und tiefe Freundschaften sehr hoch ein. In der modernen Welt ist er einsam geworden, und doch sehnt er sich nach dem Du. Bei einer Umfrage unter Jugendlichen gaben sie als zweithöchsten Wert ihres Lebens an: echte Freundschaften haben.[230] Sechzig Prozent aller Jugendlichen gehören heute zu einer Clique. Sie ist Elternersatz und Schutzraum der Geborgenheit. 86 Prozent aller Jugendlichen haben einen «echten» Freund oder eine «echte» Freundin – ein

---

[230] Heiner Barz, *Postmoderne Religion: Die junge Generation in den Alten Bundesländern,* Jugend und Religion 2, Opladen: Leske und Budrich, 1992, S. 88 und 102.

klarer Anstieg gegenüber den Vergleichszahlen von 1985. So muß die Evangeliumsverkündigung «beziehungsorientiert» ablaufen. Der Anstoß zum Glauben geschieht heute nicht über Zeitungsannoncen, Plakate, Traktate oder Großveranstaltungen, sondern in der Regel über Freunde und Bekannte. Leider sind unsere gemeindlichen Terminkalender so voll, daß wir gar keine Zeit mehr für unsere Zeitgenossen haben. Hier wäre es angebracht, wenn die Gemeinden ihren Mitgliedern einmal freigäben, um bewußter Kontakte zu Noch-Nicht-Christen zu pflegen. Es ist eine verhängnisvolle Entwicklung, daß die Kontakte zu Nichtchristen immer weniger werden, je länger man Christ ist. Diese Beziehungslosigkeit belegt einmal mehr die Ghettoisierung des modernen Christentums. So sind wir heute aufgefordert, wieder neu Beziehungen zu Menschen zu knüpfen, die noch nichts von der Rettung und Hoffnung in Jesus Christus wissen.

Wir sprachen schon mehrfach von der Sehnsucht nach Sinn und Geborgenheit. Der Mensch sucht die Wärme, die Nähe, Sicherheit, Liebe, Ruhe, das Nest. Er zündet sich wieder Kerzen an, kuschelt unter der Bettdecke. Die Moderne hat unsere Sinnzusammenhänge zerstört. Es gibt scheinbar keine sozialen und religiösen Sinnvorgaben mehr. Gott, Familie und Vaterland hat man getötet. Der Weltanschauungskasten wurde geplündert, wir fallen ins Bodenlose. Auch an diesem Punkt kann die missionarische Existenz der Christen ansetzen und auf die Gottesbeziehung hinweisen. Gott ist tatsächlich ein liebender Vater, der mir letzte Sicherheiten gibt und meinem Leben einen Sinn verleiht. Mit Augustin kann jeder Christ bezeugen: «Unruhig ist mein Herz, bis es Ruhe findet in dir.»[231]

Bei allen missionarischen Bemühungen um unsere Zeitgenossen dürfen wir jedoch eins nicht übersehen: Die Botschaft vom Kreuz ist immer ein Skandalon. Unsere missionarischen Strategien dürfen auf keinen Fall dahin führen, daß wir ein sanftes und angenehmes und damit verfälschtes Evangelium vertreten. Schon wird selbst bei konservativen Christen gefordert, das Evangelium «ohne Dogmatik» zu verkündigen, weil Dogma und Apologetik

---

[231] Aurelius Augustinus, *Bekenntnisse*, Frankfurt: Fischer, 1955, S. 7.

die Menschen nur abschrecken würde. Letztlich geht hier die Effektivität vor, die Substanz bleibt auf der Strecke. Man fordert, daß Christen sich an der Fernsehwerbung ein Beispiel nehmen sollten, wo man mehr mit Anspielungen und Selbsthumor arbeitet und die Botschaft nicht gleich vollständig gesagt wird. Das Evangelium quasi in mundgerechte Häppchen verkleinert.

Das «Wort vom Kreuz» ist aber immer schon eine Torheit gewesen – so war es zur Zeit der Apostel, und so ist es heute. Die Botschaft von der Menschwerdung Gottes widerspricht allen Selbsterlösungsvorstellungen des modernen Menschen radikal. Diese Spannung müssen wir aushalten, auch in einer Zeit der Harmonie und des Ausgleiches. Wenn wir an diesem Punkt fallen, fällt die ganze Glaubwürdigkeit der christlichen Botschaft. Diese Nachricht vom sterbenden Gottesknecht widersprach den damals herrschenden religiösen und philosophischen Vorstellungen bei Juden und Griechen. Und trotzdem war sie das Evangelium. Diese zentrale Mitte des Glaubens in kleine Häppchen zu zerschneiden heißt, die Botschaft zu zerfasern. Wer in der Evangelisation nur noch mit Anspielungen und Anspielen arbeitet, wird sicher mehr Menschen erreichen, aber weniger gewinnen. Die Torheit des Evangeliums ist nicht zu umgehen. Vielleicht schämen wir uns als Christen dieser Torheit und wollen deshalb die angenehmere Alternative haben: das zeitgemäße Evangelium.

Wieder muß hier Peter Berger zitiert werden, der – wohl gerade weil er kein Theologe ist – Dinge klar auf den Punkt bringen kann: «Wenn die Kirche diese ‹Torheit› preisgibt, verliert sie ihre Existenzberechtigung, gibt sie sich selbst auf … wenn die Kirche (oder in diesem Fall einzelne Christen) den transzendenten Kern der christlichen Lehre preisgeben, um sich mit dem Zeitgeist zu arrangieren, dann geht dabei die wertvollste Wahrheit verloren, die der Kirche anvertraut ist – die Wahrheit von der Erlösung der Menschen durch Christus, in welchem Gott in die Welt kam.»[232]

Die Antworten auf die drängenden Fragen unserer Kultur liegen nicht im Lifestyle der 90er, auch nicht in dem der 60er oder der 20er Jahre. Sie liegen weiter zurück, jenseits der Zeit. Die Weisheit Gottes, wie sie uns in der Bibel gegeben ist, gibt die

---

[232] Berger, *Sehnsucht nach Sinn,* S. 20-21.

grundlegenden Antworten auf die drängenden und drückenden Fragen der Gegenwart. Hier wird die Sinnfrage gestellt. Hier findet der Mensch zu sich und seiner Identität. Hier gibt es unverrückbare Werte und Normen für den Menschen.

Moden, Wellen und Trends der Moderne fordern von uns eine «Gegenkultur», in der biblische Normen verbindlich gelebt und bezeugt werden. Schon die «Lausanner Verpflichtung» forderte 1974: «Das Evangelium Jesu beurteilt jede Kultur nach seinem eigenen Maßstab der Wahrheit und der Gerechtigkeit und erhebt absolute ethische Forderungen gegenüber jeder Kultur… Die Gemeinden sollen Kultur umgestalten und bereichern, damit Gott verherrlicht werde.»[233] Es geht darum, das Evangelium für unsere Kultur fruchtbar zu machen. Dieser großen Aufgabe müssen sich die Christen heute stellen. Dies ist der Auftrag Gottes für die Gemeinde.

Im Aufblick des Menschen zu Gott und seinem Sohn Jesus Christus gibt es Hoffnung für eine gottlose Welt. Angesichts der Weltlage und der Situation des Christentums ist weder depressiver Pessimismus noch utopischer Optimismus, sondern biblischer Realismus angesagt. Die Moderne ist eine riesige Gefahr und eine riesige Herausforderung. Auf der einen Seite steht die zunehmende Gottlosigkeit der Gesellschaft. Andererseits wissen Christen um die Kraft Gottes und die Macht des Evangeliums. An vielen Stellen der Weltgeschichte griff Gott in Tiefpunkten der Gesellschaft und der Kirche ein und schenkte eine neue Erweckung. Die Postmoderne tendiert zum Nihilismus, zur Sinnlosigkeit. Sie bestreitet den Sinn unserer Existenz und unserer Geschichte. Nietzsche ist wieder aktuell geworden. Mit ihm ist man überzeugt von der Wiederkehr des ewig Gleichen.

An dieser Stelle müssen Christen ihre Stimme erheben und von der «Hoffnung auf bessere Zeiten» sprechen. Christen sind keine Miesmacher, die immer nur Kassandrarufe von sich geben. Bei aller Kritik an den Zuständen dieser Zeit wissen sie um eine Macht, die stärker ist als alle destruktiven Kräfte der Moderne. Christen haben etwas, was in der Moderne abhanden gekommen

---

[233] *Evangelisation mit Leidenschaft: Berichte und Impulse vom II. Lausanner Kongreß für Weltevangelisation in Manila*, Hg. Horst Marquardt/Ulrich Parzany, Neukirchen-Vluyn: Aussaat, 1990, S. 325.

ist: Hoffnung. Sie wissen, daß Gott unendliche Möglichkeiten hat, um das Chaos aufzuhalten. Sie wissen, daß Gott jedem einzelnen Menschen nachgeht. Seine Gnade gilt heute noch der ganzen Welt. Zwar sind Christen keine Schwärmer, die vom Reich Gottes auf dieser Erde träumen. Diese Welt wird untergehen. Das Reich Gottes kommt vom Himmel her. Aber der alte Planet Erde wird solange von Gott nicht aufgegeben, bis er selbst die Weltgeschichte zu einem Ende bringen wird. So lange besteht noch Hoffnung auf Umkehr und Erneuerung durch die Kraft Gottes.

Vor jeder Erweckung stand in der Geschichte jedoch die Reformation, die Umkehr und die Buße. Es gibt keine Erneuerung ohne Umkehr. Die Heilung unserer desolaten Kultur geschieht nicht durch einige kosmetische Korrekturen, sondern allein durch eine radikale Wende. Wir müssen Buße tun über unsere Sünden. Es gilt, eine 180-Grad-Wende vorzunehmen. Heute ist wieder Zeit, aufzustehen, Verantwortung zu übernehmen, Überzeugungen zu leben und zu äußern. Was wir dringend brauchen, sind Propheten, die gegen den Strom der Zeit die Botschaft Gottes predigen und leben. Wir brauchen mutige Männer und Frauen Gottes, denen es nicht um gesellschaftliches Ansehen und Karriere geht, sondern um die Ehre Gottes in ihrem Leben und in allen Kulturen dieser Welt.

So hat der alte Wunsch des Heidenapostels Paulus an die Gemeinde in Philippi seine Relevanz nicht verloren: «Um dieses aber bete ich, daß eure Liebe noch mehr und mehr überströme in Erkenntnis und aller Einsicht, damit ihr prüft, worauf es ankommt, damit ihr lauter und unanstößig seid auf den Tag Christi» (Phil. 1,9-10).

Personen- und Sachregister

Die Stichworte «Trend», «Moderne», «Postmoderne», «Kultur», «Kirche», «Gemeinde», «Evangelikal», «Ethik» und «Moral» werden nicht einzeln nachgewiesen.